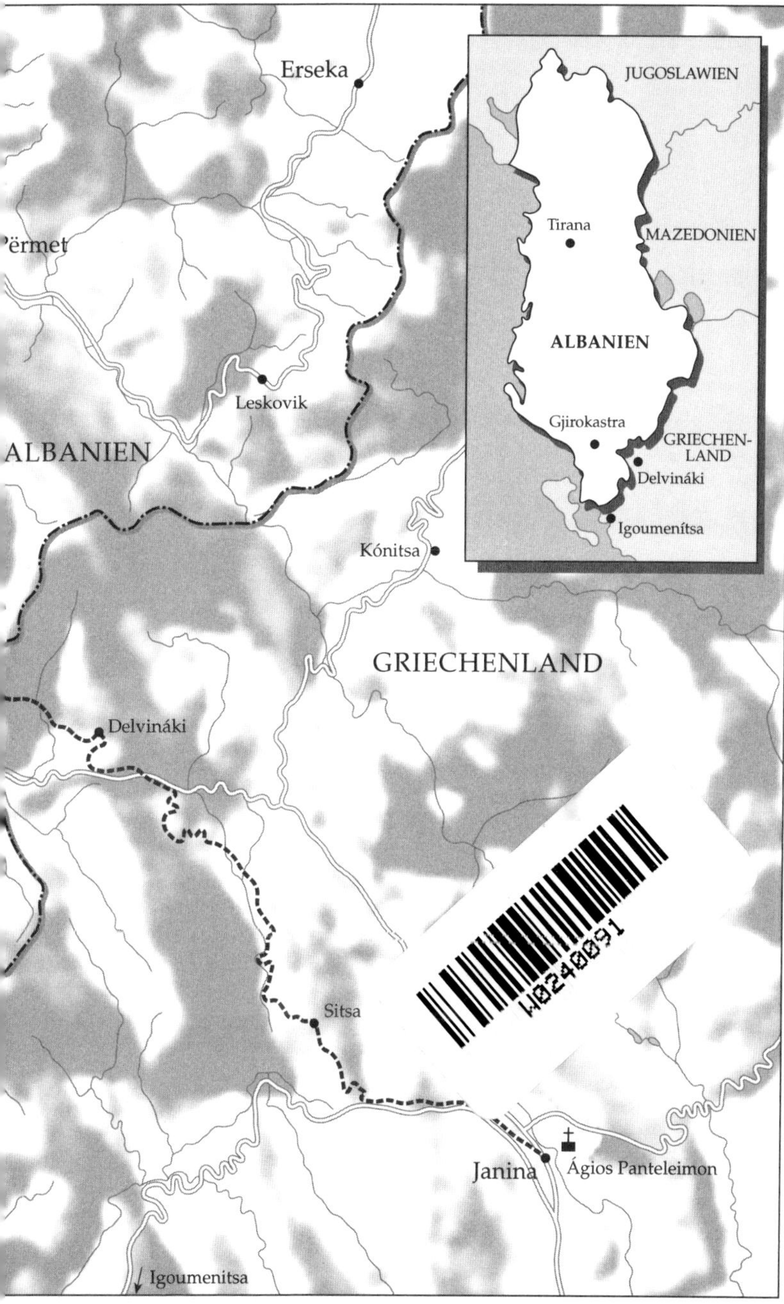

Erseka
Përmet
Leskovik
ALBANIEN
Kónitsa
GRIECHENLAND
Delvináki
Sitsa
Janina
Ágios Panteleimon
Igoumenitsa
JUGOSLAWIEN
Tirana
MAZEDONIEN
ALBANIEN
Gjirokastra
GRIECHEN-
LAND
Delvináki
Igoumenítsa

Tessa de Loo · Der Traumpalast

TESSA DE LOO

Der Traumpalast

Eine Reiseerzählung

Aus dem Niederländischen von
Waltraud Hüsmert

C. BERTELSMANN

Die Originalausgabe erschien 1998
unter dem Titel »Een varken in het paleis«
bei Uitgeverij De Arbeiderspers, Amsterdam

Die vorliegende Übersetzung wurde von dem
NEDERLANDS LITERAIR PRODUKTIE- EN
VERTALINGENFONDS gefördert.

Dieses Buch und der Schutzumschlag wurden auf
chlorfrei gebleichtem Papier gedruckt.
Die Einschrumpffolie (zum Schutz vor Verschmutzung) ist aus
umweltschonender und recyclingfähiger PE-Folie.

1. Auflage

Satz: IBV Satz- und Datentechnik GmbH, Berlin
Druck: Presse-Druck Augsburg
Bindung: Großbuchbinderei Monheim
Printed in Germany
ISBN 3-570-00341-8

Mit Dank an Afrim Karagjozi, der die Reise möglich machte, an Martin Ros, der aus den Tiefen seiner Geheimbibliothek unentbehrliches Material über Lord Byron heranschaffte, und an Henrique Gouveia, die meinen Computer immer wieder zum Laufen brachte.

Vorwort

Mein lieber George, es fällt nicht leicht, sich damit abzufinden, daß das Alltagsleben das wirkliche Leben sein soll. Zu oft ist der Himmel nicht blau oder grau, sondern mit jenem unbestimmten Weiß gefüllt, von dem man Kopfschmerzen bekommt. Die Straße, in der man wohnt, kommt einem gerader und trister denn je vor, und sogar das Elsternnest in der düsteren Ulme vor dem Fenster scheint verstrickt in das Komplott gegen dein Verlangen zu leben, wirklich zu leben. Warum hat die Elster ihr Nest in diesem Jahr an genau derselben Stelle gebaut wie letztes Jahr? Stört sie das nicht, der ewig gleiche Trott?

Der einzige Ort, wo alles mögliche geschieht, ist ein leuchtendes gläsernes Rechteck im Wohnzimmer, abends zwischen acht und zwanzig nach acht (ich kann Dir unmöglich alles erklären – bitte verlang nicht von mir, Dir mal kurz zwei Jahrhunderte zu erläutern). Auf diesem rechteckigen Schirm konnte man eines Abends sehen, wie Die Mauer in tausend Stücke zerfiel. Die Leute nahmen Brocken davon mit nach Hause, um sie auf den Kaminsims zu legen oder Handel damit zu treiben.

Schon bald kamen die Scharen aus dem Osten, in kleinen Trabant-Autos, mit Dollarzeichen in den Augen. Wir sind auch losgezogen, um zu schauen, wie es bei ihnen aussah, mit Dollarscheinen in der Tasche.

War der Eiserne Vorhang nun tatsächlich vollkommen offen? Nein, es gab ein Land, das in dem gläsernen Rechteck nie zu sehen war, ein Land in Europa, das sich an der kollektiven Entmystifizierung nicht beteiligte. Das Land blieb geschlossen, von den Bergen im Norden bis zu den Bergen im Süden, von der Küste im Westen bis zu den Bergen im Osten. Vom Gipfel des Pantokrator auf Korfu hatte ich schon einmal fasziniert in Richtung Osten geblickt, auf die massiven grauen Rümpfe der Berge jenseits der schmalen Wasserstraße. Die Rücken geduldig wartender Elefanten – wenn man die Hand nur weit genug ausstreckte, könnte man sie berühren. Aber dann rasch wieder wegziehen, denn man tat etwas Verbotenes.

Das Land der Skipetaren. Karl May schrieb Bücher über Länder, in denen er nie gewesen war. Ich stelle mir vor, daß er soviel wie möglich zusammentrug: Landkarten, Generalstabskarten, Reiseführer, Romane, Wörterbücher, Geschichtsbücher, Zeitungsartikel.

Weil man irgendwo anfangen muß, kaufte ich mir einen Reiseführer, eine bearbeitete zweite Auflage aus dem Jahr 1988. Auf dem Umschlag war eine byzantinische Kirche abgebildet, die mich bereits ein wenig einstimmte. So geheimnisvoll, wie ich gehofft hatte, war das Land offenbar nicht; verschiedene Aspekte wurden in dem Reiseführer ohne jede Zurückhaltung behandelt: Geographie, Geschichte, Politik, Wirtschaft. Sogar touristische Routen waren zusammengestellt. Andere waren mir also voraus gewesen. Das war schade – bei dieser Art Dinge möchte man gern, wie in der Liebe, die erste und einzige sein.

Fast hätte ich das Buch enttäuscht zugeklappt, als ich auf

ein Kapitel mit der Überschrift »Lord Byron in Albanien« stieß. Was stellte sich heraus? Auch Du hast dieses Land besucht, im Jahr 1809, zusammen mit Deinem Freund John Cam Hobhouse. Der lange Brief, den Du über diese Reise an Deine Mutter geschrieben hast, war in dem Reiseführer ungekürzt abgedruckt. Ich begann zu lesen. Obwohl ich mich noch sträubte, zogst Du mich in Deinem anscheinend nüchternen, aber eigentlich von unablässiger Begeisterung zeugenden Stil in eine orientalische Welt hinein, von deren Existenz ich nichts ahnte, als ich auf dem Pantokrator stand und so gern mehr über jenes Land hinter den grauen Bergen gewußt hätte. Ich geriet in den Bann der exotischen Kulisse, des Gemischs von Völkern in ihren farbenfrohen Trachten, des Paschas, bei dem sich Grausamkeit und Milde unbekümmert abwechselten, des Gebetsrufs des Muezzins, der dröhnenden Kriegstrommeln, der Melange von Barbarei und Kultiviertheit... Und Ihr, mittendrin, habt Euch wie zwei unschuldige Kinder verwöhnen lassen! Es war fast nicht zu glauben, daß es die Wirklichkeit war, von der Du in Deinem Brief berichtest, und nicht ein orientalischer *Macbeth*, in dem Ihr eine Statistenrolle gespielt habt.

Dagegen konnte das Leben in einer faden holländischen Straße am Ende des zwanzigsten Jahrhunderts nicht ankommen. Ich wollte nur noch eines: Dich begleiten. Auch ich wollte Ali Pascha einen Besuch abstatten, als Schemen aus einer zukünftigen Zeit, als Voyeurin, als Nostalgikerin.

»Meine liebe Mutter, ich bin jetzt schon eine Zeitlang in der Türkei: dieser Ort hier liegt an der Küste, doch habe ich das Innere der Provinz Albanien durchquert, als ich den Pascha besuchte. – Ich verließ Malta am 21sten Septr. auf der ›Spider‹, einer Kriegsbrigg & kam nach acht Tagen in Prevesa an. – Von dort bin ich ungefähr 150 Meilen weitergereist, bis nach Tepalena, dem Landsitz Seiner Hoheit, wo ich drei Tage verbrachte. – Der Pascha heißt Ali, & er gilt als ein Mann von hervorragenden Fähigkeiten, er regiert ganz Albanien (das alte Illyricum), Epirus & einen Teil Makedoniens; sein Sohn, *Vely* Pascha, für den er mir Briefe mitgegeben hat, regiert Morea & hat großen Einfluß in Ägypten, kurz, er ist einer der mächtigsten Männer im Osmanischen Reich. – Als ich nach einer dreitägigen Reise über die Berge, durch ein Land von höchst malerischer Schönheit, die Hauptstadt Janina erreichte, erfuhr ich, daß Ali Pascha mit seiner Armee in Illyrien sei und Ibrahim Pascha im Kastell von Berat belagerte. – Er hatte gehört, daß ein Engländer von Stand sich in seinem Herrschaftsgebiet befand & hatte dem Kommandanten von Janina Weisung erteilt, ein Haus bereitzuhalten & mich mit allem Notwendigen *gratis* zu versorgen, & obwohl ich den Sklaven &c. Geschenke machen durfte, wurde mir nicht gestattet, auch nur einen einzigen Gegenstand für die Haushaltung zu bezahlen. – Ich ritt auf den Pferden des Wesirs aus & sah seine Paläste & die seiner Enkel, sie sind prachtvoll, wenn auch zu sehr mit Seide & Gold verziert. – Ich reiste dann über die Berge durch Zitza, ein Dorf mit einem griechischen Kloster (wo ich auf meiner Rückkehr übernachtete), in der herrlichsten Lage (Cintra in Portugal immer ausgenommen), die ich jemals erblickte. – Nach neun Tagen erreichte ich Tepalena, unsere Reise wurde durch die Sturzbäche, die von den Bergen niedergegangen waren & die Straßen unterbrachen, sehr verzögert. Nie werde ich den einzigartigen Anblick vergessen, als wir um fünf Uhr nachmittags in Tepalena ankamen, als gerade die Sonne unterging, er rief mir Scotts Beschreibung von Branksome Castle in seinem ›Lay‹ & das Feudalsystem in Erinnerung, (natürlich mit anderer Kleidung). Die Albanier in ihrer Tracht (der prächtigsten der Welt; sie besteht aus einem langen *weißen* Kilt, goldgesticktem Umhang, goldbetreßter, karmesinroter Samtjacke & Weste, silberbeschlagenen Pistolen & Dolchen), die Tataren mit ihren hohen Mützen, die Türken in ihren weiten Pelissen & Turbanen, die Soldaten & schwarzen Sklaven mit den Pferden, die ersteren in Gruppen in einer riesengroßen offenen Galerie vor der Palastfront sich erstreckend, die letzteren in einer Art Kreuzgang darunter versammelt, zweihundert Rosse, fertig geschirrt zum sofortigen Aufbruch, Kuriere, Depeschen hineinbringend oder heraustragend, dröhnende Kesselpauken, Knaben, die vom Minarett der Moschee die Stunde ausriefen, all das, mit der einzigartigen Erscheinung des Gebäudes, formte sich für den Fremden zu einem neuen & ergötzlichen Schauspiel. – Ich wurde in sehr schöne Gemächer geführt & durch den Sekretär des Wesirs ›a la mode de Turque‹ nach meinem Befinden gefragt. – Am folgenden Tag wurde ich Ali Pascha vorgestellt, ich trug die volle Gala meiner Offiziersuniform, mit einem sehr prächtigen Säbel &c. – – Der Wesir empfing mich in einem sehr großen, marmorgefliesten Raum, ein Springbrunnen spielte in der Mitte, das Gemach war ringsum mit scharlachroten Ottomanen ausgestattet, er empfing mich *stehend*, eine große Ehrenbezeigung von einem Muselmanen & ließ mich zu seiner Rechten niedersitzen. – Ich habe gewöhnlich einen griechischen Dolmetscher bei mir, doch bei diesem Anlaß wurde einer von Alis Ärzten, der Latein spricht, für mich tätig. – Seine erste Frage war, warum ich mein Land in so jungen Jahren verlassen hätte? (die Türken können sich nicht vorstellen, aus Vergnügen zu reisen); dann sagte er, der Englische Gesandte, Capt. Leake, habe ihm mitgeteilt, daß ich von hoher Abkunft sei, & er bat um Empfehlungen an meine Mutter, die ich Ihnen hiermit, im Namen Ali Paschas, darbringe. Er sagte, er sei überzeugt, daß ich ein Mann von Stand sei, denn ich hätte kleine Ohren, gelocktes Haar & kleine weiße Hände, und drückte seine Zufriedenheit über mein Auftreten & mein Äußeres aus. – Er sagte mir, ich solle ihn, während ich in der Türkei sei, als meinen Vater ansehen & erklärte, er wolle mich als seinen Sohn betrachten. – Und wirklich behandelte er mich wie ein Kind, indem er mir Mandeln & gezuckertes Sorbet, Obst & Konfekt wohl 20 Mal am Tag sandte. Er bat mich, ihn häufig zu besuchen, und auch nachts, wenn er Muße habe – dann, nach Kaffee und Pfeife, zog ich mich zum ersten Mal zurück. Ich sah ihn danach noch dreimal. – Es ist eigentümlich, daß die Türken, die keine erblichen Würden & nur wenige angesehene Familien haben außer den Sultanen, der Herkunft so viel Ehre erweisen, denn meinen Stammbaum sah ich mehr beachtet als meinen Titel. – Seine Hoheit ist 60 Jahre alt, sehr dick & nicht sehr groß, hat aber ein ansprechendes Gesicht, helle blaue Augen & einen weißen Bart, in seinem Wesen ist er sehr gütig & besitzt zur gleichen Zeit jene Würde, die den Türken allgemein eigen ist. – – Sein Auftreten entspricht allem, außer seinem wahren Charakter, denn er ist ein gnadenloser Tyrann, der entsetzlichsten Grausamkeiten schuldig, sehr tapfer & ein so vortrefflicher Feldherr, daß man ihn den mohammedanischen Buonaparte nennt. – Napoleon hat ihm zweimal angeboten, ihn zum König von Epirus zu machen, doch er zieht die englischen Interessen vor & verabscheut die Franzosen, wie er mir selber sagte; er hat so großen Einfluß, daß ihm beide Seiten den Hof machen, denn die Albanier sind die kriegerischsten Untertanen des Sultan und Ali untersteht der Hohen Pforte ohnedies nur dem Namen nach. Er war ein mächtiger Kriegsheld, ist aber ebenso barbarisch wie erfolgreich, röstet Rebellen &c.&c. – Buonaparte schickte ihm eine Schnupftabakdose mit seinem Konterfei; er sagte, die Dose sei ja sehr hübsch, aber das Bild könne er entbehren, denn er schätze weder es noch das *Original.* – Seine Idee, die Herkunft eines Menschen nach seinen Ohren, Händen &c. zu beurteilen, war sonderbar genug. – Zu mir war er wirklich wie ein Vater, gab mir Empfehlungsbriefe, eine Leibwache & jede denkbare Unterstützung. – Unsere täglichen Gespräche drehten sich um Krieg & Reisen, Politik & England. – Er rief meinen albanischen Soldaten, der mir aufwartet und befahl ihm, mich unter allen Umständen zu beschützen. – Er heißt Vascillie & ist wie alle Albanier tapfer, grundehrlich & treu; doch sie sind grausam, wenn auch nicht hinterhältig & haben verschiedene Laster, allerdings keine niederen. – Sie sind im Hinblick auf ihre Gesichtsbildung vielleicht die schönste Rasse der Welt, auch ihre Frauen sind mitunter bildschön, werden aber wie Sklaven behandelt, *geschlagen* & sind, mit einem Wort, reine Lasttiere, sie pflügen, graben & säen, auch sah ich sie Holz schleppen & wahrhaftig die Landstraßen ausbessern; die Männer sind sämtlich Soldaten & Krieg & die Jagd ihr einziges Geschäft; die Frauen sind die Arbeiter, was aber in so wunderbarem Klima kein so hartes Los ist; gestern, am 11ten Nov., habe ich im Meer gebadet, heute ist es so heiß, daß ich in einem schattigen Zimmer des englischen Konsuls schreibe, bei drei weit geöffneten Türen, ohne ein Feuer, ja ohne eine *Feuerstelle* im ganzen Haus, außer der für kulinarische Zwecke.«

Den Palast von Ali Pascha erkannte ich als einen Ort wieder, den ich schon immer hatte besuchen wollen. Und ich erkannte Dich wieder aus der Zeit, als ich sechzehn war und in der Schule verträumt auf Dein berühmtes Porträt in albanischer Tracht blickte, das in meinem Exemplar von *Highroads of English Literature* wie nun wieder in dem Reiseführer abgebildet war.

Ich erinnerte mich daran, welche Anziehungskraft Du auf mich ausübtest. Als Dichter von Zeilen, die mehr zu bedeuten schienen als das, was sie bedeuten: »My hair is gray, but not with years ...« oder »I stood in Venice, on the Bridge of Sighs ...« Als Mann der Gegensätze, der starken Gefühle, der ewigen Rebellion. Als Misanthrop. Junge Mädchen sind verrückt nach Misanthropen, weil sie sich einbilden, die einzigen zu sein, die mit ihrem arglosen Charme den Panzer durchbrechen können – *The Beauty and the Beast*. Als jemanden, der an *Weltschmerz* litt: »From my youth upwards, My spirit walked not with the souls of men ...« Als Vorkämpfer für die Freiheit – ich hatte gerade begonnen, mit meinen Ketten zu rasseln. Aber meine Bewunderung für Dich war die eines schwärmerischen Teenagers. Du warst das Objekt meiner unerfüllbaren Träume.

Während meine Klassenkameradinnen Fotos von James Dean tauschten, betrachtete ich gebannt das Bildnis meines schönen toten Dichters.

Und nun sahst Du mich von demselben Porträt wieder an, und ich empfand sofort das Bedürfnis, nein, die Notwendigkeit, Dich auf Deiner Reise zu begleiten. Nach dem Grund für mein erneuertes Interesse und den brennenden Wunsch, in Deiner Nähe zu sein, fragte ich mich nicht. Diese Sehnsucht wollte ich nicht durch Relativierungen entkräften. Ich wollte sie intakt lassen, hegen, gedeihen lassen - schauen, wohin sie mich bringen würde. Schon viel zu lange war ich vernünftig und besonnen gewesen - warum sollte ich mich nicht vom Irrationalen, von einem bizarren, unerwartet aufgetauchten Bedürfnis leiten lassen?

Wo ich damals in meiner blinden Bewunderung stehengeblieben war, wollte ich nun weitergehen: Dich besser kennenlernen. Gäbe es eine bessere Gelegenheit dazu als eine gemeinsame Reise? Vielleicht wollte ich auch herausfinden, warum Du es warst, den ich in jener Zeit für die Projektion meiner Träume auserwählt hatte, vielleicht brauchte ich diesen Umweg, um zu entdecken, wer ich mit sechzehn war - sage mir, wen du bewunderst, und ich sage dir, wer du bist.

All diese Überlegungen brachte ich zum Schweigen. »Die Tat heiligt den Gedanken«, war meine Entschuldigung dafür, daß ich eine Reise unternahm, ohne mich nach meinen Beweggründen zu fragen.

Es dauerte noch viele Elsternnester, bis es wirklich soweit war. Inzwischen veränderte sich die gesamte Konstellation. Albanien öffnete seine Grenzen, und im Gegenzug machte Europa dicht – für die Albaner, die verzweifelt versuchten, das marode Land zu verlassen. So angenehm war es offenbar nicht gewesen, hinter den wartenden Elefanten zu leben. Mein Leben veränderte sich auch. Ich tauschte die schnurgerade holländische Straße gegen einen Schlängelweg im, wie Du es nanntest, »fernen Lusitanien«. Auch dieses Land hatte Dir sehr gut gefallen: »Ich bin hier sehr glücklich, weil ich Orangen liebe ...«

Trotz all dieser Veränderungen verlor der Wunsch, mit Dir zum Palast von Ali Pascha zu reisen, nicht an Intensität. Ich begann, mein Ziel einzukreisen. Obwohl ich tiefen Argwohn gegen Klubs und Vereine hege, meldete ich mich als Mitglied der niederländischen Byron-Gesellschaft an. Eine kleine Gruppe von Verehrern und Liebhabern hält hier Dein Andenken lebendig. Automatisch war ich nun auch Mitglied des weltumspannenden National Committee of the International Byron Society, dessen Hauptquartier seinen Sitz in London hat. Sein Präsident ist ein Namensvetter und entfernter Verwandter von Dir. Von der Reihe Vizepräsidenten kann man sagen, daß sich auch unter ihnen kein gewöhnlicher Sterblicher befindet: Lords, Countesses, Viscounts, Reverends, Rt. Honorables und Professoren, und sie alle stammen von »der beengten kleinen Insel«, um es in Deinen Worten auszudrücken.

Diese Leute organisieren Ausflüge für sich und ihre Klubkameraden. Als für den Monat September ein internationaler Byron-Kongreß in Athen angekündigt wurde, dachte ich: Warum nicht, das ist nicht so weit von Albanien entfernt.

In Athen führte der Straßenverkehr das Regiment; vier Nächte lag ich von Lärm, Hitze und Sauerstoffmangel gelähmt in meinem Hotelbett und sehnte mich nach einem Stündchen Schlaf. Zum Glück war tagsüber während der Vorträge in dem kühlen, neoklassizistischen Universitätsgebäude mehr als genug Gelegenheit, die fehlende Nachtruhe nachzuholen. Die Akademiker, die sich mit leidenschaftlicher Hingabe der Deutung Deiner Lyrik widmeten, waren auf meine Aufmerksamkeit nicht angewiesen. Sie sprachen ohnehin nur für ihren verschworenen Kreis.

Inmitten dieser illustren Gesellschaft schwirrten seltsame Vögel herum, die man nicht so leicht mit Dir in Zusammenhang gebracht hätte. So war unter ihnen eine Professorin aus Armenien, die in den Wandelgängen viel und unverständlich redete und dabei den Eindruck von totalem Chaos erweckte, noch verstärkt durch das unruhige, postkommunistische Blumenmuster ihres Sommerkleides. In dem akademischen Gedränge befand sich auch ein rätselhafter Japaner, der – ein friedliches Za-Zen-Lächeln im Gesicht – alles still beobachtete. Nie weit von der improvisierten Bar entfernt lungerte außerdem ein Amerikaner herum, mit Cowboystiefeln und einer Gangstersonnenbrille, die er nicht einmal im Halbdunkel absetzte.

Eine Telefonistin aus Kopenhagen vertraute mir nach einigen Martinis an, Du erschienst ihr regelmäßig, um sie mit guten Ratschlägen zu versorgen. Damit sie ständig für Dich verfügbar sei, hättest Du sie sogar gebeten, so erzählte sie mir, sich von ihrem Freund zu trennen. Erfreut, jemanden gefunden zu haben, der eine noch trivialere Beziehung zu Dir hatte als ich, fragte ich: »Und, was hast du gemacht?«

»Ich hab' sofort Schluß gemacht, was dachtest du denn?« sagte sie fast beleidigt.

Vorsichtig brachte ich die Rede auf meinen Albanienplan, obwohl die Idee, zusammen mit Dir auf Reisen zu gehen, mir nach ihren intimen Bekenntnissen plötzlich so vorkam, als gehöre sie in die gleiche Sphäre außer Kontrolle geratener Idolatrie und Spiritismus wie jene, in der sie sich, ständig leicht euphorisch, zu bewegen schien. Mein Vorhaben stieß bei ihr auf Begeisterung und Respekt. »Ich wünschte, ich könnte mitkommen«, seufzte sie.

»Zuerst will ich wissen, welche Risiken damit verbunden sind«, machte ich einen Rückzieher. »Albanien scheint mir ein Land zu sein, wo das Leben eines Menschen weniger wert ist als seine Armbanduhr.«

Aber die Telefonistin war für Einwände taub. »Warte nur...«, beschwörend legte sie ihre Hand auf meinen Arm, »laß mich nur machen.«

Am nächsten Morgen winkte sie mir schon von weitem zu. Vor dem Schlafengehen hatte sie Dich konsultiert, um herauszufinden, ob Dein Segen auf meinem Plan ruhen würde. »Du kannst unbesorgt reisen, hat er gesagt, unterwegs wird dir nichts zustoßen.«

Das war sehr beruhigend. Aber warum erscheinst Du mir nie? Muß man vielleicht Telefonistin sein, um diese Art höherer Verbindungen anknüpfen zu können?

Am dritten Tag hielt ich es nicht mehr aus. Während eines Referats über »Historizität und Skeptizismus im fünfunddreißigsten Canto des *Don Juan*« kämpfte ich gegen die Müdigkeit und die Hitze, eingeklemmt zwischen einem undurchschaubaren Österreicher und einem bejahrten, rosigen Iren, der wollüstig in meinem Ohr züngelte, sobald er sich unbeobachtet fühlte. War ich in Athen, um im Hörsaal einer Universität zu hocken?

Ich hatte inzwischen Deine gesammelten Reisebriefe und die berühmte Biographie von Leslie Marchand gelesen und war auf die darin erwähnten Orte neugierig geworden. Wo war zum Beispiel das Haus unweit der Akropolis, das Dir nach Deiner Albanienreise als Herberge diente? Es hatte der Witwe eines Griechen gehört, der britischer Vizekonsul gewesen war. Die Witwe Macri hatte drei Töchter, von Dir »die drei Grazien« genannt, alle jünger als fünfzehn. Mit der jüngsten, Theresa, hast Du so hemmungslos geflirtet, daß die Mutter sie fast mit Dir verheiratet hätte.

Tausendmal lieber als hier zu dösen wollte ich versuchen, jenes Haus zu finden. Unter dem Vorwand, mir sei unwohl, schlich ich aus dem Hörsaal. Draußen atmete ich tief durch. Endlich allein. Ich hielt ein Taxi an und nannte die Adresse: Odos Agias Theklas – als ob seither nicht fast zwei Jahrhunderte vergangen waren und man bei der Witwe noch immer Zimmer mieten könnte. In der Nähe von Keramikos, in einem unordentlichen alten Viertel voller Kupferschmiede und Trödelläden, hielt das Taxi an. In einem Rausch lief ich die Straße entlang. Ich hatte das Gefühl, Dir unerlaubt nahe zu kommen, jeden Augenblick auf Deinen Schatten treten zu können.

Mit forschendem Blick auf die Fassaden ging ich die Straße auf und ab, in der Hoffnung, eine Plakette oder ein anderes Zeichen zu finden, das auf Dich verwies. Ein alter Mann, der merkte, daß ich etwas suchte, eilte mit seiner Enkeltochter zu Hilfe. In gebrochenem Englisch klärte mich das Mädchen darüber auf, daß das Haus bei einem Erdbeben zerstört worden sei. Sie zeigte mir die Stelle, wo es gestanden hatte. Ramponierte Innenwände mit Verputz in mehreren Farben waren dem Auge preisgegeben; die Bretter von etwas, das einmal ein Schrank gewesen war, waren noch darangenagelt. Hatte dort Deine Leinenwäsche gelegen, ordentlich gestapelt? – Wie Hobhouse berichtet, habt Ihr einen stattlichen Vorrat davon besessen, weil Waschen unterwegs zum Problem werden konnte.

Warum hatte das Erdbeben in dieser ganzen Straße nur das Haus der Witwe Macri getroffen? Man hätte meinen können, es sei sorgfältig herausgegriffen worden. Alles, was mit Dir im Zusammenhang hätte stehen können, war verschwunden. Ein leeres Stück Erde, leere Mauern, leere Bretter unterstrichen Deine Abwesenheit. Ich begann zu ahnen, daß ich während unserer Reise sehr viel, vielleicht sogar alles, selbst würde ergänzen müssen.

Ich versuchte, unter den Kongreßteilnehmern ein Mitglied der albanischen Byron-Gesellschaft zu entdecken. In *The Byron Journal*, einer jährlich erscheinenden Zeitschrift für Mitglieder, wurde ein Professor Afrim Karagjozi erwähnt, mit einer Postanschrift in Tirana. Während eines kalten Buffets stand ich, einen voll beladenen Teller in der einen und ein Glas Wein in der anderen Hand balancierend, neben Professor Raïzis. Als Vorsitzender der griechischen Byron-Gesellschaft war er unser Gastgeber. Ein maßgebender und anscheinend liebenswürdiger Mann mit einer Stimme, die aus der Bauchhöhle zu kommen schien – ein Vorteil bei offiziellen Ankündigungen und Reden.

Ich fragte ihn nach der albanischen Delegation. Seine Miene verfinsterte sich. Der albanische Kollege sei verhindert, sagte er kurz angebunden. Plötzlich, als gäbe es da einen ursächlichen Zusammenhang, brauste er auf: »Reden Sie mir nicht von Albanien. Ein Land der Barbaren. Der Präsident, Berisha, gehört in eine psychiatrische Einrichtung ... er steuert auf einen Krieg mit den Griechen zu.«

Es war wohl nicht gerade der geeignete Augenblick, meine Reisepläne in Richtung Tepelena zu äußern. Trotzdem tat ich es. Raïzis zog die Augenbrauen hoch: »Sind Sie lebensmüde? Wollen Sie da einfach so hinreisen? Allein? Als Frau? Wissen Sie eigentlich, wie sich die Albaner gegenüber unseren Frauen benehmen?«

Dann wurde er von einem anderen Kongreßteilnehmer angesprochen und wandte mir den Rücken zu. Der Retsina, ohnehin kein Nektar, schmeckte mir nun überhaupt nicht mehr. Ich stellte mein halb geleertes Glas zurück zwischen die noch vollen Gläser. Wieder einmal hatte man mich auf mein Frau-Sein hingewiesen, als sei es eine Art Defizit. Das hatte schon vor langer Zeit angefangen:

Das sind keine Spiele für Mädchen, spiel du nur mit deinen Puppen ...

Aber ich kann genausogut mit Messern werfen wie ihr ...

Durch seine Warnungen wurde mein Wunsch, nach Albanien zu reisen, nur noch stärker.

Ich wußte noch nicht, daß ich nur zurück in die Niederlande reisen mußte, um dem echten Karagjozi zu begegnen. Und daß ich Geduld brauchte.

Eineinhalb Jahre später, im Dezember, hielt die niederländische Byron-Gesellschaft ihre jährliche Tagung in Amsterdam ab, vor dem passenden Hintergrund der arkadischen Wandmalereien in dem Grachtenhaus von The British Council. Ein Gastredner war eingeladen, der in der nordgriechischen Provinz Epirus zu Fuß Deiner Spur gefolgt war, von Prevesa aus, wo Ihr an Land gegangen wart. So absurd war mein Plan, mit Dir zu reisen, also auch wieder nicht.

Der Redner machte sofort das Licht aus; die Wandmalereien machten Platz für Dias, die mindestens so arkadisch waren. Mein Verleger, schon seit Menschengedenken Mitglied der Gesellschaft, war mitgekommen, um mir einen Gefallen zu tun. Er nutzte die Dunkelheit, um ein wenig zu dösen. Auf dem ersten Dia war unser Gastredner zu sehen, wie er sich, mittelschwer bepackt, mit einem Hirtenstab in der Hand munter über einen Ziegenpfad fortbewegte. Ringsum befanden sich nur Hügel und Berge, aber das schien ihn nicht zu kümmern. Es folgten weitere Dias von unbefestigten Straßen, Schlängelpfaden, halb eingestürzten kleinen Brücken und Trümmerhaufen von Festungen oder ehemaligen Gasthöfen. Manche Dias waren so lebensecht, daß man gleichsam selbst in der staubigen, mythischen Landschaft umherwanderte, im kupfernen Licht der Nachmittagssonne. Das war ein angenehmes Gefühl, denn draußen war es Dezember, und durch die Grachten strömte kaltes Wasser.

Dich mußten wir uns natürlich die ganze Zeit dazudenken. Ach, wie beneidete und bewunderte ich den Redner, der seinen Wunsch in die Tat umgesetzt hatte und kurzerhand losmarschiert war, sein Hab und Gut auf dem Rücken. So einfach konnte es sein. Du bist mein Mann, dachte ich. Aber er wußte noch nichts davon und berichtete in aller Ruhe weiter, sonor und abwesend, als befände sich sein Geist noch dort in Griechenland.

Später, als der Redner seine Dias einpackte, stellte mich mein Verleger hastig einer gewissen Gerda Mulder vor, die gerade gehen wollte. »Sie weiß alles über Albanien«, flüsterte er. Gerda Mulder drückte mir ihre Karte in die Hand und war im nächsten Augenblick verschwunden. Später entdeckte ich, daß sie die Mitautorin des Reiseführers für Albanien war, mit dem alles angefangen hatte.

Die Mitglieder der Gesellschaft wechselten in ein benachbartes Restaurant. Tische wurden zusammengeschoben, jeder suchte sich einen Platz. Ich wartete, bis der Gastredner Platz genommen hatte, und besetzte den Stuhl ihm gegenüber. Nachdem ihn ein paar Aperitifs in die richtige Stimmung gebracht hatten, bat ich ihn über die Maigret de Canard mit Apfelsinensauce hinweg, mich nach Tepelena zu begleiten. Seine Reaktion zeigte keinen Augenblick des Zögerns, er brauchte nicht erst einen Schluck Wein zu trinken oder eine andere Übersprungbewegung zu machen, um Mut zu fassen. Mit einem amüsierten und verwunderten Lächeln sagte er sofort zu.

Dieser Tischnachbar war Daniël Koster. Als Historiker hatte er sich auf die neuere Geschichte Griechenlands spezialisiert. Er hatte fünf Jahre auf der Insel Samos gelebt und, wenn die Jahreszeit dazu einlud, bei den Bauern auf dem Feld gearbeitet. Ein Stubengelehrter war er also zum Glück nicht – kein zum Firmament emporstarrender Theoretiker, den man unterwegs ständig am Kragen packen mußte, um ihn davor zu bewahren, in den nächsten Abgrund zu stürzen. Er verdiente seinen Lebensunterhalt, indem er Reiseführer und Artikel über Griechenland verfaßte. Zweimal im Jahr wanderte er ein paar Monate über noch nicht kartierte Wege, um anschließend von seinen Erfahrungen zu berichten.

Ein Telefonat mit Gerda Mulder, am nächsten Tag, brachte mich auf die Spur von Professor Karagjozi. Im April, so erzählte sie, würde er zu einem Vortrag in die Niederlande kommen. Wenn ich ihn kennenlernen wolle, sei das meine Chance. Ich bekam einen Schreck, mein Plan begann Gestalt anzunehmen. Die Telefonistin aus Kopenhagen hätte jetzt gesagt, Dir habe das alles viel zu lange gedauert und deshalb hättest Du nun persönlich eingegriffen.

Um mehr über Eure Reiseroute zu erfahren, ging ich in die Universitätsbibliothek, wo ich ein mit Gravüren illustriertes antiquarisches Exemplar des Reiseberichts von John Cam Hobhouse fand. Dieser hatte sich zum Ziel gesetzt – insgeheim hast Du ihn deshalb ausgelacht –, die Geographie und Topographie der Landschaften, die ihr durchquert habt, sorgfältig aufzuzeichnen. Bei ihm hoffte ich eine einigermaßen verläßliche Beschreibung Eurer Route zu finden.

Ich hatte mit Daniël Koster vereinbart, daß unsere Tour in der nordgriechischen Stadt Ioánnina beginnen sollte. Dies war der Ort, wo Ihr zum ersten Mal in den Einflußbereich Ali Paschas eingetreten wart, und dort hatte er Euch eingeladen, ihn in Tepelena zu besuchen. Außerdem waren wir beide gleichermaßen auf Sitsa neugierig, Euren ersten Rastplatz nach Ioánnina, ein Ort, dessen Schönheit Du in dem Brief an Deine Mutter so überschwenglich gerühmt hast. Auch Hobhouse war davon begeistert: »Der Prior des Klosters... empfing uns in einem warmen Zimmer mit Trauben und einem angenehmen Weißwein, nicht mit den Füßen gestampft, wie er uns erzählte, sondern mit der Hand aus den Trauben gepreßt, und wir waren von all dem, was uns umgab, so angetan, daß wir zusagten, auf dem Rückweg vom Wesir bei ihm zu übernachten.«

Durch die Lektüre Deiner gesammelten Reisebriefe und einiger Tagebuchfragmente waren an die Stelle der Verehrung von damals inzwischen neue Wahrnehmungen getreten. Seinerzeit ahnte ich noch nicht, daß Du, der romantische Dichter von »I stood in Venice, on the Bridge of Sighs«, so scharfsinnig und geistreich warst, daß Du mich mit Deiner schonungslosen Ehrlichkeit und der daraus entspringenden Selbsterkenntnis überraschen – und daß Du mich so oft zum Lachen bringen würdest. Liebenswürdig und unausstehlich, großmütig und maliziös, hedonistisch und melancholisch, sinnlich und spartanisch – in einem einzigen Mann so viele Gegensätze, Extreme, die sich bis ins Äußerste Geltung verschafft hatten. Dich zu lesen gab Erleichterung, Du botest anscheinend eine erlösende Alternative zu der Art, in der ich es gewohnt war, meiner eigenen Zwiespältigkeit und Dualität zu begegnen. Ich habe einen unausrottbaren Hang zum Friedenstiften – ständig bin ich bemüht, Gegensätze miteinander zu versöhnen oder sie unschädlich zu machen. Irgendwo, in einer vagen Mitte, müssen sie einander aufheben. Ein ziemlicher Kraftakt. Vielleicht ist diese Neigung ja auch eine verkappte Form von Gewalttätigkeit.

Ich bewunderte Dich wegen der Selbstverständlichkeit, mit der Du von Kindheit an wagtest, authentisch zu sein. Bei allem, was Du unternahmst, bist Du gleich ins tiefe Wasser gesprungen. Ich dagegen bin jemand, der sich flach aufs Sprungbrett legt und lange, sehr lange nach unten schaut. Meine einzige – bewährte – Methode, etwas zu wagen, ist die, ohne nachzudenken die Treppe zu besteigen, über das Brett zu rennen und mit geschlossenen Augen und zugehaltener Nase zu springen. Nur so war es für mich möglich, nach Albanien zu reisen.

Vier Monate des Wartens auf einen Professor, dessen Name sich anhörte, als würde eine Nuß geknackt. Ich blätterte oft in meinem Reiseführer, der noch vor dem großen Umbruch entstanden war, und wunderte mich immer mehr über die seltsamen Musterbeispiele kommunistischen Lokalkolorits, die ich darin antraf.

So las ich den Bericht über einen offiziellen Besuch, den eine Gruppe Ausländer einem Kindergarten abstattete. Vermutlich hätten die Besucher lieber am Strand von Durrës gelegen, aber der albanische Fremdenführer dachte anders darüber. Das Szenario, als Propaganda gedacht, aber in den Augen des Touristen aus dem Westen eher eine kabarettistische Parodie, gestaltete sich so: »Der Rektor der Schule begrüßt die Besucher am Eingang und bringt die Gruppe zu einer Klasse, in der mindestens zwanzig Kinder stillsitzen und warten. Jungen wie Mädchen tragen weiße Schürzen. Den Besuchern wird ein Programm mit Liedern, Versen und Tänzen dargeboten, oft mit Eifer und Begeisterung ausgeführt. Ein Vers für Enver Hodscha, mit dem Versprechen, daß sie sich immer anstrengen und ihr Bestes geben wird, vorgetragen von einem kleinen Mädchen. Ein kleiner Junge stellt sich vor, daß er später Soldat wird; zur Verteidigung seines sozialistischen Vaterlandes wird er jeden, der ungebeten die Grenze überschreitet, mit einer Kugel in den Kopf empfangen. Dann singen alle Kinder ein Lied über Sonnenblumen, denen sie jeden Tag Wasser geben müssen, die sie aber nicht behalten dürfen, weil es ein Strauß für ›Onkel Enver‹ werden soll. Ein paar Jungs und Mädchen führen nun einen Tanz vor, mit hölzernen Spitzhacken und Gewehren in der Hand – Symbole für den Aufbau des Landes.«

Ich hoffte nur, im Grenzgebiet, das wir durchqueren mußten, dem kleinen Jungen, der inzwischen vielleicht Soldat war, nicht in die Arme zu laufen.

Außerdem hoffte ich, daß wir unterwegs auf das alte albanische Gastrecht vertrauen konnten, wie es im Reiseführer beschrieben wurde: »Der Gast war heilig, und es gab allerlei Regeln für das Empfangen von Gästen, wie das Waschen der Füße des Gastes, das Abnehmen der Waffen, das Anbieten von Essen und Trinken und einem Schlafplatz. Das Gastrecht ging sogar so weit, daß zwei Männer, die miteinander in einer Blutrachefehde lagen, im Haus eines Dritten in aller Ruhe zusammen ein Glas Raki trinken konnten, sich draußen aber gegenseitig nach dem Leben trachteten.« Auf dieses Gastrecht würden wir vollkommen angewiesen sein. Es war unwahrscheinlich, daß seit Eurer Reise, deren Fährnisse Hobhouse ausführlich beschrieben hat, sich auf den Ausläufern des Lunxhëria-Gebirges viel verändert haben würde. Das machte auch die Anziehungskraft dieses Gebietes aus: daß sich hoffentlich nichts verändert haben würde. Keine asphaltierten Straßen, wie überall sonst in Europa. Keine Hotels, Pensionen oder Restaurants. Keine einzige Annehmlichkeit für den Reisenden, das Phänomen »Tourist« unbekannt. Wir würden die ersten Reisenden seit dem Fall des Osmanischen Reichs sein! Eigentlich markierte Deine Reise den Übergang von der »Grand Tour« zum Tourismus, ein Wort, das im Jahr 1814 zum erstenmal benutzt wurde, von einem Journalisten der *Quarterly Review*, in einem Artikel über die Popularität, die Griechenland bei Reisenden plötzlich genoß. Reisen war nicht länger nur den Aristokraten vorbehalten – mit dem Aufschwung der Industrie entstand eine neue Mittelschicht, die sich auch einmal jenseits des Ärmelkanals umschauen wollte. Welche Folgen der Tourismus im Laufe der Zeit für das Aussehen der Welt hatte, selbst der unberührtesten Gebiete, könntest Du Dir überhaupt nicht vorstellen.

Im April saß er mir endlich gegenüber, Afrim Karagjozi, im Restaurant erster Klasse des Amsterdamer Bahnhofs Centraal Station. Unwillkürlich hatte ich mir ein Individuum mit Stoppelbart, sonnengegerbter Haut und einem Patronengürtel um die Taille vorgestellt, wie die Albaner auf den Gravüren im Buch von Hobhouse. Aber der Professor war ein kleiner, blasser Anglist mittleren Alters. Vor langer Zeit hatte er seine Dissertation über Deine Reise durch Albanien geschrieben. Obwohl er in Gjirokastra geboren war, jener Stadt, die Ihr von der Bergflanke aus immer sehen konntet, aber nicht besucht habt, war es ihm nie erlaubt, sich selbst einmal auf der Route umzusehen, um die es in seiner Arbeit ging – im eigenen Land frei zu reisen, war den Albanern jahrelang nicht gestattet.

Ich legte ihm meine Reisepläne dar. Karagjozi strahlte: »It is a fantastic idea.« Würde er mitkommen, als Dragoman, als Leiter einer literarischen Expedition, als Reisender in seiner eigenen Dissertation? Der Professor überlegte keine Sekunde. Ehe ich zu Ende geredet hatte, nickte er schon erfreut. Es sei ihm ein großes Vergnügen, uns zu begleiten. Die Aufrichtigkeit gebot ihm, uns zu sagen, daß er – inzwischen sei es jedoch schon Jahre her – Probleme mit dem Herzen gehabt habe. Nach einem Herzinfarkt habe er tagelang im Koma gelegen. Emotionale Probleme seien die Ursache gewesen: »I had a very difficult life.« Aber seit er sich an eine Diät halte und jeden Tag eine Runde durch den Park in Tirana liefe, ginge es ihm sehr viel besser. Er sei nun fünfundfünfzig und befinde sich in ausgezeichneter Kondition.

»Können Sie reiten?« fragte ich.

Er sah mich verwundert an.

»Es wäre passend«, sagte ich, »und ganz im Stil von Lord Byron, die Strecke in Albanien zu Pferd zurückzulegen.«

Er starrte einen Moment schweigend auf das Weinglas in seiner Hand. »Wenn es sein muß, steige ich auch noch auf ein Pferd«, sagte er leise.

»Wird es schwierig sein, an Pferde zu kommen?« fragte ich.

Er schüttelte den Kopf: »No problem.«

»Und an eine Unterkunft für die Nacht?«

»I'll handle this, don't worry.«

Das sollten später während der Reise geflügelte Worte werden, Beschwörungsformeln in widrigen Zeiten. Alle praktischen Probleme, die ich sonst noch anschnitt, tat der Professor mit einem lockeren »no problem« ab. An dem Glitzern in seinen Augen war zu sehen, daß er nicht davor zurückscheute, eine große Verantwortung auf sich zu nehmen: für die Sicherheit von zwei Niederländern in den Gebirgsgegenden seines Vaterlandes, die seit jeher von Wegelagerern unsicher gemacht wurden. Gegenden voller Schluchten, in denen man einen Menschen unbemerkt verschwinden lassen konnte.

Darauf stießen wir an.

1

Am 2. Juli des Jahres 1809 verließ ein Postschiff mit dem Ziel Lissabon den Hafen von Falmouth in Südwestengland. An Bord befand sich George Gordon Byron, mit dem festen Vorsatz, nie mehr in sein Vaterland zurückzukehren. Er war zu diesem Zeitpunkt einundzwanzig Jahre alt, hatte gerade sein Studium in Cambridge abgeschlossen, und er hatte einen Sitz in The House of Lords, wo er sich, beleidigt über seine zögerliche Zulassung, demonstrativ in die Bänke der Whigs gesetzt hatte – ein kleiner Zukunftshinweis, daß er »für die Opposition geboren war«. Mit der Veröffentlichung von *English Bards and Scotch Reviewers* hatte er seinen ersten literarischen Erfolg geerntet, der mit einigen ätzenden Kritiken erwidert wurde, die seine Verse als »Schulübungen« abtaten. Es fehlte nicht viel, und Byron hätte den Verleger dieser Kritiken zu einem Duell herausgefordert, so wütend war er – bis zur Selbstzerstörung, wie einer seiner Freunde berichtete.

Von Geldsorgen geplagt, hatte er monatelang auf die Abreise gewartet. In seiner Studentenzeit hatte er Schulden in Höhe von dreizehntausend Pfund angehäuft. Um sie zu begleichen und Geld für die Reise aufzutreiben, hatte er seinen Vermögensverwalter John Hanson beauftragt, Rochdale, das Landgut seiner Vorväter, zu verkaufen: »... erlaube mir, daß ich dieses verfluchte Land verlasse, und ich verspreche, eher Muselmane zu werden, als zurückzukehren.« Sein Studienfreund und Kumpan bei Ausschweifungen, Scrope B. Davies, der gerade einen glücklichen Abend am Spieltisch verbracht hatte, streckte ihm das Geld schließlich vor.

Geplant war eine »Grand Tour« zu den klassischen Orten in Italien, Griechenland und der Türkei, wie sie in den Kreisen der aristokratischen Jugend nach Abschluß des Studiums obligatorisch war. Auch wenn Byron im Parlament auf den Bänken der Lower Class gesessen hatte – auf die Reise begab er sich als ein Lord. Was, wen nahm er mit? Neben einer beeindruckenden Reiseausstattung, die am ehesten mit einer mobilen Haushaltung verglichen werden kann, waren da der alte Familienlakai Joe Murray, der Kammerdiener William Fletcher, der ihm bis zu seinem Tod treu bleiben sollte, und der hübsche Page Robert Rushton. Als Reisegefährte begleitete ihn außerdem John Cam Hobhouse, ein teurer Freund aus Cambridge, der seine literarischen Interessen teilte. Hobhouse hatte den Ehrgeiz, den Verlauf der gemeinsamen Reise bis ins Detail festzuhalten. Byron macht darüber eine ironische Bemerkung: »Hobhouse hat ungeheure Vorbereitungen für ein Buch getroffen, das nach seiner Rückkehr erscheinen soll, 100 Federn, zwei Gallonen japanische Tinte und mehrere Ries vom besten weißen Papier sind kein schlechter Vorrat für ein gescheites Publikum.« Er selbst, so behauptet er, habe wenig Pläne in dieser Richtung. »Ich habe meine Feder niedergelegt, aber versprochen, ein Kapitel über den Zustand der Sitten beizutragen und ein Traktat über denselben Gegenstand, das ›Die einfache Sodomie oder Pädasterie hat sich als lobenswert erwiesen von den antiken Autoren her bis zu ihrer heutigen Ausübung‹ heißen soll.«

Inwiefern er sich vorgenommen hatte, im Orient empirische Forschungen zu betreiben, werden wir nie erfahren, aber dafür wissen wir, daß seine Feder nicht lange unbenutzt blieb. Inspiriert von der Reise, sollte er das epische Gedicht *Childe Harold's Pilgrimage* schreiben, mit dem er so viel Aufsehen erregte, daß er »eines Morgens aufwachte und berühmt war«.

Also segelte man los. In der Regel begannen englische Reisende ihre »Grand Tour« in Frankreich, aber wegen der Napoleonischen Kriege wich man nach Portugal aus. Nach vierzehntägigem Aufenthalt ging es über Land weiter nach Sevilla, Cádiz und Gibraltar. Die weiteren Reisepläne hingen von der Windrichtung ab.

»Morgen setze ich nach Afrika über«, schrieb Byron am 11. August, als wäre es die normalste Sache der Welt, doch zwei Tage später war er noch immer am gleichen Ort: »Ich bin noch nicht in Afrika gewesen, wir haben Gegenwind, ... General Castanos ..., der berühmte spanische Befehlshaber aus dem letzten & gegenwärtigen Krieg ..., hat mir Empfehlungsschreiben für Tetuan in der Berberei angeboten, für die Maurenfürsten ...« Nach weiteren zwei Tagen hatte er genug vom Warten: »Ich kann nicht in die Berberei gehen, das Paketboot nach Malta segelt morgen ab & ich mit ihm.« Joe Murray wurde mit dem Pagen wieder nach Hause geschickt: »Ich hätte ihn [letzteren] gern weiter mitgenommen, aber Sie wissen ja, *Knaben* sind nicht *sicher* bei den Türken.«

Von Malta aus brachte eine Kriegsbrigg, die britische Kauffahrteischiffe begleiten mußte, sie nach Prevesa an der griechischen Küste. Unterwegs legte das Schiff in Patras an, wo Byron zum erstenmal »griechischen Boden unter den Füßen spürte«. Dieser aufregende Gedanke für jemanden, der seine Klassiker kannte und schätzte, wurde mit Pistolenschüssen bekräftigt. Auf dem Weg nach Prevesa sahen sie im Norden, am anderen Ufer des Golfs von Lepanto, die morastige Stadt Missolunghi liegen, wo Byron fünfzehn Jahre später unter erbärmlichen Umständen sterben würde. Nun aber war er noch jung und ahnungslos. Und unschuldig, würde man fast automatisch hinzufügen, doch das schluckt man, da man ihn kennt, schnell wieder hinunter.

Am 29. September ging die Reisegesellschaft in Prevesa an Land. Eigens zu diesem Anlaß hatten sie die Uniformen ihres Regiments angezogen, die freilich bald vom Regen durchnäßt waren, als die Reisenden durch schlammige Gassen zwischen den ärmlichen Häusern wateten. Byron war allen Arten von Ungemach gewachsen, aber Hobhouse gibt ehrlich zu, daß er an jenem ersten Tag auf griechischem Boden am liebsten auf der Stelle nach Good Old England umgekehrt wäre. Nachdem sie einen Dragomanen in Dienst genommen hatten, brachen sie am 1. Oktober nach Janina auf. Zum erstenmal fiel der Name von Ali Pascha, einem mächtigen albanischen Herrscher, der direkt dem türkischen Sultan unterstand. Janina war die nagelneue Hauptstadt von Alis selbst zusammengeraubtem Imperium, das sich im Norden bis zur Mitte des heutigen Albanien erstreckte, im Osten fast bis nach Thessaloniki und im Westen bis zur Küste. Nach Süden hin umfaßte es überdies die Morea, heute Peloponnes genannt.

Für fünfunddreißig Piaster mieteten sie zehn Pferde. Vier für sich, Fletcher und den Dragomanen, vier für das Gepäck und zwei für die Soldaten, die über ihre Sicherheit wachen sollten. Es mußte eine Menge mitgeschleppt werden: ein großer Vorrat Leinenwäsche, vier Lederkoffer voller Bücher, zwei kleinere Truhen, Küchengegenstände, drei Betten und zwei Liegen aus leichtem Holz zur Vorsorge gegen Ungeziefer und feuchte Fußböden. Hobhouse war von diesen Utensilien besonders angetan; sie trugen sehr zu *comfort* und *health* bei. Außerdem pries er sich glücklich, daß sie Sättel und Zügel von zu Hause mitgebracht hatten, denn die hölzernen Packsättel der türkischen Postpferde waren für die Sitzfläche eines Engländers eine Marter.

Vier Tage später ragte in der Ferne Janina vor ihnen auf: »Die Häuser, Kuppeln und Minarette, die durch Orangen- und Zitronenbäume und die Zypressenhaine glitzerten – der See, der sich zu Füßen der Stadt breitete – die Berge, die vom Ufer steil aufstiegen – das alles überwältigte uns ganz und gar«, so beschrieb Hobhouse seinen ersten Eindruck.

Im Bann so vieler orientalischer Schönheit ritten sie in die Stadt. Sie kamen an einem neuen Haus des Wesirs (Ali Pascha), einigen türkischen Grabsteinen und Läden vorbei. An den Ästen eines dicken Baumes gegenüber einer Metzgerei hing etwas, das von weitem wie ein dort feilgebotenes Stück Fleisch aussah, sich von nahem jedoch als der Arm eines Mannes herausstellte, an dem auch noch ein Teil des Körpers hing. Das Ganze war an einem Seil aufgehängt, das um die Finger geknüpft war. Wir sollten die Türken nicht vorschnell als ein grausames und wildes Volk verurteilen, lautete der Kommentar von Hobhouse. Später stellte sich heraus, daß der Arm von einem Rebellen stammte, der vor fünf Tagen enthauptet worden war. Seine sterblichen Überreste wurden in verschiedenen Teilen Janinas zur Schau gestellt, zur Belehrung und Unterhaltung.

Die Freunde begaben sich zum Haus des englischen Gesandten, William Leake, für den sie einen Brief vom Gouverneur von Malta mitbekommen hatten. Es zeigte sich, daß bereits für eine komfortable Unterkunft gesorgt war, und zwar im Haus des gastfreundlichen Griechen Niccolo Argyri, der mehrere Jahre in Triest gelebt hatte und fließend italienisch sprach.

Es gibt eine berühmte Gravüre von diesem Haus. Im Erdgeschoß sieht man die bogenförmigen Eingänge zu den Pferdeställen; eine Holztreppe mit kunstvollen Schnitzereien führt in den ersten Stock mit den Wohnräumen, wo auf einer geräumigen Veranda drei Herren im Schneidersitz gemütlich beisammenhocken. Ein Minarett in der Ferne, ein Pferd, ein Pfau mit langem, über den Boden schleppenden Schwanz und ein Pfeifenraucher mit Fez im Vordergrund geben der Szene einen anheimelnden, ländlichen Anstrich. Man möchte sich so hineinbegeben, obwohl ich wahrscheinlich sofort in die Frauenabteilung verbannt würde.

Schon bald erschien der Sekretär des Wesirs und gratulierte ihnen zu ihrer glücklichen Ankunft. Das Gerücht über den Besuch zweier junger Engländer hatte den Pascha bereits erreicht, und er hatte die Weisung erteilt, in

Janina alles Nötige für sie bereitzustellen. Leider konnte er sie zu diesem Zeitpunkt nicht persönlich empfangen, weil er im Norden noch einen kleinen Krieg erledigen mußte. Er bat die Freunde jedoch, ihn in seinem Palast in Tepelena zu besuchen, und hatte zu diesem Zweck bereits »eine Eskorte zusammengestellt, die auf unser Kommando aufbrechen würde«, schreibt Hobhouse.

2

Werter George, während Ihr im Jahr 1809 noch wochenlang auf günstigen Wind warten mußtet und eine lange Seereise vor Euch hattet, so reisten wir am 11. September 1996 an einem einzigen Tag von Amsterdam nach Janina – das heute zu Griechenland gehört und Ioánnina heißt –, zu Wasser, zu Land und in der Luft.

Morgens stiegen wir in Amsterdam auf, ein paar Stunden später landeten wir auf Korfu. Keine Kriegsbrigg, sondern eine Fähre brachte uns nach Igoumenítsa. Es war nicht der Mühe wert, Regimentsuniformen anzuziehen für dieses unansehnliche Hafenstädtchen, das wir mit dem Bus so schnell wie möglich hinter uns ließen. Wir trugen die Uniform des Rucksacktouristen. Ein Rucksack ließ sich leichter auf einem Pferd festbinden als ein Kunststoff-Samsonite. Außerdem: Je ärmlicher unser Konvoi in Albanien wirken würde, desto besser. Das einzige Ungewöhnliche an uns war Daniëls Hirtenstab, der ihm eine apostolische Würde verlieh.

Wenn man sich am Ende des zwanzigsten Jahrhunderts einer Stadt nähert, läßt sie sich nur noch selten mit den idyllischen Worten Hobhouses beschreiben. Eine moderne Stadt ist wie eine überreife Frucht. Schale und Fruchtfleisch sind die meist grundhäßlichen Vorstädte und Außenbezirke, durch die man sich einen Weg bahnen muß, um zum Kern, dem alten Kern, zu gelangen – mit ein wenig Glück ist dieser noch nicht gänzlich vom Modernisierungsdrang angegriffen. Kuppeln, Minarette, Kirchtürme, einst Baken für den Reisenden, werden den Blicken entzogen durch Türme aus Beton und Stahl, die Gottes Zorn auf sich herabzurufen scheinen, weil sie so dreist in seinen Himmel ragen.

Auch in Ioánnina grub sich der Bus einen Weg durch die Häßlichkeit. Wir hatten nicht das Bedürfnis, dort zu übernachten. Wie herrlich wäre es gewesen, wenn auf das Gerücht von der Ankunft zweier Niederländer der Pascha für uns eine Unterkunft im Haus eines vermögenden, kosmopolitischen Griechen arrangiert hätte. Wir mußten uns selbst um alles kümmern und eilten zum Ufer des Pamvótissees, um noch das Schiff zur Insel Nissaki zu erreichen, die vielleicht offiziell, jedoch nicht in der Praxis zu Ioánnina gehört. Von einer seiner vorigen Reisen kannte Daniël eine ruhige Pension dort auf der Insel.

Du, in Deiner Zeit, bist noch einfach mit Dir selbst mitgereist, aber bei den schnellen Ortswechseln in unserer Zeit werden eigentlich nur unsere Körper, zusammen mit dem Gepäck, von A nach B transportiert. Unser prähistorischer Geist, der nicht schneller reisen kann als zu Fuß oder höchstens zu Pferd, kommt uns langsam und unwillig hinterher. Manchmal weigert er sich einfach mitzukommen, vor allem bei kurzen, spektakulären Urlaubsreisen. Bei der Heimkunft finden wir ihn am Herd wieder; sobald wir wieder mit ihm zusammenfallen, scheint die Reise ein vager Traum gewesen zu sein und unser Verhalten in exotischen Gegenden das eines Fremden.

Die Insel im See von Ioánnina wird seit alters her der

Nabel von Epirus genannt. Vielleicht versuchte Ali Pascha über die Nabelschnur zurück in die Gebärmutter zu schlüpfen, als er sich vor den Soldaten des Sultans in dem kleinen Kloster Ágios Panteleimon versteckte, wo sie ihn schließlich doch noch fanden. Der Schutzpatron des Klosters konnte nicht verhindern, daß sie ihn dort, dreizehn Jahre nach Deinem Besuch, ermordeten und enthaupteten. Von unserer Pension zu diesem Kloster – es waren nur hundert Schritte. Ich hoffte nur, daß nachts das »ansprechende Gesicht« mit den »hellen blauen Augen & einem weißen Bart«, kurzum, sein vom Rumpf getrennter Kopf, nicht in meinem tiefsten Schlaf auftauchen würde.

Wir machten noch einen Abendspaziergang. Das einzige Dorf – Flüchtlinge aus der Mani sollen es im siebzehnten Jahrhundert errichtet haben – ist nicht mehr als ein Grüppchen weißgestrichener Häuser mit Dächern aus flachen, bleifarbenen Steinen. Es herrscht noch eine ländliche Ruhe, auch wenn es ein paar Gassen mit Andenkenläden gibt, in denen Talmi-Wasserpfeifen und Abgüsse von Venus- und Apollostatuen verkauft werden. Dazwischen befinden sich Restaurants mit Aquarien vor der Tür, in denen sich Aale, Forellen, Flußkrebse und Frösche träge in dem trüben Wasser bewegen. Wiederholt hielt uns jemand an und wies auf ein Aquarium, um uns zu verführen. Aber wir hatten beide die Farbe des Sees gesehen, wegen der Algen phosphoreszierend grün. Er lag auch seltsam still da, als ob er sterbenskrank sei. Trotzdem schienen die meisten Bewohner der Insel noch immer vom Fischfang zu leben, überall lagen hölzerne Ruderboote im Schilf. Wie wir einer Touristenbroschüre entnahmen, ist der Aal aus dem Pamvótissee ein berühmter Exportartikel, wie auch die Frösche, die vor allem in Frankreich reißenden Absatz finden: *Cuisses de Grenouilles aux Alges.*

Zum Glück war der größte Teil des Dorfes noch er selbst. Man sah keine Autos. Die Straßen waren mit flachen, von Füßen polierten Steinen gepflastert. Es war still an diesem Abend auf Nissaki, etwas, was in unserem Jahrhundert eine Ausnahme ist. Das späte Sonnenlicht fiel über Szenen, die zeitlos sind, aber an die Du kein Wort vergeudet hättest – Hobhouse dagegen hätte alles inventarisiert: bunte Blumengärten, Trauerweiden, Schafe, Ziegen, Katzen, schwarzgekleidete Witwen beim Füttern der Hühner, große Holzvorräte, hier und da der Geruch von Feuer.

Nie zuvor hatte ich Platanen mit so dicken Stämmen gesehen – es hieß, manche Exemplare seien mehr als fünfhundert Jahre alt. Früher assoziierte ich mit Platanen friedvolle kleine Plätze in der Provence – seit ich mich mit der Geschichte Albaniens und Ali Paschas beschäftigte, ließen sie mich vor allem an finstere Strafen denken. »Im Jahre 1809«, vermeldet eine Broschüre über Ioánnina, »folterte Ali Pascha den Anführer der Aufständischen, Katsantonis, und dessen Bruder Chasiotis unter einer Platane bei seinem Palast.« Und in meinem Albanien-Reiseführer wird berichtet, im Jahr 1944 seien zwei junge Frauen, die im Widerstand gegen die Nazis gekämpft hatten, an den Ästen einer Platane auf dem großen Platz in Gjirokastra erhängt worden. Wie der Schriftsteller und Maler Armando den Begriff »schuldige Landschaft« für bestimmte Orte in der Natur geprägt hat, die während des Zweiten Weltkrieges durch gräßliche Ereignisse besudelt wurden, so könnte man hier von

»schuldigen Bäumen« sprechen. Dennoch gewann während unserer Reise der Baum für mich seine Unschuld wieder, als ich in den Tälern von Gebirgsflüssen ganze Wälder davon sah – das durch die feinverästelten, hellgrünen Blätterkronen gefilterte Sonnenlicht schuf eine *Déjeuner-sur-l'Herbe*-Atmosphäre.

Weil sie nicht den Eindruck erweckt, zum Rest der Welt zu gehören, übte die Insel Nissaki seit dem Mittelalter eine große Anziehungskraft auf Mönche und Einsiedler aus. Während unseres kurzen Spaziergangs kamen wir an fünf Klöstern vorbei, die sich an den Berghang schmiegten und mit ihren lauschigen Innenhöfen die Illusion weckten, ein Leben in Lauterkeit und Schönheit könnte möglich sein. Heilige mit erlauchten Namen beschützten diese Klöster: Michael Philantropinos, Panteleimon, Ioánnis Pródromos, Ayos Eleúsas und Stratigópoulos. Die Mönche stachelten den Widerstandsgeist der Griechen an, bestärkten sie darin, sich von der türkischen Vorherrschaft zu befreien – aber über dieses Bestreben brauche ich Dir nichts zu erzählen. Es gab einst eine geheime Schule in dem Kloster aus dem dreizehnten Jahrhundert hoch über dem Dorf, gegründet von den Philantropinoi, sechs Brüder und Cousins, die, als Philosophen und Lehrer, die Ideale von Humanität, Bildung und Freiheit in einer Welt verkündeten, die dafür nicht reif war und es vielleicht niemals sein wird.

Als wir den westlichen Rand der Insel erreichten, blieb ich, überwältigt von dem Panorama, stehen. Von hier aus offenbarte sich, unverdorben, was Hobhouse gesehen und notiert hatte, als Ihr Euch damals Janina nähertet: Die Sonne ging unter hinter »den Häusern, Kuppeln und Minaretten, die durch Orangen- und Zitronenbäume glitzerten«. Jenseits des Wassers war die alte Silhouette der Zitadelle zu sehen, des Frourion, wo Ihr in einem von Alis Palästen zu Gast wart und von seinem Enkel, der das Haus hütete, während der Großvater in Tepelena war, gebührend empfangen wurdet. Mein Kopf war bleischwer von den Geschichten, die ich über diese Gegend gelesen hatte. Sie purzelten übereinander in ihrer Gier, neues Leben eingehaucht zu bekommen – hier und nirgendwo anders hatten sie sich abgespielt.

An diesem Abend schlief ich – trotz der lautstarken Konversation unter meinem Schlafzimmerfenster – sofort ein. Ich nahm noch Daniëls wütende Stimme wahr, der aus seinem Fenster rief: »Hier sind Leute, die schlafen wollen!« Auf der Terrasse eines angrenzenden Lokals saßen die Männer des Dorfs und besprachen die Geschehnisse des Tages, wie sie das seit Menschengedenken tun: mit erhobener Stimme und der Demonstration von Männlichkeit. Jede Caféterrasse in Griechenland ist auch heute noch eine Stoa en miniature.

»Worüber reden sie eigentlich?« fragte ich Daniël beim Frühstück. Er zuckte die Schultern. »Über Politik, über Geld.«

Fünf Jahre Samos und zahllose Spaziergänge hatten ihm, was die alte Weisheit des griechischen Volkes betraf, jede Illusion genommen. Sie hätten immer recht, sagte er, auch wenn ihre Auslassungen durch keinerlei Sachkenntnis getrübt seien. Mit ihnen zu diskutieren, habe er schon seit langem aufgegeben, jeder Versuch scheitere an Nationalismus, Großsprecherei und mangelnden Geschichtskenntnissen.

»Vielleicht müßte ein neuer Sokrates kommen«, äußerte ich.

»Der würde wieder genauso enden«, sagte Daniël düster.

Wieder überquerten wir den grünen Teich. Daniël, der Ioánnina von früheren Besuchen kannte, besuchte das ethnographische Museum. Plötzlich stand ich allein am Seeufer, der Tag lag mir zu Füßen – meine Ungeduld, alles sehen zu wollen, lähmte meine Tatkraft.

Die Erinnerung an die Silhouette der Moschee gab mir Antrieb. Ich ging an der Mauer entlang, die die Zitadelle umgibt, und suchte ein Eingangstor. Direkt gegenüber von Kneipen und Restaurants fand ich einen halbdunklen Torbogen, dessen Tiefe zeigte, wie dick die Mauer war. Sind Tunnel meist Symbole für Tod und Wiedergeburt – man läßt die alte, bekannte Welt zurück und betritt eine neue –, so war es für mich nun andersherum. Ich verließ die neue Welt, um in die alte einzutreten, die Unterwelt, in der ich Dich und Hobhouse und Ali Pascha und all die bis zu den Zähnen bewaffneten Albaner anzutreffen hoffte – wie eine Scheherezade auf dem Weg zu dem Ort, wo sie versuchen muß, ihr Leben mit dem Erzählen von Geschichten zu verlängern.

Der Tunnel filterte das zwanzigste Jahrhundert heraus, mit all dem dazugehörigen Lärm. Ich atmete auf. Kein Verkehr in den engen Gassen – ich betrat eine Domäne alter Leute, Kinder, Katzen und Vögel. Ich gab mir alle Mühe, in den nicht so gewissenhaft restaurierten Häusern die Häuser von damals zu erkennen. An den Erkern im ersten Stock war noch zu sehen, daß dort früher der Wohnbereich war, während sich im Erdgeschoß der Eingang, die Treppe und die Ställe befanden. Viele Fenster verbargen sich hinter Gittern; schon immer waren die Zeiten gefährlich gewesen, und wer weiß, was noch kommen würde.

Durch eine Gasse gelangte ich auf eine leere Fläche, die Respekt abnötigte für das, was dahinter, zwischen den Kronen von Laubbäumen und den schwarzen Nadeln von Zypressen, aufragte: die Moschee, mit herbstlicher Schärfe von der Morgensonne beschienen. Ein verletzliches Heiligtum, das Brände und Zerstörungen und menschliche Leidenschaften überlebt hatte. Irgendwie war es ergreifend, daß sie noch stand. Orientalische Anmut und ein beruhigendes Gleichgewicht zwischen horizontalen, vertikalen und geschwungenen Linien. Ein Minarett und eine Zypresse schienen in ihrem Bestreben, den Himmel zu berühren, in einen Wettstreit verwickelt, den nur Allah entscheiden konnte.

Warum hast Du, George, die Moschee nicht besucht, auf dem Weg zu Alis Palast? Seid Ihr gar nicht auf die Idee gekommen, oder war es Christenhunden nicht gestattet? Zögernd ging ich hinein, unsicher, ob es mir als Frau überhaupt gestattet war, und unschlüssig, ob ich meine Schuhe am Eingang zurücklassen sollte. Aber ich machte mir unnötige Sorgen, denn die Moschee erwies sich als ein der Öffentlichkeit zugängliches Museum mit einer großen Sammlung Waffen und Trachten. Waffen in einem Gotteshaus? Die türkischen Schwerter, die benutzt worden waren, um den Heiligen Krieg zu gewinnen, fühlten sich hier ganz zu Hause. Weniger in ihrem Element schienen die griechischen Waffen, mit denen Versuche unternommen worden waren, die türkischen Besatzer zu vertreiben.

Ich starrte auf das gewaltige Schwert des griechischen Soldaten Beka aus Pramanda, der dem Erklärungsschild zufolge geholfen hatte, Missolunghi zu verteidigen. Erinnerst Du Dich vielleicht zufällig an den Soldaten Beka? Von jener Zeit damals, als Du endlos warten mußtest, bis Du mit Deinem Korps von Sulioten in den Kampf ziehen konntest? Soldat Beka mit seinem gewaltigen Schwert, das einen mit Elfenbein eingelegten Griff hatte. Weißt Du, welches Schicksal ihn nach Deinem Tod ereilte? Während des zweiten Exodus aus Missolunghi, bei dem die letzten Bürger der Stadt vor den anrückenden Türken flohen, wurde er mit sechs anderen Soldaten gefangengenommen. Über das, was später aus ihm geworden ist, schweigt das Museum. Gab es überhaupt noch ein »später«, wenn man in einem türkischen Gefängnis steckte?

Ich schlenderte in die Abteilung Trachten. Die Kleider eines Toten zu bestaunen, hat etwas Anstößiges, Nekrophiles. Kleider sind intim, vielleicht steckt der Geruch des Verstorbenen noch darin oder die Form seiner Knie und Ellbogen. Ich darf gar nicht daran denken, daß Wildfremde hundert Jahre nach meinem Tod vielleicht Kommentare zu meinem Lieblingskleid abgeben. Wer weiß, was diese Menschen selbst tragen?

Etwas verlegen betrachtete ich die kunstvoll gewebten und bestickten Röcke und Blusen, bis ich vor der Tracht einer suliotischen Frau stand. Was trugen die Frauen der berüchtigsten Krieger aus dem Beginn des vorigen Jahrhunderts? Einen cremefarbenen Unterrock, darüber einen bestickten Rock und eine Weste bis zu den Knien, das Ganze geschmückt mit einem imposanten Gürtel und einer Kette aus Silberfiligran. Um den Kopf trugen sie ein schwarzes Tuch, an den Füßen türkische Schuhe mit großen schwarzen Pompons. Alles war konsequent in den Farben Schwarz und Rot gehalten, den Farben des Todes und des Lebens. Welch hellseherischer Blick, könnte man sagen, wenn man bedenkt, warum die Frauen von Suli legendär geworden sind.

Die Sulioten waren eine Volksgruppe albanischer Christen. Sie lebten auf den Ausläufern des Blitzhügels unweit von Janina, auf einigen kahlen, uneinnehmbaren Felsplateaus. Außer von ihren Schafen und Ziegen lebten sie, weil dort oben nichts gedieh, von Raubzügen, die Ali Pascha ein Dorn im Auge waren, weil er das Monopol darauf beanspruchten. Jahrelang konnten suliotische Krieger Alis Angriffe parieren; es war vor allem der Pascha, der große Verluste erlitt. Aber im Jahr 1803 hatte der Zermürbungskrieg ein Ende, und sie mußten sich ergeben.

Ihre Frauen starben lieber, als sich vergewaltigen und in die Sklaverei führen zu lassen. Sie flohen auf den höchsten Punkt des Felsens und sprangen mit ihren Kindern in den Abgrund. Die Legende behauptet, zuerst hätten sie noch gesungen und getanzt, in einem wilden Reigen von Rot und Schwarz, einem *danse macabre*, dann seien sie spielerisch – die sich sträubenden Kinder fest im Griff – ins Totenreich gewirbelt. Du kanntest die Geschichte natürlich, weil Du eine Schwäche für dieses Volk hattest, das wie Du die Freiheit über alles stellte. Daß Du noch Deine liebe Not mit den Sulioten haben würdest, wußtest Du nicht, als Du einige dieser Halbwilden in Dienst nahmst, damit sie zusammen mit Dir die entscheidende Schlacht gegen die Türken schlügen. Ich glaube, daß auch sie schließlich nicht ganz unschuldig an Deinem Tod waren, so sehr enttäuschten sie Dich und untergruben Deine Moral.

Ich versuchte, die Vitrinen mit den Waffen und Trachten auszublenden und meine ganze Aufmerksamkeit auf das Interieur der Moschee zu richten. Es ist ein Wunder, daß die größtenteils griechischen Einwohner Ioánninas die Moschee nicht bis auf den letzten Stein abgerissen haben, als die Türken 1913 aus diesem Gebiet vertrieben wurden. Ein knappes Jahrhundert zuvor hatten die Türken ja das gleiche mit den Palästen Ali Paschas gemacht – die Reliquien der Macht symbolisch zu zerstören, war eine alte Gewohnheit. Daß die Moschee nun ein Museum beherbergte, war eine taktisch klügere Lösung.

Es knieten also keine Türken mehr auf Gebetsteppichen, kein Muezzin rief mehr zum Gebet. Die letzten Türken waren schon vor langer Zeit auf ihren Teppichen nach Hause geflogen, neuen Zugeständnissen in ihrem geschrumpften Reich entgegen. Trotzdem war der Glaube, zu dem sie sich hier bekannt hatten, noch allgegenwärtig. In der Architektur, im Fehlen von Abbildungen von Mensch und Tier, in den statt dessen vorhandenen Arabesken. Später, als ich in byzantinischen Kirchen eine vergoldete Ikonostase nach der anderen sah, war mir vom Interieur dieser Moschee vor allem die wohltätige Einfachheit in Erinnerung geblieben. Es hatte den Anschein, als würde weniger Mühe darauf verwandt zu imponieren, sondern mehr, Vertrauen zu erwecken.

Ich verließ den hohen Raum mit der gewölbten Decke. Es wurde Zeit, sich die Festung einmal von innen anzuschauen, die von den Türken Its-Kale genannt wurde. Ich kam an einer Bibliothek vorbei, einem niedrigen Gebäude mit drei schiefergedeckten Kuppeln. Ali Pascha, der weder lesen noch schreiben konnte, hat sie wahrscheinlich nie von innen gesehen. Daneben stand ein Badehaus. Verdorrtes Gras bedeckte sein Dach – das Gebäude machte den Eindruck, als ob es bereits seit einer Ewigkeit wegen Einsturzgefahr geschlossen war. Weißt Du noch, daß Ihr eines Abends hineinwolltet, aber am Eingang von einem alten Masseur abgeschreckt wurdet? Später sprach Euer Gastgeber, Signor Niccolo Argyri, sein Bedauern darüber aus, denn im innersten Raum, wo das eigentliche Waschen stattfand, wären Euch *belli giovani* zu Diensten gewesen.

Durch ein großes Tor gelangt man zu dem weiträumigen Terrain, das einst die Domäne des Paschas war. Es war heiß dort, die Häuser, die einmal Schatten gespendet hatten, existierten nicht mehr. Dies war der historische Boden, über den der griechische Prospekt, den ich bei mir hatte, schwärmte: »Wie war jeder Fleck, jedes Molekül hier von Blut durchtränkt! Wie viele Brunnen voller Tränen verströmten jahrhundertelang um dieses Land!« Und dann noch eine Schippe heutigen Patriotismus obendrauf: »Man verspürt Mitleid, aber auch Stolz, und im Innern flüstert das Gemüt.«

Eher lustlos kletterte ich über Schutthaufen aus halb eingestürzten Mauern und Gewölben. Einige der Kasematten und ein Teil des byzantinischen Turms, den man »Thomasturm« nennt, waren noch intakt. Bemühungen zur Restaurierung waren mittendrin eingestellt worden. Hier wurde meiner Phantasie zuviel abverlangt, und die Sonne brannte erbarmungslos. Sogar die, die hier mit einem Strick um den Hals starben, hatten im Schatten einer Platane gehangen. Diese Eingebung lenkte meine Schritte wie von selbst zu dem Baum, unter dem Katsantonis und sein Bruder Chasiotis eines langsamen Todes gestorben waren.

Hobhouse berichtet es anders. »Ein paar Monate vor unserer Ankunft in dem Land wurde ein ganzer Trupp, der die Berge zwischen Janina und Tricoala unsicher machte, von Muchtar Pascha besiegt und vertrieben; an die hundert von ihnen ließ er auf der Stelle in Stücke hacken. Diese Räuber wurden von einem griechischen Priester angeführt, der nach der Niederlage seiner Männer nach Konstantinopel ging, dort einen Ferman erhielt und nach Janina zurückkehrte, wo der Wesir ihn zu einer Besprechung einlud und gefangennahm, als er den Raum verließ. Er wurde ins Gefängnis gesteckt und gut versorgt, bis ein Bote nach Konstantinopel und wieder zurück geritten war und dort für Ali die Zustimmung der Hohen Pforte erlangte, mit dem Gefangenen zu machen, was er wollte. Es war der Arm dieses Mannes, an einem Ast hängend, den wir gesehen hatten, als wir nach Janina kamen.«

Der Bruder kommt in dieser Geschichte seltsamerweise nicht vor. Wie heimtückisch der Wesir doch war. Und der Sultan nicht minder. Ein Mann, ein Wort – das galt offenbar nicht im Osmanischen Reich. Man konnte niemandem vertrauen, das hätte der naive Anführer der Rebellen eigentlich wissen müssen. Es gibt eine Gravüre aus dem Jahr 1820, auf der, am Ufer des Pamvótissees, eine Gruppe tanzender Aufständischer abgebildet ist, das Gewehr geschultert. Ihre Moral scheint trotz der Exekution der Anführer ungebrochen. Offenbar befinden sie sich auf der Insel, denn der Blick auf die Moschee an der anderen Seite des Wassers ist derselbe wie der auf unserem Abendspaziergang.

Ich fand den Baum, der so viel gesehen hatte. Er hatte alle überlebt und stand da, als sei nichts gewesen. Ali Paschas Grab war ganz in der Nähe – oder besser: die Reste des Grabes, in dem der kopflose Körper bestattet war. Wo einst sein Palast gestanden hatte, findet man heute eine unglückliche Imitation, ein strenges Rechteck aus Naturstein, kahl und freudlos, das nichts mit Alis flamboyantem Serail gemeinsam hat, wie es auf Gravüren abgebildet ist und wie Du es beschrieben hast: »Ich sah seine Paläste & die seiner Enkel, sie sind prachtvoll, wenn auch zu sehr mit Seide & Gold verziert.«

Vor allem die Enkelsöhne, die noch nicht ahnen konnten, daß sie dreizehn Jahre später für den Eroberungsdrang ihres Großvaters vom Sultan bestraft werden sollten, hast Du immer wieder voller Faszination erwähnt. »Ich bin Hussein Bey & Machmud Pascha vorgestellt worden, beides kleine Jungen, Enkelkinder von Ali in Janina. Sie sind unseren Knaben ganz unähnlich, haben gefärbte Wangen wie geschminkte Witwen, große schwarze Augen & vollkommen ebenmäßige Züge. Es sind die hübschesten wilden Tiere, die ich je gesehen habe & auch schon im Hofzeremoniell geübt; der türkische Gruß ist eine leichte Neigung des Kopfes mit der Hand auf der Brust, gute Freunde küssen sich immer; Machmud ist zehn Jahre alt & hofft, mich wiederzusehen, wir sind Freunde, ohne einander zu verstehen, genau wie viele andere Leute, wenn auch aus anderem Grund.«

Gott sei Dank war beim Tor ein Café. Ich setzte mich auf

der Terrasse in den Schatten und bestellte Wasser, viel Wasser. Neben mir saß eine Gruppe Jugendlicher mit einem Ghettoblaster, aus dem griechische Popmusik schallte. Sie waren nur wenige Jahre älter als Hussein und Machmud. Keine gefärbten Wangen, keine vollkommen ebenmäßigen Züge, wilde Tiere natürlich schon. Anscheinend hatte die Welt hier nach dem Untergang Ali Paschas oder nach dem Ende der osmanischen Herrschaft aufgehört zu existieren und danach, *tabula rasa*, vollkommen neu angefangen mit einer anderen Menschenart, vor einer anderen Kulisse. Ich hatte mir vorgenommen, zwischen diesen beiden Welten zu vermitteln, solange die Reise dauerte – ein Seil zu spannen, auf dem ich schwankte, einen buntbemalten Sonnenschirm in der Hand, der mir helfen sollte, das Gleichgewicht zu halten oder eine unvorhergesehene Landung abzumildern. Die Phantasie als Fallschirm. Warum war die Konfrontation mit einer verschwundenen Welt schmerzhaft? War es meine eigene Sterblichkeit, die mir zu schaffen machte?

Hobhouse plaudert unbekümmert über Eure Besuche. Am zweiten Tag nach der Ankunft in Janina machtet Ihr Visite in einem Palast, den Ali Pascha seinem ältesten Sohn Muchtar zugewiesen hatte. Da sein Vater abwesend war, machte Alis Enkel die Honneurs: ». . . und er empfing uns, obwohl er ein Junge von nur zehn Jahren war, in höflicher, ungezwungener Weise, wobei er uns mit einer leichten Bewegung seiner Hand zu verstehen gab, daß wir uns neben ihn setzen sollten. Sein Lehrmeister, ein ernsthafter alter Mann, mit einem Bart bis an die Knie, saß in der Ecke ihm gegenüber, mischte sich jedoch nicht in das Gespräch ein. Der Bei, denn das war sein Titel, wußte seine Würde und seinen Ernst zu wahren, obwohl er ziemlich neugierig auf manche Einzelheiten unserer Kleidung war und sich über ein schönes Schwert, das mein Freund trug, sehr begeistert zeigte. Ein großer Unterschied zwischen seinen Manieren und denen seines bejahrten Lehrers war nicht zu bemerken.«

Nach dem Kaffee mit Süßigkeiten gabt Ihr zu erkennen, daß Ihr gern den Palast besichtigen würdet. Das war möglich, aber der kleine Gastgeber forderte zuerst die Frauen seines Vaters auf, sich in die Gemächer im Innern des Serails zurückzuziehen. Beim Verlassen des Zimmers wurde der Junge von einem schäbig gekleideten albanischen Wächter zärtlich umarmt. Hobhouse fiel auf, daß das Volk gegenüber dem Kind eine Haltung einnahm, die von einer außergewöhnlichen Mischung aus Vertraulichkeit und Respekt geprägt war.

Ich würde gern einmal wissen, wie so ein Palast von innen aussah. Du äußerst Dich sehr summarisch: prachtvoll, aber zuviel Gold und Seide. Ich möchte nicht behaupten, daß Hobhouse mehr sieht als Du, aber der Amateur-Ethnograph, als der er sich versteht, registriert einiges mehr – viele Einzelheiten, die Du als uninteressant abtun würdest. Die Zimmer fand er ansprechend und behaglich eingerichtet, vor allem die Räume, die für den Winter bestimmt waren. Seidenbezogene Sofas, kostbare Orientteppiche, Fenster mit venezianischem Glas. Die bemalten Wandtäfelungen fanden nicht immer seine Zustimmung: »In einem Raum war eine geschmacklose Darstellung von Konstantinopel, ein beliebtes Motiv, das wir in fast allen bemalten türkischen Häusern antrafen.« Gab es damals auch schon Kitsch? Obwohl eines der Zimmer in einer Nische eine Badewanne und einen Springbrunnen aufwies, gab es nirgends Schlafzimmer, weil die Türken sämtliche Räume auch zum Ruhen benutzten. In jedem Zimmer war ein Schrank, in dem Matten und Decken aufbewahrt wurden, die man nachts auf den Boden legte.

Der kleine Bei genoß es sehr, den Palast seines Vaters zu zeigen, und verlor hin und wieder sogar etwas von seiner Reserviertheit. Er spreche Albanisch und Griechisch, erzählte er, und lerne nun Türkisch und Arabisch lesen und schreiben – in dieser Hinsicht hatte er seinen analphabetischen Großvater schon weit überholt. Hobhouse, der angesichts der Besonnenheit und Höflichkeit von Alis Enkelsöhnen nicht mehr aus dem Staunen herauskam, entdeckte im Laufe seines Aufenthalts, daß alle mohammedanischen Kinder aus den besseren Kreisen so gute Manieren hatten.

Ja, und dann Dein Augenstern Machmud. Während Eures Besuchs weilte er hier in Its-Kale und hütete den Palast seines Großvaters. Machmud, so Hobhouse, war viel lebhafter als Hussein. Es hieß, er habe das Genie von Ali Pascha geerbt. Obwohl er erst zehn war, besaß er bereits einen eigenen *Paschalik.* »Er empfing seine Gäste mit der gleichen Gewandtheit wie sein Cousin, und nachdem wir einige Zeit gesessen hatten, schlug er vor, zu seinem jüngeren Bruder zu gehen, der sich im Haus seines Vaters aufhielt.« Ab und zu schwindelt einem bei diesem Hin-und-her-Getrabe zwischen all den Familienpalästen.

»Ein Bote wurde uns vorausgesandt, und wir bestiegen Pferde, die mit Gold geschirrt waren, während uns einige Offiziere des Palastes mit ihren silbernen Stäben und Stöcken voranritten. Als der junge Pascha durch die Straßen ritt, kamen alle Leute aus ihren Läden, und wer unterwegs war, blieb stehen, während sie ihm alle den üblichen Respekt erwiesen, indem sie sich tief verbeugten, den Boden mit der rechten Hand berührten und diese dann an ihren Mund und an ihre Stirn führten (denn die Adoration des Herrschers ist, in ihrer primitiven und wörtlichen Bedeutung, unter Orientalen noch immer gebräuchlich). Der Bei erwiderte den Gruß, indem er die rechte Hand auf die Brust legte und den Kopf leicht neigte.«

Der Bengel, denkt man am Ende des zwanzigsten Jahrhunderts, in einem Land, wo die Prinzen »so normal wie möglich« erzogen worden sind. Aber der Großvater dieses Bengels gebot über Leben und Tod.

Beim Palast seines Vaters angelangt, gab Machmud seinem Pferd plötzlich die Sporen und preschte zur Treppe, »wo sein Bruder, ein Junge von sieben, auf ihn wartete. Sie umarmten einander sehr zeremoniell, den Kopf über die Schulter des anderen beugend. Nach dem Pfeiferauchen und dem Kaffee besichtigten wir die Räume; während wir umhergingen, vergaß sich der Junge ein wenig und begann zu hüpfen; er wurde aber auf der Stelle von dem Pascha korrigiert, der sagte: ›Bruder, denk daran, daß du in Gesellschaft eines Fremden bist; geh ordentlich.‹ Der andere gehorchte sofort; und es war nicht wenig staunenswert, einen solchen Rat zu hören und eine solche Gefügigkeit anzutreffen bei so jungen Kindern.«

Warum war die Welt nicht mehr so farbenreich wie damals? Unzufrieden mit dem glanzlosen Heute saß ich vor meiner Plastikflasche *Nero* und sehnte mich nach den

Tagen von einst. Die Türken bewiesen Weitblick, als sie die Festung Its-Kale nannten. Der Große Kahlschlag fand 1822 statt, nachdem die Stadt zwei Jahre lang belagert worden war. Ali Pascha war zunehmend wie ein unabhängiger Fürst aufgetreten, ohne Machmud II., dem Sultan, den geschuldeten Respekt zu erweisen. Auf Einladungen, sich am Hof zu zeigen, ging er wohlweislich nie ein – man wußte, was man voneinander zu halten hatte. Weil er zusammen mit seinen Söhnen Muchtar und Veli damit beschäftigt war, ganz Griechenland zu erobern, und gleichzeitig selbständige diplomatische Beziehungen zu den Engländern, Franzosen und Russen unterhielt, war er dem Sultan bereits seit Jahren ein Dorn im Auge. Schließlich schickte ihm dieser eine Streitmacht von fünfundzwanzigtausend Mann unter dem Kommando von Hurschid Pascha. Ali Pascha hatte das angesichts seiner Provokationen kommen sehen. Bereits 1815 hatte er die Festungsmauern verdoppelt, und während der Belagerung ließ er umliegende Teile der Stadt in Brand stecken, um ein freies Schußfeld zu schaffen.

Für einen Mann von achtzig Jahren konnte er sich noch tapfer seiner Haut wehren. Aber Hurschid Paschas Truppen hatten den längeren Atem, und irgendwann in einer mondlosen Nacht muß der abgekämpfte Greis den Palast verlassen haben und am Fuß des Felsens, zusammen mit einigen Getreuen und seiner letzten Geliebten Kyra Vasiliki, in einen Kahn gestiegen sein. Sie überquerten den dunklen Pamvótissee, erreichten die Insel und versteckten sich in dem kleinen Kloster Ágios Panteleimon.

Nicht lange, nachdem die Türken Ali dort aufgespürt und

getötet hatten, wurde alles zerstört, was dem Pascha gehört hatte und in Zukunft an ihn erinnern könnte. Deshalb sind nur die türkischen Gebäude zur öffentlichen Nutzung erhalten geblieben: die Moschee, das Badehaus, die Bibliothek. Deshalb starrte ich auf eine leere, von der Sonne versengte Fläche und stieß mein Blick auf der gegenüberliegenden Seite auf eine kalte Palastimitation und auf ein Grab, in dem, wie es heißt, nicht einmal mehr der enthauptete Körper liegt. Käme doch ein kleines wildes Tier mit gefärbten Wangen vorbei, vor dem ich mich in den Staub werfen könnte.

Ich zahlte und stand auf. Müde von soviel Zerstörung ging ich aus dem Festungstor und überlegte mir dabei, das ständige Verlangen nach allem, was vorbei war, dort zurückzulassen. Vielleicht litt ich einfach unter dem Gefühl, das auch den Besucher griechischer und römischer Ruinen überkommt – das Gefühl ungeheurer Enttäuschung, weil unser Gedächtnis uns offenbar im Stich läßt. Müßten sich nicht irgendwo in unserem Hinterkopf, in einem primitiveren Teil unseres Gehirns, doch noch Erinnerungen an die Zeit verbergen, als wir mit einer Amphore auf der Schulter den Berg zum Nymphäum hinabgingen?

Wo einst der Basar gewesen war, wurden nun Souvenirs und Filme verkauft. Ich erstand einen Stadtplan, der besser war als mein bisheriger, und breitete ihn aus. Interessiert schaute mir der Verkäufer über die Schulter. Was ich suche, fragte er in gebrochenem Englisch. Ich zögerte. Auf die Gefahr hin, für verrückt gehalten zu werden, erzählte ich ihm, ich sei auf der Suche nach dem Haus von Niccolo Argyri, in dem Du 1809 logiert hast.

»Ach, das ist doch in der Byronstraße«, sagte er gelassen. »Sie erkennen das Haus sofort an der Plakette.« Sein Zeigefinger wanderte über den Plan, bis er über einer kleinen Straße unweit der Festung hängenblieb. Verblüfft sah ich ihn an. Wie war es möglich, daß ein Grieche, der Souvenirs verkaufte, einen englischen Dichter der Romantik kannte?

»Sie mögen Lyrik?« fragte ich.

»Nein, nein«, über sein Gesicht zog schon bei dem Gedanken eine kleine Wolke, »alle Griechen kennen Lord Byron. In der Schule haben wir im Fach Geschichte von ihm gehört. Er hat für unsere Freiheit gekämpft, er ist ein Held, wir verehren ihn.«

Es wird Dir gefallen, dies zu hören. Dein großer Wunsch hat sich erfüllt: lieber als Held im Freiheitskampf denn als großer Dichter in die Geschichte einzugehen. Als ich meinen Stadtplan bezahlt hatte, legte mir der Verkäufer zärtlich die Hand in den Nacken und sagte liebenswürdig: »Wenn du mehr wissen möchtest, komm einfach vorbei.«

Außerhalb der Festungsmauern stürzte die ganze Hektik des Verkehrs und des Menschengewimmels in der Hitze auf mich ein. Du hast keine Ahnung, wie es ist, plötzlich in mein Jahrhundert zu treten. Nur ein paar alte Läden, wo Kupfergeschirr und Hirtenstäbe verkauft werden, hättest Du vielleicht wiedererkannt. Überall wurde gegessen, aus den Lokalen stieg der Duft von gegrilltem Fleisch auf. Die Griechen, die ich dort im Vorübergehen sah, mit korpulenten Leibern und grimmig-müden Gesichtern hinter Tellern mit schwarz verkohltem Souvlaki, zeigten wenig Ähnlichkeit mit ihren apollinischen Ahnen. Von einem edlen, mythischen Menschenschlag, wie er Dir vor Augen stand, als Du zu den Ursprungsorten von Homers Epos aufbrachst, war nichts zu entdecken.

Ehe ich mich's versah, stand ich in der Straße Lordou Vironos. Das Schild mit dem Straßennamen hing an der rotgestrichenen Fassade eines altmodischen Stoffladens. Durch die offenstehende Tür blickte ich in das erstaunte Gesicht des Inhabers, der zwischen liegenden und aufrecht stehenden Stoffballen herumhockte. Seine hochgezogenen Augenbrauen fragten sich, woher mein ungewohntes Interesse für seinen Laden kommen mochte. Als ich mein Büchlein hervorholte, um mir etwas zu notieren, änderte sich sein Gesichtsausdruck in den eines Opfers – jemand schrieb etwas über ihn, doch er würde nie erfahren, was. Von leichtem Fieber befangen ging ich weiter, meine Augen suchten die Häuserfronten nach einer Plakette ab. Bei Nummer drei blieb ich stehen. Dort wurde an Deinen Aufenthalt vom 9. bis 12. Oktober 1809 erinnert, durch eine auffällige Tafel, die mit vier rostigen Nägeln auf abblätternden Putz geschlagen war. Aber das mußte ein Irrtum sein! Dieses einfache Haus mit hellblauen, venezianischen Fensterläden im ersten Stock und grundhäßlichen Schaufenstern im Erdgeschoß erinnerte nicht im entferntesten an die Villa von Niccolo Argyri, wie ich sie von der Gravüre her kannte. Keine elegante Freitreppe, keine Veranda, kein Pfeifenraucher mit Fes, kein Pfau. Ich nahm mir nicht die Zeit nachzuschauen, was in dem Laden unten verkauft wurde. Entsetzt und beleidigt bog ich um die Ecke. Soviel Geschichtsklitterung konnte ich nicht verkraften. Vielleicht hatte an dieser Stelle einst die Villa gestanden ... Weiter kam ich nicht bei meiner Suche nach Entschuldigungen für die Stadtverwaltung von Ioánnina, die diese Plakette vermutlich auf dem Gewissen hatte.

Niedergeschlagen ging ich in das Restaurant gegenüber der Stadtmauer und bestellte mir einen Raki, um mich von dem Schrecken zu erholen. Ich nahm Zaziki dazu, mit blassen Bohnen von der Größe eines Fingerhuts. Warum existierte das Haus von Argyri nicht mehr? Er hatte doch nicht den Zorn des Sultans auf sich herabgerufen? War es 1820 abgebrannt, als der Große Flammenwerfer Ali Paschas rings um die Festung Tod und Verderben säte? Ich bestellte einen zweiten Raki. Das half. Was ging es mich eigentlich an? Warum empfand ich ständig eine so glühende Empörung, als wäre das alles gestern geschehen? Ich regte mich doch auch nicht über den Brand im früheren Rathaus auf dem Dam in Amsterdam auf, das nach alten Stichen und Gemälden ein Juwel der Architektur des fünfzehnten Jahrhunderts und sehr viel menschenfreundlicher als der heutige strenge, holländisch-klassizistische Palast gewesen sein muß. Nicht von ungefähr umwehen ihn ständig lästige Fallwinde, als wollten sie ihn hinwegfegen.

Nun konnte ich nur noch versuchen, den Litharitsa-Palast zu finden, vor dem Machmuds kleiner Bruder Euch auf der Treppe erwartet hatte. Meinem niederländischen Reiseführer zufolge mußte er sich an der Platia Dimokratiás befinden, direkt bei einem Glockenturm und einem Park mit einem Aussichtspunkt. Ich durchquerte den Park in allen Richtungen und lief dreimal um den Glockenturm herum. Ein alter Mann, der mein seltsames Verhalten beobachtete, bot seine Hilfe an.

»Litharitsa...«, sagte ich, jede Silbe betonend.

Er nickte und nahm mich bei der Hand, als sei ich ein verirrtes Kind. Wir gingen los, weg von dort, wo der Palast hätte stehen müssen, in die Hauptstraße, wo die Sonne auf die Häuser brannte. Ich warf einen verwunderten Blick auf meinen Begleiter, der einen adretten grauen Anzug trug, wie ihn ein Bauer aus dem Hinterland anzieht, wenn er einen Ausflug in die Stadt macht.

»Litharitsa«, wiederholte ich.

Er nickte beruhigend.

Vor dem Schaufenster einer Konditorei blieb er stehen. Er zeigte begierig auf das ausgestellte Gebäck und sah mich fragend an. Ich sah fragend zurück. Resolut betrat er den Laden und zog mich mit sich. Im Nebenraum wußte er eine ruhige Ecke mit Tischen und Stühlen. In der Pose eines Herrn, dem nichts zu teuer ist, nahm er würdevoll Platz und klopfte mit der flachen Hand auf den Stuhl neben sich, damit ich seinem Beispiel folgte. Aber ich wollte zum Litha... Ja, ja, gleich, gestikulierte er. Ein Stück weiß bepudertes Gebäck wurde mir serviert. Was hätte ich anderes tun können, als es zu essen? Ich konnte die griechische Gastfreundschaft ja nicht beschämen. Der Kuchen war warm und schrecklich süß. Nur mit Mühe bekam ich ihn hinunter. Bei jedem Bissen, den ich zum Mund führte, verfolgten mich zwei funkelnde Augen. Eifrig begann der Alte auf mich einzureden, ein Wasserfall von Worten, bei denen ich nur vage und hilflos lächeln konnte. Dann tippte er nachdrücklich auf den Ring mit einer Blutkoralle, der von meiner Urgroßmutter stammt. Der junge Bäckergehilfe, der uns bediente, eilte uns mit seinem gebrochenen Englisch zu Hilfe.

»Er fragt, ob Sie verheiratet sind.«

Ich nickte heftig.

»Wie viele Kinder Sie haben.«

»Drei«, log ich.

Mein angejahrter Kavalier war tatsächlich dabei, seine Heiratschancen auszukundschaften! Was sonst könnten Frauen suchen, die sich in Parks herumtreiben, hatte er sich wohl gedacht, also nichts wie ran. Er hatte sich dafür in Schale geworfen und mich eingeladen. Trotzdem würde ihm der Fisch durch die Finger schlüpfen – aber wie wurde ich ihn wieder los?

»Sagen Sie ihm, ich fahre jetzt mit einem Taxi ins Hotel zurück, mein Mann wartet dort auf mich.«

Stolz auf seine Englischkenntnisse, übersetzte der Junge es feierlich. Mein Verehrer aber stellte sich taub, ergriff meine Hand und warf mir einen bedeutsamen Blick zu. Ich zog die Hand weg, versicherte ihn mit einem *efcharistó poly* meiner Dankbarkeit und floh aus der Konditorei. Er stürmte hinterher, und während ich gehetzt nach einem Taxi Ausschau hielt, wich er mir nicht von der Seite. Ich legte einen schnellen Schritt vor, den beharrlichen Greis auf den Fersen – er war noch erstaunlich gut zu Fuß.

»*Efcharistó!*« rief ich noch einmal über meine Schulter. Er griente verschmitzt.

Ein Taxi bog um die Ecke. Ich winkte heftig. Es hielt an, ich sprang hinein und schlug die Tür zu. Das hatte mein Verfolger nicht erwartet – verdattert starrte er mir nach, immer kleiner und älter werdend. Er konnte noch während des ersten Balkankriegs geboren sein, als die griechische Armee der türkischen Besetzung Ioánninas ein Ende machte. Hatte er sich mit Ali Pascha messen wollen, der noch mit achtzig der Liebe mit Kyra Vasiliki frönte?

Ich ließ mich zur Anlegestelle bringen, wo Daniël bereits auf mich wartete. Während ich an Bord ging, stieß mir das griechische Gebäck auf. Kurz darauf glitten wir über den See, der grüner schien als je zuvor. Vielleicht war das Wasser zur Strafe verschmutzt, weil es Menschen verschlungen hatte.

Im Jahr 1801 ließ Ali Pascha siebzehn junge Frauen im Pamvótissee ertränken. Über den genauen Hergang gibt es verschiedene Versionen. Indem ich sie miteinander vermische, erhalte ich folgendes Destillat:

Eines Tages traf Ali seine geliebte Schwiegertochter in Tränen aufgelöst an. »Was ist los, liebes Kind, warum weinst du?« Unter dem Blick seiner freundlichen blauen Augen schluchzte sie vertrauensvoll: »Muchtar liebt mich nicht mehr.«

»Ach, und warum nicht?«

»Sein ganzes Sinnen und Trachten gilt seiner Mätresse und anderen Frauen, die er scheinbar reizvoller findet als mich.«

»Dann werden wir etwas dagegen unternehmen«, sprach der Wesir resolut. »Weißt du hier im Palast jemanden, der die Kunst des Schreibens beherrscht?«

Sie nickte unter Tränen.

»So laß ihn eine Liste aufstellen mit den Namen aller Frauen, die du meinst, und überlaß alles andere mir.«

Wie ein braves Schulkind erledigte sie ihre Aufgabe. Mit großer Sorgfalt fertigte sie ein Verzeichnis der schönsten Frauen von Janina an, all jener, die ihre paranoide Eifersucht am meisten anstachelten. Obenan stand der Name von Muchtars Mätresse, Frosini, die wieder anderen Quellen zufolge auch die Geliebte von Ali selbst war oder gewesen war.

Auf einem pathetischen Gemälde, in Ansichtskartenformat an jeder Ecke in Ioánnina erhältlich, ist dargestellt, wie sich die Sache abgespielt haben könnte. Der Name des Malers wird nicht genannt; daß er bei dem Ereignis – als eine Art Hofphotograph – tatsächlich dabei war, glaube ich eigentlich nicht. Auf dem Bild sieht man nur, wie Frosini zu Wasser gelassen wird. Man ist mit einem Ruderboot auf den See hinausgepaddelt. Ein muskulöser Soldat in einer mit goldenen Tressen besetzten Uniform, an der Hüfte einen Krummsäbel, wie ich ihn im Museum gesehen hatte, hebt Frosini aus dem Boot; die Anstrengung läßt seine Augen hervortreten. Es ist Nacht. Eine Fackel auf dem Bug und ein zum Teil hinter Nebelschwaden versteckter Vollmond erleuchten die mit deutlicher Liebe zum Grausigen gestaltete Szenerie. Von einer Felsspitze im Hintergrund aus beobachtet Ali Pascha persönlich mit geballten Fäusten, ob der Auftrag ordnungsgemäß ausgeführt wird. Frosini erhebt die Augen gen Himmel. Ihre weißen Handgelenke und Knöchel sind mit einem Strick zusammengebunden, und unter ihren Füßen baumelt ein großer Stein. Sie trägt nicht gerade ein Büßergewand, sondern ein hauchdünnes Kleid, wie es scheint, aus Seide, eine reichbestickte Weste und elegante Schuhe. Ihre Haare wehen im Wind. Jetzt noch, denkt man unwillkürlich. Im Boot sitzt ein zweiter Soldat, das Gewehr an der Schulter. Zu Frosini emporblickend öffnet er die Hand, als wolle er sagen: »Wie konntest du nur so dumm sein?« Neben ihm verbirgt eine andere junge Frau, eine der sechzehn anderen, die noch folgen, das Gesicht in den Händen. Am fernen Ufer stehen weitere Soldaten mit emporragenden Gewehren, die ein wachsames Auge auf das Ganze werfen. Eine empörende Verherrlichung männlicher Machtdemonstration und kollektiver Feigheit gegenüber der wehrlosen Frosini.

Es wird überliefert, die Frauen hätten etwas Süßes mitbekommen für unterwegs. Ein Brocken Turkish delight für den Augenblick, in dem sie nach Luft schnappen? Ob sich Frosini wohl auf ihre Weise schuldig gefühlt und in ihr Schicksal ergeben hat? Ihr einziger Fehler war, daß Muchtar sein lüsternes Auge auf sie geworfen hatte. Der Islam schrieb vor, daß eine Frau, die die Ehre der Familie geschändet hatte, getötet wurde, während der Mann ungestraft davonkam.

Übrigens kann die Frosini auf dem Bild noch von Glück sagen, daß sie ihre letzte Stunde nicht in einem verschnürten Jutesack zubringen mußte. Eine Ehebrecherin zu ertränken, war nicht Ali Paschas Erfindung. Meist ließ man die zum Tode Verurteilte in einem Sack, der mit einem Stein beschwert war, auf den Grund sinken. Ethel Portnoy erwähnt in ihrem Reisebuch *Vluchten* einen Sultan, der seinen dreihundert Frauen umfassenden Harem so satt hatte, daß er sie alle zusammen in den Bosporus werfen ließ.

Ich berichte Dir nichts Neues. Als Du während Deines Aufenthalts in Athen eines Abends vom Schwimmen aus Piräus zurückkamst, begegnete Dir ein Trupp Reiter. Sie hatten einen Sack bei sich, aus dem Gewimmer ertönte, und erzählten Dir, der Woiwode von Athen habe ihnen befohlen, den Inhalt, eine junge Türkin, ins Meer zu werfen. Anscheinend kanntest Du das Mädchen, wie gut, weiß jedoch niemand. Auf jeden Fall bist Du wutschnaubend zum Woiwoden gegangen und konntest ihn überreden, sie freizulassen und bei Nacht nach Theben zu schicken.

Der Vorfall hat Dich aufgewühlt. »Es ist unmöglich, die Gefühle in dieser Situation zu beschreiben«, hast Du in Dein Tagebuch notiert. In dem Gedicht »The Giaour« hast du es dennoch versucht:

> Oh! Wer kann den Blick der jungen Leila verstehen
> und doch an jenem Teil seines Glaubens festhalten
> der lehrt, eine Frau sei nur Staub
> seelenloses Spielzeug für die Lust des Tyrannen?

Ich schaute auf den glatten Wasserspiegel. Wenn man Wasser als eine Landschaft bezeichnen könnte, würde auch der Pamvótissee zu der Kategorie »schuldige Landschaften« gehören.

Unser letzter Tag auf der Insel stand im Zeichen des letzten Tages im Leben von Ali Pascha. Wir bestiegen die Treppe zum Kloster Ágios Panteleimon, das aus grauem Naturstein errichtet ist, in der Farbe der Berge, die sich im Meer spiegeln. Auf der Veranda wurden Eintrittskarten verkauft.

Das Interieur stimmt in nichts mit dem eines katholischen Klosters überein. Die kleinen Räume, mit Holzdielen und weißgetünchten Wänden, sind türkisch eingerichtet: niedrige, rotbezogene Liegen und Kissen mit orientalischen Motiven, in der Mitte ein Kamin. Man könnte so Platz nehmen, um halb liegend, halb sitzend am Feuer zu dösen oder an einer Wasserpfeife zu saugen. Ich kann es nicht ändern, aber das holländische Wort »gezellig«, zu deutsch »gemütlich« oder »behaglich«, trifft darauf zu, ein Epitheton, das man für das durchschnittliche Kloster in Westeuropa sonst nicht unbedingt wählen würde.

Hier, unter der Obhut eines orthodoxen Heiligen, suchte Ali Pascha Zuflucht, obwohl er Mohammedaner war. Nach langwierigen Verhandlungen und der Zusage einer beträchtlichen Ablösesumme wartete er nun auf einen Freibrief des Sultans aus Konstantinopel. Dieses Papier war ihm versprochen worden, aber Ali würde sich erst sicher fühlen, wenn er es tatsächlich in den Händen hielt. Mit einem seiner zuverlässigsten Offiziere, Selim Tsamis, den er in Its-Kale zurückgelassen hatte, war folgendes vereinbart: Sobald er den Brief empfing, wollte er ihm zum Zeichen, daß alles in Ordnung sei, seinen Rosenkranz schicken. Sollte der Rosenkranz nicht ankommen, hatte Tsamis den Auftrag, die Pulvermagazine in Brand zu stecken, damit die ganze Zitadelle in Flammen aufginge und der Feind mit leeren Händen abziehen müßte.

Ali Pascha wußte nicht, daß sein Plan eine Schwachstelle hatte: seine Geliebte Kyra Vasiliki. Auf einer mindestens so bekannten Ansichtskarte wie der von Frosini schaut sie wie in einer Pietà liebevoll auf das schlafende Haupt Alis in ihrem Schoß. Kyra spürte, daß sein Ende nahe war. Um den Einwohnern Janinas die Rache der türkischen Armee zu ersparen, wenn sie die Kriegsbeute vor ihren Augen abbrennen sahen, stahl sie Alis Rosenkranz und ließ ihn nachts heimlich zu Selim Tsamis bringen. Im Glauben, der Friede sei unterzeichnet, übergab dieser am nächsten Tag Alis Vorräte und seinen berühmten Schatz brav Hurschid Pascha.

Am selben Abend kamen Hurschids Soldaten auf die Insel. Ali, der noch immer unruhig auf den *Ferman*, den Freibrief des Sultans, wartete, konnte nicht einschlafen. Das Boot legte im dichten Schilf an, und den Annalen zufolge ging ein gewisser Kjose Mechmet Pascha an Land, gefolgt von Kaphtan-Aga, der einen Exekutionsbefehl in der Tasche hatte. Eine halbe Stunde später drangen sie mit großem Lärm in das Kloster ein. Ali Pascha sprang aus dem Bett und rief ihnen zu, sie sollten Ruhe geben, bis er den Inhalt des Dokuments gelesen habe.

Während er die Treppe zur Veranda hinaufstieg, rief Kjose Mechmet zurück, er bringe die offizielle Bestätigung, daß ihm vergeben sei. Ali traute der Sache jedoch nicht und befahl seinen Männern, das Feuer zu eröffnen. In dem heimeligen Kloster kam es zu einem unappetitlichen Gefecht; Ali wurde in die Schulter geschossen, und Kaphtan-Aga unternahm einen ungeschickten Versuch, ihn zu enthaupten, wobei auch Alis andere Schulter getroffen wurde. Während Alis Soldaten Kaphtan-Aga töteten, schleppte Vajas, einer von Alis Getreuen, seinen verletzten Herrscher in eine andere Klosterzelle, wo er ihn sicher wähnte. Aber ein Schuß aus dem Keller, der die Holzdielen durchschlug, traf den Löwen von Janina doch noch mitten ins Herz.

Ihm blieb gerade noch Zeit, Vajas den Auftrag zu geben, Vasiliki zu töten, die sich während der Scharmützel in einer Höhle versteckt hatte. Geschah es aus Liebe, um ihr Vergewaltigung oder Schlimmeres zu ersparen, oder wollte er nach einem altindischen Brauch im Totenreich Gesellschaft haben? Wie dem auch sei, Vasiliki wurde einfach Kjose Mechmet übergeben, der sie als Gefangene mit Respekt behandelte.

Vergeblich erforschte ich den Fußboden nach einem Einschußloch. Offenbar waren die Dielen inzwischen erneuert worden. Es ist seltsam, an einem Ort zu stehen, wo jemand umgebracht wurde. Die Stätte besitzt einen perversen Mehrwert, den man ihr nicht ansehen kann. Und die Wände, obwohl sie alles wissen, geben kein einziges Zeichen. An einer Wand hängt die Reproduktion eines Porträts von Dir, zwischen einer Ansammlung von Gravüren mit Szenen aus dem Leben Ali Paschas und einer Abbildung seines Palastes in Its-Kale, noch in voller Glorie. Glanzstück der Sammlung ist ein großes, kitschiges Gemälde, auf dem mit Wollust dargestellt ist, wie der Kopf mit dem weißen Bart dem Sultan dargeboten wird.

Schöner und auch beruhigender ist das über einer Puppe hängende goldfarbene Kleid, das Kyra Vasiliki an jenem verhängnisvollen Tag getragen haben soll.

3

Gut zwei Jahre sollte Byrons Aufenthalt im Osmanischen Reich währen. Änderten sich in dieser Zeit seine Ansichten über die Griechen und Türken? Mit einem Idealbild, das auf Phantasien seiner Kindheit zurückging, war er aus England aufgebrochen. Er hatte soliden Unterricht in Latein und Griechisch genossen und sich außerdem schon in jungen Jahren aus eigenem Antrieb für den Orient begeistert. Er selbst sagte später darüber:

»... sämtliche Reisen oder Geschichten oder Bücher über den Orient, die ich in die Hände bekommen konnte, hatte ich gelesen, ... bevor ich zehn Jahre alt war.« Einen besonderen Platz unter diesen Werken nahm die *Turkish History* von Knolles ein: Sie war »eines der ersten Bücher, die mir als Kind Freude machten; und ich glaube, daß es großen Einfluß auf meine späteren Wünsche hatte, die Levante zu besuchen, und vielleicht, die orientalische Farbe verursacht hat, die man in meiner Lyrik antrifft.«

Während seiner ersten Reise sprach er mit jungenhafter Bravour sein Urteil über die beiden Völker offen aus. Er beobachtete mit der freibleibenden Distanz des Passanten und schien von den weniger angenehmen Eigenschaften, die er konstatierte, nicht persönlich berührt zu sein.

»In England sind die derzeitigen Laster das Huren & Trinken, in der Türkei Sodomie und das Rauchen, wir mögen lieber ein Mädchen und eine Flasche, sie eine Pfeife und Muße«, schrieb er vergnügt. »Ich mag die Griechen, sie sind annehmbare Schurken, mit allen türkischen Lastern, ohne deren Mut. – Einige sind dennoch tapfer und alle sind sie schön, ähneln sehr den Büsten des Alkibiades, die Frauen sind nicht ganz so hübsch. – Ich kann in türkisch fluchen, doch außer einer gräßlichen Verwünschung und ›Kuppler‹ und ›Brot‹ und ›Wasser‹ habe ich noch keinen großen Wortschatz in dieser Sprache erworben. – Sie sind außerordentlich höflich zu Fremden jeden Ranges, wenn einer gehörig beschützt ist, und da ich 2 Diener und zwei Soldaten habe, kommen wir unter großem eclât voran.«

Nachdem er mit ihnen schwimmen war, äußert er sein Erstaunen über das Folgende: »Es ist seltsam, daß die Türken beim Baden den Unterleib bekleidet halten wie Dein untertäniger Diener, die Griechen aber nicht.«

Vierzehn Jahre später reiste er zum zweiten Mal nach Griechenland. Müde von seinem Leben in Italien an der Seite seiner Geliebten Teresa Guiccioli, müde vom Dasein im allgemeinen und immer wieder von Schwermut heimgesucht, sehnte er sich vor allem nach Veränderung, nach neuen Reizen, die ihm seine Vitalität und Lebenslust zurückgeben sollten. Mancherlei wilde Pläne gingen ihm durch den Kopf. Am 27. August 1822 schrieb er noch: »Ich dachte und ich denke noch immer über Südamerika nach, schwanke aber zwischen jenem und Griechenland. Ich wäre schon seit langem in eines der beiden Länder gereist, wenn ich nicht die Beziehung zu Gräfin Guiccioli hätte; denn in diesen Tagen ist Liebe nicht mit Glorie zu vereinbaren. Sie fände es wunderbar mitzugehen, aber ich möchte sie weder einer langen Reise aussetzen noch einem Aufenthalt in einem unruhigen Land, wo ich die eine oder andere Rolle spielen möchte.«

»Glorie« und »eine oder andere Rolle spielen« sind hier Stichwörter, die viel über seine tiefste Sehnsucht aussagen: ein narzißtischer Hang nach ewigem Ruhm in der Heldengalerie, vermischt mit dem aufrichtigen Bedürfnis, den Griechen in ihrem Kampf gegen die türkische Unterdrückung beizustehen, die vier Jahrhunderte gewährt hatte.

Ein Jahr später war die Entscheidung gefallen. An Goethe schrieb er am 22. Juli 1823: »Ich kehre nach Griechenland zurück, um zu sehen, ob ich dort nicht ein Scherflein beitragen kann.« Mit Unterstützung des Greek Committee in London reiste er auf die Insel Cephalonia, wo er – monatelang – wartete, bis eine Landung auf dem Festland politisch sinnvoll war. Während er auf Richtlinien vom Peloponnes wartete, begann er, Tagebuch zu führen.

In diesen Aufzeichnungen hat sein Urteil über die Griechen nichts mehr von der früheren Bravour. Es ist abgeklärt, nüchtern und defätistisch. Wenn man auf Übertreibungen stößt, dann nur in negativem Sinn. »Wer immer zum gegenwärtigen Zeitpunkt nach Griechenland hineingeht, sollte es so tun, wie Mrs. Fry nach Newgate hineinging – nicht in der Erwartung, irgendwelchen besonderen Anzeichen bestehender Rechtschaffenheit zu begegnen, sondern in der Hoffnung, daß die Zeit und eine bessere Behandlung die gegenwärtige Einbruchs- und Diebstahlsmentalität, die dieser allgemeinen Befreiung aus dem Gefängnis unmittelbar gefolgt ist, bezwingen werden. Wenn die Gliedmaßen der

Griechen ein bißchen weniger steif sind von den Beinschellen der vier Jahrhunderte – werden sie nicht mehr so sehr marschieren, ›als ob sie Fesseln an ihren Beinen hätten‹. – Gegenwärtig sind die Ketten zwar zerbrochen – doch ihre Glieder klirren noch – und die Saturnalien sind noch zu jung, um den Sklaven in einen nüchternen Bürger verwandelt zu haben. – Das Schlimmste an ihnen ist, daß sie (um einen groben, aber den einzigen Ausdruck zu gebrauchen, der nicht von der Wahrheit abweicht) solch verda – –te Lügner sind; – solches Unvermögen zur Aufrichtigkeit hat man nicht gesehen, seit Eva im Paradies lebte.« Man kann Byron nicht zum Vorwurf machen, er sei blind gewesen für die Nücken und Tücken des Volks, das er in seiner Jugend idealisiert hatte.

Keine Spur mehr von der heiteren Unverbindlichkeit, die seine erste Reise kennzeichnete – nun hatte er sich mit Haut und Haar der griechischen Sache verschrieben. Er setzte alles ein: sein Vermögen, seine Person, sein Leben. In Missolunghi erwartete man seine Ankunft wie das Kommen des Messias, nicht zuletzt wegen der Dollar, die er mitbrachte. Als er sich schließlich der sumpfigen Küste dieses unwirtlichen Ortes näherte, feuerten alle griechischen Schiffe zur Begrüßung Salutschüsse ab.

Es war tödlich für seinen Elan, daß er in den folgenden Monaten keine Gelegenheit erhielt, in Aktion zu treten. Schuld daran war der Zank und Streit zwischen den verschiedenen griechischen Fraktionen. Seiner Halbschwester Augusta schrieb er: »Du kannst mir glauben, daß ich viel um die Ohren habe – denn Du ahnst gar nicht, wie intrigant dieser gerissene und aufsässige Menschenschlag ist – und da Vertreter aller Parteien im Moment zu mir kommen – und ich unparteiisch auftreten muß –, rufe ich mit Julianus bei seinen militärischen Übungen aus: ›O Plato, welch eine Lebensaufgabe für einen Gelehrten!‹«

Fünfzehn Jahre vorher ahnte er noch nicht, daß ihn sein Engagement für die Sache der Griechen auf wenig heroische Weise das Leben kosten würde. Munter und neugierig streiften die Freunde im nordwestlichen Teil Griechenlands umher, das in den kommenden hundert Jahren noch von Befreiungskriegen verschont und unverdrossen türkisch bleiben würde. Während Byrons und Hobhouses Aufenthalt in Janina feierten die Türken den Ramadan, indem sie bei Vollmond Pistolenschüsse abfeuerten, worauf die Griechen Fenster und Türen schlossen – keine überflüssige Maßnahme, denn einmal landeten zwei Kugeln dicht beim Haus von Niccolo Argyri. Byron und Hobhouse hatten sich vorgestellt, der Ramadan sei eine Zeit der Buße und Einkehr, doch zu ihrer Verwunderung war es eine Zeit ausgelassener Feste, die losbrachen, sobald die Sonne unterging. Nachdem sie den schlimmsten Hunger mit einer bescheidenen Mahlzeit gestillt hatten, besuchten die Muslime einander. Geschichtenerzähler, Zauberkünstler, Tänzer und Puppenspieler hielten die Menschen bis um ein Uhr in der Nacht wach – dann wurde ausgiebig gespeist. Erst gegen Morgen gingen sie ins Bett, um nicht vor zwölf Uhr mittags aufzustehen. Die Freunde, nachts durch die Trommelschläge, mit denen die Gläubigen zum Gebet gerufen wurden, vom Schlaf abgehalten, konnten ihre Reise nach Tepelena nur mit Mühe vorbereiten, denn vormittags war niemand ansprechbar.

Das berühmte Gemälde von Thomas Phillips, dessen Abdruck in *Highroads of English Literature* damals meine schwärmerische Verehrung geweckt hatte, wäre nie zustande gekommen, hätte sich Byron in jenen Tagen nicht von der Schönheit der albanischen Web- und Stickereikunst verführen lassen: »Ich habe einige sehr ›magnifiques‹ albanische Kostüme, das einzige, das wirklich teuer ist, in diesem Land, sie kosten 50 Guineen das Stück, & es ist soviel Gold daran, daß sie in England zweihundert kosten würden.«

Im Jahr 1814, er war seit langem schon wieder zurück in England, saß Byron für dieses Porträt Modell. Vor dem dunklen Hintergrund kommen die orientalischen Farben – Dunkelrot, Gold und ein ins Schwarz spielendes Dunkelgrün – gut zur Geltung. Seine Haut zeigt schon wieder angelsächsische Blässe; transparentblaue Augen schauen unbefangen in die Welt. Ein halb zum Turban geschlungener und in Fransen endender Schal hängt an einer Seite des Gesichts scheinbar achtlos herab und bedeckt die aristokratischen kleinen Ohren, die es Ali Pascha so angetan hatten. Die Jacke aus Goldbrokat muß bleischwer gewesen sein. Über Byrons Mund befindet sich ein kurioses Bärtchen, wie es sich verliebte Offiziere in burlesken Komödien über die Oberlippe kleben.

Wäre die gesamte Inszenierung nicht so subtil gemalt, hätte es ein mittelalterliches Ritterporträt sein können. Die an Lawrence of Arabia erinnernde Aufmachung weckt daneben andere Assoziationen: die stillvergnügte Pose eines

Filmschauspielers *avant la lettre.* Man bemerkt nicht die Spur von dem Misanthropen, als der er galt. Er selbst hoffte wahrscheinlich, wie ein albanischer Kämpfer auszusehen, den Dolch im angewinkelten linken Arm, aber ich kann mir keinen Soldaten vorstellen, der so auf das Schlachtfeld zieht. Eigentlich zeigt das Gemälde nicht mehr als das ansprechende Ergebnis einer Kostümierung. Als seine Mutter ihn einmal zu einer Maskerade mitnahm, ging er schon damals als türkischer Junge.

Am 11. Oktober, um ein Uhr nachmittags, verließen sie Janina in westlicher Richtung. Die Equipage hatte inzwischen an Umfang zugenommen. Ali Paschas Sekretär begleitete sie, in Gesellschaft eines griechischen Priesters, der nicht in der Lage war, die jährlich verlangten Piaster an Steuern aufzubringen und dem Pascha den Grund dafür erklären wollte. Außerdem erschien Vascillie auf der Bildfläche, der später eine wichtige Rolle spielen sollte. Er war ein albanischer Soldat, zur Stadtwache gehörig, und hatte dafür zu sorgen, daß es den Gästen des Wesirs unterwegs an nichts mangelte. Vom Intendanten der Post bekamen sie für den Hin- und Rückweg fünf Pferde und einen Pferdeknecht mit. Als Gegenleistung für diesen Service wurde kein Geld erwartet, sondern nur ein Geschenk für den Intendanten am Ende der Reise.

Anfangs verlief die Reise angenehm. Hobhouse beschreibt, wie sie Janina verlassen und zuerst durch ein schmales Tal mit Weingärten und Zelten von Traubenpflückern aus der Stadt ritten. Etwas weiter war ein Haus des Wesirs, in dem sich manchmal ein Teil von dessen

Harem aufhielt. Drei Stunden später durchquerten sie Sumpfland. Hier bauten Arbeiter auf Befehl des Paschas Brücken, damit das Gebiet auch im Winter zugänglich wurde. Irgendwann verschwand der Pferdeknecht im Galopp aus ihrer Sicht, um schon einmal im nächsten Dorf, Sítsa, eine Herberge zu suchen. Der Sekretär, Vascillie und Hobhouse folgten seinem Beispiel und ließen Byron mit den Dienern und dem Gepäck hinter sich. Gegen sechs, gerade, als es vollkommen finster wurde und ein Sturzregen einsetzte, erreichten die Vorreiter das Dorf.

Sie fanden ein ärmliches Nachtquartier im Haus des »Papas«, des Dorfpriesters, und seiner Familie. Hobhouse nimmt kein Blatt vor den Mund, wenn er seinen Widerwillen beim Betreten des primitiven, halb mit Mais gefüllten Raums äußert, wo der Rauch des Herdfeuers durch die Tür abziehen mußte. Als der Sekretär unerschütterlich seinen kleinen Teppich auf dem Lehmboden ausbreitete und sich in aller Ruhe daraufsetzte, blieb ihm nichts anderes übrig, als es ihm gleichzutun. Während Vascillie versuchte, im Dorf Eier und Geflügel für das Abendessen aufzutreiben, brach ein Gewitter los, begleitet von einem so heftigen Sturm, daß das Dach geschüttelt wurde. Blitz und Donner folgten ohne Pause aufeinander – der Bauer bekreuzigte sich bei jedem Blitz, die Bäuerin brach in Tränen aus, ringsum erschallte Hundegebell, und in den umliegenden Bergen schrien die Schafhirten. Hobhouse, der noch nie ein derartiges Unwetter erlebt hatte, sprach die Erwartung aus, so etwas nicht noch einmal erleben zu müssen.

Er machte sich Sorgen über das Schicksal der Nachzügler. Um elf Uhr gab er den Auftrag, auf dem Hügel oberhalb des Dorfs Fackeln anzuzünden und Musketen abzufeuern. Kurz nach Mitternacht platzte keuchend ein totenblasser und völlig durchnäßter Mann herein, um dem Sekretär mit aufgeregten Worten und vielen Gesten Bericht zu erstatten. Der arme Hobhouse verstand kein Wort, nahm aber an, alle seien in einen Abgrund gestürzt. Später stellte sich heraus, daß sie nur vom Weg abgekommen und die Pferde, die das Gepäck trugen, gestürzt waren. Unverzüglich wurden zehn Pferde und Männer mit Fackeln zu ihnen gesandt.

Erst um drei Uhr nachts kam der Rest der Gesellschaft an, und Hobhouse erfuhr, wie es sich wirklich zugetragen hatte. Nicht ganz fünf Kilometer von Sítsa entfernt hatte das Gewitter sie überrascht. Bei ein paar türkischen Grabsteinen, die im Blitz aufleuchteten, hielten sie an. Unter den Führern herrschte Konfusion wegen der Frage, welchen Weg sie einschlagen sollten – keiner von ihnen wollte zugeben, daß sie sich hoffnungslos verirrt hatten. Der Dragoman, der sich inmitten des Wirrwarrs und der apokalyptischen Witterungsverhältnisse einbildete, sie würden von Wegelagerern überfallen, schoß mit seinen Pistolen wild um sich. Daraufhin gerieten alle in Panik. Die Führer ergriffen die Flucht, und der englische Diener, Fletcher, kreischte los, nun habe seine letzte Stunde geschlagen.

Byron fand die ganze Szene so grotesk, daß er in Gelächter ausbrach. Er setzte sich auf einen Grabstein, um, von seinem albanischen *capote* gegen die Elemente geschützt, in aller Gemütsruhe ein paar neue Stanzen für *Sweet Florence* zu schreiben.

Später schrieb er an seine Mutter: »Fletchers nächster

Brief wird voll von Wunderbarem sein, wir verirrten uns eines Nachts *neun* Stunden lang inmitten von *Blitz und Donner* in den Bergen & waren einmal dem Schiffbruch nahe, in beiden Fällen war Fletcher arg verwirrt, aus Furcht vor Hungersnot & Banditti im ersten & dem Ertrinken im zweiten Fall. – Seine Augen waren ein wenig entzündet durch die Blitze oder durchs Weinen (ich weiß nicht wodurch), sind aber wieder genesen.«

Man gewinnt den Eindruck, daß Byron diese Art Katastrophen genoß und in hohem Maß von ihnen inspiriert wurde. Von Zeit zu Zeit brauchte er starke Reize, um zu spüren, daß er lebte. In *Childe Harold* schrieb er:

Die Gefahr suchte er nicht, noch schreckte er vor ihr zurück:
Die Gegend war wüst, aber die Gegend war neu.

Hobhouse sah in dem Vorfall einen Beweis für die völlige Unzuverlässigkeit der griechischen Führer und von Dienstboten im allgemeinen. Statt zu handeln, werden sie, sobald Gefahr droht, unsicher und laut und vergeuden ihre Energie an nutzlose Dispute. »Es ist in diesem Land eine absolute Notwendigkeit«, meinte er, »unterwegs einen Soldaten bei sich zu haben, um Gehorsamkeit verlangen zu können.«

Am nächsten Tag blieben sie in Sítsa, um zu trocknen und das Gepäck zu ordnen. Sie erklommen den Berg mitten im Dorf, auf dessen Gipfel – »wie immer in diesem Teil der Welt am allerschönsten Ort«, seufzt Hobhouse – ein Kloster steht, dem heiligen Elias geweiht. Von dort oben hatten sie eine wundervolle Aussicht über Hügel und Täler, Weingärten und Schafherden, den in Richtung Norden mäandernden Kalamas und das imposante Felsmassiv von Zagóri. Byron widmete diesem Panorama später in *Childe Harold* sieben Strophen beseelte Naturbeschreibung, einschließlich der Hirten, ganz im Geist der Romantik.

Im Kloster wurden sie von einem freundlichen Prior gastlich empfangen. Er bewirtete sie in einem komfortablen Zimmer mit Trauben und wohlschmeckendem Weißwein, den die Mönche aus handgepreßten Trauben gemacht hatten. Die Einladung des Priors, auf dem Rückweg von Tepelena in dem Kloster zu übernachten, nahmen sie nur zu gern an.

Aber auf all dieser Schönheit und Fülle lag ein Fluch. Hobhouse war bereits aufgefallen, daß ihr Gastgeber elend aussah. Der Papas beklagte sich bei dem Sekretär, der, wie sich herausstellte, in mehreren Dörfern als Steuerfahnder fungierte, über die maßlosen Forderungen, die Ali Pascha jährlich an die Bewohner Sítsas, hauptsächlich griechische Bauern, stellte: dreizehntausend Piaster. Fast alles, was der fruchtbare Boden an Erträgen lieferte, mußte verkauft werden: Getreide, Fleisch, Wein, Milch, Häute. Sie selbst und ihre Familien litten Hunger.

Hobhause ist über ihr Schicksal betroffen. Nicht ohne Pathos schreibt er: »Ihre Arbeit war ohne Belohnung, ihre Ruhe ohne Entspannung; nicht einmal die kirchlichen Feste wurden gefeiert, denn sie waren dazu nicht in der Stimmung und besaßen auch nicht die Mittel, sich zu vergnügen.« In dem arkadischen Dörfchen herrschte kollektiver Streß. Ali Pascha brauchte sich nicht länger mit Wegelagerei abzugeben, seit ihm durch eine »legale« Variante das Geld in den Schoß fiel. Ob der Sekretär tatsächlich ein gutes Wort für die über Gebühr belasteten Dorfbewohner eingelegt hat, sollten die Freunde nie erfahren: »We never heard how the matter ended.«

4

Mein teurer Byron, die Insel im Pamvótissee erwachte früh – wir auch. Als ich meinen Rucksack packte, fiel mir ein, daß ich am Vorabend meine Leinentasche an einem Stuhl auf der Terrasse der Dorfkneipe hängengelassen hatte. In dieser Tasche befand sich eine neue Leica, die genau in meine Handfläche paßte. Ich hatte mir die Kamera eigens angeschafft, damit mir in Albanien keine provokante Apparatur um den Hals baumelte. Gehetzt lief ich über das bucklige Pflaster zu dem kleinen Platz. Die Tasche sah ich nicht mehr. Die Kneipe war geschlossen. Ich drückte meine Nase an die Fensterscheibe, und siehe da, dort hing sie, im Halbdunkel hinten im Raum – als hätte sie von sich aus zu entrinnen versucht. Ich widerrief alle negativen Gefühle, die ich je gegenüber der Menschheit gehegt hatte. Hatte der von Dir so bewunderte Rousseau vielleicht doch recht? War der Mensch von Natur aus gut?

Nun hieß es nur noch warten. Hundert Meter weiter fuhr das Boot ab, kam zurück und fuhr von neuem los. Eine kleine, dürre Frau legte auf einem Mäuerchen unter einem Baum den Inhalt ihres Küchengartens aus: drei Stangen Porree, fünf Tomaten, vier Zwiebeln. Aus einer Bäckerei neben dem Lokal drang der Duft von frischgebackenem Brot und aktivierte unsere Magensäfte, Männer und Frauen kamen und gingen mit selbstgekneteten Kuchen und Pasteten in flachen, runden Formen, die sie im großen Ofen backen ließen. Ein alter Mann mit einer Perlenkette zwischen den Fingern schlenderte heran, um zu schauen, ob die Kneipe schon geöffnet hatte. Das Dorf erwachte anachronistisch zum Leben.

Auch der Fischer, der eine Tasche voller frischgefangener Krebse mitten auf dem Platz ausschüttete, schien aus jener Zeit auferstanden zu sein, als der See noch sauber war. Die Krebse, die die Farbe von Schlamm hatten, begannen sich schaukelnd in alle Richtungen zu zerstreuen. Ich sprang zurück. Wie auf ein Zeichen eilten aus den Gassen die Dorfbewohner herbei, um die Tiere an ihrem Panzer zu packen, prüfend hochzuhalten und in eine Plastiktüte zu stecken. Mit den sich sträubenden Tüten schlenderten sie heimwärts. Dann kam der Wirt des Lokals – schon von weitem nickte er mir beruhigend zu.

Die erste Etappe Eurer Reise nach Tepelena folgte der Route von Janina nach Sítsa. Die zweite endete in dem Dorf Mosure, die dritte in Delvináki. Danach führte Euch Euer Weg nach Libohova, das heute in Albanien liegt.

Sobald wir die Grenze überquert hatten, wollten wir möglichst so reisen, wie es in Deiner Zeit üblich war. In der Korrespondenz, die auf unsere erste Begegnung folgte, hatte Karagjozi unsere Annahme bestätigt, daß der alte Pfad entlang der Flanken des Lunxhëria-Gebirges größtenteils noch intakt war. Wahrscheinlich hatten sich auch die Dörfer in den letzten zweihundert Jahren nicht viel verändert. Afrim Karagjozi bereitete unter Einsatz seines professoralen Einflusses unsere Reise vor. Wie, das wußten wir nicht, aber er würde dafür sorgen, daß zur bestimmten Zeit und am bestimmten Ort Pferde vorhanden sein würden, und auch Betten.

Und wenn es irgend möglich war, sollte uns ein Leibwächter mit aufwärts geschwungenem Schnurrbart begleiten, der seinen Patronengurt wie einen Schmuck zu tragen wußte. Mein Sohn hatte mich aus Paris, wo viele Exilalbaner leben, gewarnt. In der Zeitung *Le Monde* hatte er gelesen, Albanien sei seit der Demokratisierung beziehungsweise dem, was darunter verstanden wurde, in einen derartigen Zustand der Verwilderung geraten, daß ausländische Reisende in den Bergen durch herumziehende bewaffnete Trupps in undefinierbaren Uniformen – Ali Paschas Ururenkel? – ihres Gepäcks und ihrer gesamten Kleidung beraubt würden. Wie sie geboren waren, ließ man sie am Wegrand zurück.

Auf der albanischen Seite der Grenze waren die alten Pfade noch größtenteils intakt; auf der griechischen Seite, wo die moderne Zeit viel drastischer zugeschlagen hatte und Bulldozer ohne Respekt vor der jahrhundertealten Infrastruktur neue Straßen gebahnt hatten, war die ursprüngliche Route weitgehend asphaltiert. Daniël schien beim Anblick all dieser Narben in der Landschaft fast körperlich zu leiden. »Schau doch nur!« rief er oft schockiert und deutete auf eine Straße, die sich in der Ferne dahinschlängelte. »Die war voriges Jahr noch nicht da.« Wir beschlossen, das heutige Äquivalent eines Pferdegespanns zu mieten und so in Etappen von Ioánnina bis zu jenem Punkt der albanischen Grenze zu fahren, wo Du damals, als das ganze Gebiet noch Ali Pascha gehörte, ohne Aufenthalt von Delvináki nach Libohova geritten bist. Wir wollten versuchen, so weit es ging Eurer Route zu folgen; wenn wir irgendwo einen Teil des ursprünglichen Weges wiederfanden, wollten wir ihn zu Fuß erkunden.

Komfortabel tuckerten wir aus Ioánnina, in westliche Richtung, würde Hobhouse sagen, die Rucksäcke im Kofferraum. Wir fuhren einfach über Asphalt nach Sítsa. Hobhouses Sumpf war längst trockengelegt und in Ackerland verwandelt worden. In den Hügeln vor Sítsa, wo Euch das Gewitter überfiel, wurden militärische Übungen abgehalten. Vielleicht nicht zufällig so dicht an der Grenze zu Albanien schoben sich Panzer mit langen Kanonen durch die Landschaft. Säbel und Schwerter, lieber George, sind heute Museumsstücke, Zeugnisse einer primitiven, aber pittoresken Vergangenheit.

In Sítsa ist kein einziges Haus mehr, wie es in Deiner Zeit gewesen sein muß. Der Ort zeigt heute eine semi-moderne Häßlichkeit, an der man am besten so schnell wie möglich vorbeifährt, in einem Rutsch den Berg hinauf, wo noch immer das Kloster St. Elias steht.

Der Wind rauschte in den Akazien, als wir vor dem Tor standen. Hier bist Du von Deinem Pferd gestiegen. Eine Plakette zwischen von Flechten bedeckten Steinen erinnert daran: »Lord Byron weilte hier in der Nacht vom zwölften auf den dreizehnten Oktober 1809.« Darunter ein schmeichelhaftes Zitat aus *Childe Harold*:

Monástic Sítsa! From thy shady brow,
Thou small but favoured spot of holy ground!

Dieses Tor führte zu Dir, und zu Hobhouse. In diesem Kloster habt Ihr Trauben gegessen, Wein getrunken und, mit Hilfe eines Dolmetschers, eine mühsame Konversation mit dem Prior geführt, wie es sich für Gäste gehörte. Hier begann die Reise erst wirklich. Und was noch schöner war: Das Tor stand offen. Wir gingen hinein, durch einen Glockenturm, der unterstrich, daß wir ein anderes Zeitalter betraten, und gelangten durch ein halbdunkles Portal in einen ummauerten Klostergarten.

Neben einer Kirche aus dem Jahr 1638 steht das Kloster. Ein alter Gärtner beschnitt mit fast grimmigem Ernst das überall wuchernde Efeu. Wir fragten ihn, ob man das Kloster besichtigen könne, und benutzten Deinen Namen als Sesam, öffne dich. Anfangs vergeblich. Es war ein Segen, daß Daniël griechisch spricht, und wie sich zeigte, mit viel Überredungskunst, denn der Gärtner ließ sich vom Ernst unserer Mission beeindrucken. Oder von Daniëls Hartnäckigkeit. Er legte die Gartenschere ins Gras, stieg auf sein Moped und holperte den Berg hinab, um bei sich zu Hause den Schlüssel zu holen.

Schweigend durchstreiften wir den Garten und betrachteten das Haus von allen Seiten. Ich stieg auf einen Schutthaufen in einer Ecke und starrte auf das Eingangstor.

Zuerst sah ich den Papas in den Klosterhof kommen, gefolgt vom Sekretär. Danach Hobhouse, bedächtig und aufmerksam. Zum Schluß erschienst Du, zusammen mit Vascillie – aufgrund des Schlafmangels waren Deine Augenlider leicht geschwollen. Du übergabst die Zügel Deines Pferdes einem Novizen, der das Tier an einem Ring in der Mauer beim Brunnen festband. Durch den Torbogen schritt

Euer kleiner Zug hinein – zum erstenmal sah ich, wie Du versuchtest, Dein Hinken zu verbergen. Der Prior erwartete Euch in der Türöffnung; mit vielen Formalitäten und Verbeugungen wurdet Ihr ihm vorgestellt. Hast Du den betäubenden Duft des blühenden Efeus gerochen, das die Mauern rings um den Garten bedeckt? Gab es bereits die beiden Olivenbäume und den Feigenbaum in der Ecke?

Es war nicht leicht, Dich zum Leben zu erwecken, das Kloster half nicht mit. Es mußte schon vor langer Zeit verlassen worden sein, so in sich gekehrt und verschlafen sah es aus. Zur Zeit Deines Besuchs, als es voll in Betrieb war, liefen dort natürlich noch Mönche herum mit schwarzen Anachoretenbärten und vor Glaubenseifer funkelnden Augen, als wären sie gerade vom Berg Athos herabgestiegen. Sie kümmerten sich um den Garten und das Vieh, nahmen Gäste auf und preßten die weißen, betauten Trauben mit ihren Händen. Im Kloster wurde gebetet, gesungen, gegessen, geschlafen und vielleicht auch unorthodox der Liebe gefrönt – ich denke an die Zeit, als Du in einem Kloster in Athen gewohnt und mit den *ragazzi* von der Klosterschule geschäkert hast. Hobhouse berichtet, daß das Kloster keine Steuern an Ali Pascha zahlen mußte; erklärte sich daraus der relative Wohlstand, der den Prior zu umgeben schien?

Der Gärtner kam zurück. Wortlos ging er vor uns hinein; wir stiegen die Treppe zum ersten Stock hinauf und gelangten in das Refektorium. Mir war seltsam zumute – zum erstenmal betrat ich einen Raum, in dem Du Dich auch aufgehalten hast. Wer, glaubst Du, blickt von einem Poster an der Wand auf den langen, schmalen Eßtisch herab? Irgendwann hatte hier eine Ausstellung zum Gedenken an Deinen Besuch stattgefunden. Eigentlich nahmst Du den Platz des heiligen Elias ein, an so prominenter Stelle. Am 20. Juli, Elias' Namenstag, kehrt jedes Jahr aus Anlaß von Panajiri das Leben für einen Tag ins Kloster zurück. In großen Kesseln wird Getreidebrei gekocht. Unter Deinem wachsamen Blick setzen sich Pilger an den Tisch und spenden als Dank für die Mahlzeit etwas Geld für die Instandhaltung von Kirche und Kloster. Den zahlreichen Aschenbechern nach zu urteilen wird nach dem Essen kräftig geraucht.

Wir schauten uns die Schlafzimmer an, wo Pritschen standen, die eine Negation all dessen waren, was inzwischen auf dem Gebiet des Schlafkomforts erfunden wurde. Eines der Zimmer hatte eine feierlich gewölbte Decke; von den Wänden sahen Erzbischöfe einander bis in alle Ewigkeit an – für mich waren es alles Makariosse. Am faszinierendsten war eine alte, mit Schnitzereien verzierte Holztafel, auf der eine Liste mit den Namen aller Mönche klebte, die hier im Lauf der Jahrhunderte gelebt hatten. Die Tinte war verblaßt, das Papier begann abzublättern und war an den Rändern zerfressen. Es roch durchdringend nach Feuchtigkeit, dem heimlichen Zerstörer. Auch in diesem Raum, zwischen den Erzbischöfen, wird Dein Andenken in Ehren gehalten; neben Deinem Porträt hängen Stanzen aus *Childe Harold* an der Wand. Als ewiger Zweifler an allen christlichen Dogmen befindest Du Dich dort in merkwürdiger Gesellschaft. Wenn sich die Bischöfe die Mühe gemacht hätten, Deine Tagebücher aufzuschlagen, hätte ihnen gegraut bei unorthodoxen Betrachtungen wie: »Es ist zwecklos, jemandem zu sagen, er solle nicht *denken*, sondern *glauben* – – ebensogut könnte man einem Menschen sagen, er solle nicht wachen, sondern *schlafen.*«

»Und wo schlief Lord Byron nun?« bohrte ich. Bei jedem Schlafzimmer hatte ich gefragt: »War es hier?« Der Gärtner hob die Hände. Er bedaure, es sagen zu müssen, aber an dem Platz, wo Dein Bett gestanden habe, liege heute nur noch ein Haufen Schutt. Wir folgten ihm wieder nach draußen. Er zeigte auf eine zugemauerte Pforte oben im Glockenturm, die zu einer nicht mehr existierenden Reihe Zellen in einem ersten Stock rund um den Klosterhof geführt hatte, über den Ställen. In der Ecke, wo sich Deine Zelle befunden hatte, lag ein Steinhaufen, halb von Efeu überwachsen. Es waren nicht einmal die Gewalttätigkeiten eines Krieges gewesen, so der Gärtner, welche die Zellen zerstört hatten. Es war einfach die Zeit, die noch gewalttätiger ist als der Mensch – nur auf weniger auffällige, eher schleichende Art und Weise.

Das Haus des Papas existiert nicht mehr. Sítsa wurde kaputtmodernisiert, und wir befürchteten, daß es auch an den beiden anderen Orten, wo Ihr übernachtet habt, Mosure (heute Sitariá) und Delvináki, ähnlich aussehen würde.

Nicht so in Zagóri, der Gegend östlich des Gebietes, das Ihr durchquert habt, hinter dem Mitsikéli-Gebirge. Dort gibt es, wußte Daniël, noch einige Dörfer, die dank ihrer isolierten Lage und der Schutzmaßnahmen des Staates noch viel von ihrer Ursprünglichkeit bewahrt haben. Weil Megálo-Pápingo das älteste von ihnen ist – es stammt noch aus byzantinischer Zeit –, verbrachten wir unsere letzten griechischen Nächte lieber dort, um, so paradox es war, einen Eindruck davon zu bekommen, wie es 1809 in Sítsa, Mosure und Delvináki gewesen sein muß.

Ihr hättet es genauso gemacht, wenn das in Eurer Zeit möglich gewesen wäre. Hobhouse hat fasziniert in die Richtung von Zagóri geschaut, wo sein Blick auf eine Wand aus spektakulären Felsformationen stieß »mit einem Gipfel von so aparter Form, als wäre es eine Festung mit Zinnen und Türmchen. Papinghi mußte ein Teil von Zoumerka sein, und die Straße nach Mosure müßte dort hindurchführen, aber weil der Berg unpassierbar ist, ist der Reisende gezwungen, 14 oder 15 Meilen in westlicher Richtung nach Zitsa zu gehen.« Wahrscheinlich hat es auch Dich gewurmt, daß Ihr nicht durch dieses an die Landschaften von Walter Scott erinnernde Gebirge ziehen konntet.

Am Ende des zwanzigsten Jahrhunderts klettert man einfach in seinem Mietwagen über eine Straße voller Haarnadelkurven den Berg hinauf. Mitten in einer solchen Kurve vergaß ich zu schalten, und das Auto kam fast zum Stehen, so überwältigt war ich. Vor uns, an der gegenüberliegenden Seite einer Schlucht, die gleich neben der Straße einen raschen Tod versprach, ragte eine majestätische Bergwand empor. Der Berg war gestuft, als besäße er Etagen, mit abgeflachtem Gipfel, entworfen von einem griechischen Gaudí, der eine pantheistische Kathedrale vom Erdboden aus emporgeschoben hatte. In der Tiefe strömte ein kleiner Fluß, abwechselnd azurblau und smaragdgrün, der die Schlucht im Lauf von Jahrtausenden in den Fels geschliffen hatte.

Megálo-Pápingo hat die Farbe der Berge. Die Mauern, Dächer und Straßen sind aus dem Fels gehauen, in unendlichen Variationen zu dem Thema Grau. Über die

Gartenmauern hingen in Wolken die silbergrauen Flocken des Hopfens. Wir ließen den Wagen am Dorfeingang zurück, schulterten unsere Rucksäcke und bogen in einen der holprigen Pfade ein, an geschlossenen, mit Eisen beschlagenen Toren entlang, die zu unsichtbaren Innenhöfen führten. Auch hier hatte man jahrhundertelang der Gefahr getrotzt. Daniël zeigte auf die fast verwitterte türkische Numerierung, neben der griechischen in deutlich lesbaren Ziffern. Die Straße war mit Schafköteln übersät. Oberhalb des Dorfes ertönte das Gebimmel von Ziegenglocken, das mich an ein tibetanisches Kloster denken ließ, obwohl ich noch nie in Tibet gewesen bin.

Hinter einem dieser Tore fanden wir eine Pension – auf der Terrasse schwebten gerade dampfende Schüsseln mit *péstrofes*, Forellen, vorbei. Wir konnten uns gleich dazusetzen und bestellten eine Flasche kühlen Sítsa-Wein, um zu feiern, daß wir die Klosterpforte offen angetroffen hatten, und um einen Toast auf Dich und Hobhouse auszubringen. Heute hatte unsere Reise wirklich begonnen.

Zwischen unseren Tellern ließ sich ein dunkelgrauer Falter mit einem Totenkopfmotiv nieder. Ich schob meinen Stuhl zurück. Was hatte das zu bedeuten? Wollte er uns warnen? »Betritt nicht das Land der Skipetaren, denn dort wird dir nichts als Unheil und Verdammnis zuteil. Bei allen Göttern und Propheten, ich warne dich nur dieses eine Mal.« Wie hätte das Orakel von Dodona, unweit von Ioánnina, diesen Vorfall gedeutet? So ein verletzbarer kleiner Mechanismus, nicht mehr als ein paar hauchfeine Flügel, Beinchen und Fühler, konnte doch unmöglich unser Schicksal beeinflussen! Das Zeichen auf seinem Rücken, sagte ich mir, ist nicht mehr als eine Figur aus einem Rorschachtest: *It's all in the eye of the beholder*. Plötzlich stieg der Falter in Zickzacklinien auf – ich warne dich nur einmal. Es wäre schön gewesen, wenn er auch noch auf anderen Tischen gelandet wäre, aber nein, er verschwand zwischen den Weinranken.

Ich trank mein Glas in einem Zug aus. Du hättest Dich von so einem Schmetterling nicht aus der Fassung bringen lassen, Du warst ganz wild auf alles, was ein wenig unheimlich war und zur Gothic Novel tendierte. Um auf andere Gedanken zu kommen, erzählte ich Daniël die Geschichte von Deinem Totenschädel. Eines Tages stieß der Gärtner von Newstead Abbey mit seinem Spaten auf einen Schädel, wahrscheinlich den eines Priesters. Du verbrachtest die Weihnachtstage in melancholischer Stimmung allein auf dem Landgut und kamst auf die Idee, einen Trinkbecher daraus zu machen. Für einen irrsinnig hohen Betrag ließest Du ihn von einem Juwelier polieren und mit einem silbernen, auf vier Kugeln ruhenden Fuß versehen. Um das Geld machtest Du Dir keine Sorgen, schreibt Leslie Marchand sarkastisch in seiner vielgerühmten Biographie. Im Vergleich zum Rest Deiner Schulden handelte es sich um einen unwesentlichen Betrag. Der makabre Becher ging bei Trinkgelagen mit Deinen Freunden von Hand zu Hand. Du schriebst ein geistreiches Gedicht darüber, »Lines Inscribed upon a Cup Formed from a Skull«:

> Wecke – noch verurteile meinen verschwundenen
> Geist:
> Sieh in mir den einzigen Schädel

Aus dem, anders als bei einem lebendigen Kopf
Nie etwas Fades fließt.

Ich machte noch einen Spaziergang. Die Sonne versank hinter den Bergen, die in einem dunstigen Blau verschwammen. Ringsum öffneten sich quietschend die Tore – Witwen schlurften heraus und ließen sich in der lauen Abendluft auf einem Mäuerchen nieder. Ich dachte an meine Mutter, die nun für sich allein vor dem Fernsehapparat saß und zwanzig Minuten lang Elend aus allen Teilen der Welt über sich ausgeschüttet bekam. Ich sagte: »Kalínichta.« Mein Gruß wurde im Chor erwidert.

Niemals wirst du wissen, sagte ich zu mir selbst, wie es ist, eine stets in Schwarz gekleidete Witwe zu sein, die ihr ganzes Leben in einem Adlernest auf dem bis vor kurzem schier unerreichbaren Gipfel eines Felsens verbracht hat und die bei Sonnenuntergang zwischen ihren Schicksalsgenossinnen auf einem Mäuerchen unter dem Hopfen sitzt und wartet, bis es Schlafenszeit ist. Und einer vorbeikommenden Fremden, die mir familiär guten Abend wünscht, als ob sie hier schon jahrelang leben würde, mit einer etwas dünner gewordenen, aber noch immer kräftigen Stimme *kalínichta* zuzurufen. Über diese Art Eindringlinge, die mit schamloser Neugier durch mein Dorf schlendern, durch die Ritzen in den Toren spähen und meine fünfzigmal geflickten Unterhosen an der Wäscheleine fotografieren, wäre ich vermutlich nicht gerade begeistert gewesen.

Mein Schlafzimmer mit der niedrigen Bettcouch und den handgewebten Stoffen mutete türkisch an. Ich hing meine Kleider über einen Stuhl und ging in die Duschkabine. Sah das wie ein Skorpion aus, zehn Zentimeter vor meinem großen Zeh? Es *war* ein Skorpion, ein schwarzer mit zwei Scheren an der Vorderseite und einem Widerhaken hinten. Er hatte die Angriffshaltung eingenommen, und ich wollte schon loskreischen, dachte dann aber: Nein, ich will nicht zu der Sorte Frauen gehören, die bei Gewitter eine starke Schulter suchen – außerdem bin ich sehr nackt.

Der Kampf mit dem Skorpion wäre ein schöner Buchtitel, dachte ich. Oder gab es den schon? Den unteren Teil meines Körpers wagte ich nicht zu rühren. Ganz langsam, wie jemand, der sich gegen die Zeit bewegt, beugte ich den Oberkörper in Richtung Dusche. Vorsichtig hob ich den Duschkopf vom Haken und richtete ihn von meinen Füßen weg auf das Insekt. Den Blick ängstlich auf den Skorpion gerichtet, drehte ich abrupt den Wasserhahn auf. Etwas Sonderbares geschah. Als wollte er mir einen Gefallen tun, rollte sich der Skorpion zu einer kleinen Kugel zusammen, genau in der Größe des Abflußlochs. Langsam sah ich ihn zur Mitte kreiseln und mit dem Wasser in der Kanalisation unter der Pension verschwinden. Wenn man bedenkt, daß neunzig Prozent aller Lebewesen auf Erden Insekten sind, dann ist jedes Exemplar, das man wegspült, nichts weniger als eine Form der Geburtenbeschränkung. Ich ließ die Dusche noch lange strömen, denn Skorpione kommen wieder hochgekrochen, wenn man schläft und nicht darauf gefaßt ist. Nachdem sie sich auf geheimnisvolle Weise vermehrt haben, kommen sie zu Hunderten zurück und durchqueren in Schlachtordnung das Schlafzimmer, um sich zu rächen.

Kurz bevor ich einschlief – oder schlief ich bereits? –, sah ich Dich auf so einer Pritsche im Kloster St. Elias liegen.

Dein Gesicht war blaß. Ein Arm baumelte in Deinem Schlaf herab und berührte den Fußboden. Efeu begann sich um den Arm zu ranken, und ehe ich mich's versah, bedeckte es Deine Brust und machte sich über den Hals auf den Weg zu Deinem Gesicht. Ich versuchte die Ranken, die sich mit Saugnäpfen festhefteten, abzureißen, aber jeder Trieb, den ich abbrach, wuchs sofort wieder an. Der Efeu ist nicht echt, beruhigte ich mich selbst, er ist nur eine Metapher.

5

Mit Klöstern war Byron seit jeher vertraut. Er erbte eines, als er zehn Jahre alt war: Newstead Abbey. Kurz zuvor war sein Onkel, der fünfte Lord Byron – der den Spitznamen »The Wicked Lord« (der böse Lord) trug – gestorben, so daß der Junge zugleich mit dem Landgut den Titel Lord erhielt. Zu dieser Zeit lebte er noch – als Folge der Verschwendungssucht seines inzwischen verstorbenen Vaters – in bescheidenen Verhältnissen mit seiner Mutter in einer Mietwohnung in Schottland. Erst als der Lehrer der Dorfschule, der sehr beeindruckt war, ihn respektvoll zu Kuchen und Wein einlud, wurde ihm die Bedeutung seiner neuen Würde bewußt. Als der Lehrer ihn vor den Klassenkameraden mit seinem Titel ansprach, verstummten plötzlich alle. Von allen Seiten wurde er angestarrt. Auf einmal war so eine Distanz zwischen ihm und den anderen, daß er in Tränen ausbrach. »Meinst du, ich habe mich verändert, seit ich ein Lord bin?« fragte er später seine Mutter. »Ich selbst merke nämlich nichts davon.«

Seine Mutter, die revolutionären Ideen anhing und Sympathie für das Volk hegte, war dennoch auf ihren aristokratischen Hintergrund so stolz, daß sie über die Wiederherstellung ihres Ansehens hoch erfreut war. Sie verkaufte den größten Teil der Möbel, um die Reise bezahlen zu können, und reiste mit dem »kleinen Lord« in Richtung Süden.

Anschaulich beschreibt Marchand die Szene, die sich abspielte, als die Kutsche an der Zollschranke von Newstead anhielt.

»›Welcher Edelmann wohnt hier?‹, erkundigte sich Mrs. Byron, bereits ergötzt über das, was folgen würde.

›Es war Lord Byron, aber er ist tot‹, antwortete die junge Frau an der Zollschranke.

›Und wer ist nun der Erbe?‹ fragte die stolze Mutter.

›Man spricht von einem kleinen Jungen, der in Aberdeen lebt.‹ May Gray, später ihr Dienstmädchen, rief aus: ›Hier ist er, Gott segne ihn!‹ und küßte den verdutzten jungen Lord.«

Ihr erster Eindruck von der Abtei, die noch aus dem zwölften Jahrhundert stammte und von Heinrich VIII. an einen fernen Ahnen verkauft worden war, war überwältigend. Zusammen mit den Ruinen einer gotischen Kirche aus grauem Naturstein bildete sie ein Ensemble von malerischem Charme am Rand eines Sees. Doch John Hanson, der ihnen am Eingang seine Aufwartung machte, setzte ihrer Freude sofort einen Dämpfer auf, indem er ihnen ernsthaft davon abriet, in diesem romantischen Gemäuer zu wohnen. Um seinen Worten Nachdruck zu verleihen, führte er Mutter und Sohn zur Rückseite des Gebäudes, wo das Dach vor langer Zeit eingestürzt war, und zur Halle und zum Refektorium, die mit Heu für die Kühe vollgestopft waren. Das gesamte Landgut, erzählte er, einschließlich der Gehöfte und Ställe, sei jahrelang schwer vernachlässigt und ausgepreßt worden, um die Schulden von »The Wicked Lord« zu bezahlen. Aber Mutter und Sohn ließen sich nicht aus dem Feld schlagen. Sie brauchten ihren Blick nur durch die düstere, aber imposante Halle schweifen zu lassen, und ihr Beschluß, dort einzuziehen, stand unumstößlich fest. Nach ein paar kleinen Reparaturen zogen sie mit dem ärmlichen Hausrat, der ihnen noch geblieben war, in die Abtei ein und genossen das Landleben.

In der Rolle eines Großgrundbesitzers mit Familienwappen – einer Seejungfrau mit zwei kastanienbraunen Pferden –, das seine neue Identität legitimierte, war der junge Byron in seinem Element. Er fand in der Abtei die Pistolen seines Onkels und entwickelte eine Leidenschaft für das Schießen als Sport, die bis zu seinem Lebensende andauern sollte. Drei Jahre vor seinem Tod schrieb er noch in sein Tagebuch: »Ritt aus wie gewöhnlich und feuerte meine Pistolen ab. Gutes Schießen – zerbrach vier der üblichen und ziemlich kleinen Flaschen in vier Schüssen, auf vierzehn Schritt, mit einem gewöhnlichen Paar Pistolen und nicht sonderlich gutem Pulver. Fast ebenso gutes Waffeln oder Schießen – wenn man den Unterschied an Pulver und Pistolen in Betracht zieht – als damals, als ich im Jahr 1809, 1810, 1811, 1812, 1813, 1814 das Glück hatte, Spazierstöcke zu spalten, Waffeln, Halbe-Kronen-Stücke, Schillinge und sogar den *Knauf* eines Spazierstocks, auf zwölf Schritt mit einer einzigen Kugel – und alles nur mit dem *Auge* und durch Abschätzen; denn meine Hand ist nicht stetig und dazu geneigt, sogar mit dem Wetter zu wechseln. Über das kühne Tun, das ich hier erwähne, können Joe Manton und andere Zeugnis ablegen; denn der erstere hat mich diese Fertigkeit gelehrt und die letzteren sie mich vollbringen sehen.«

Unter den mit ihren Waffen prunkenden Albanern hat sich Byron zweifellos heimisch gefühlt. Seit diesen ersten Schießübungen trug er immer Pistolen bei sich – bei der Reise durch Ali Paschas Reich, das durch Banditentum zustande gekommen war, muß ihm das ein beruhigendes Gefühl vermittelt haben.

Am Freitag, dem 13. Oktober, morgens um neun, verließ er Sítsa. Der pflichteifrige Hobhouse notiert, wie die Reise weiterging, oft nur mit vagen Angaben wie »ein kahler Hügel« und »eine Ebene«. Am Kalamas angekommen, den sie von Sítsa aus durch die Landschaft hatten mäandern sehen, verliert er sich in Betrachtungen über die wahre Identität dieses Flusses. Der Sekretär behauptete, es sei der Acheron, den alten Griechen zufolge der Eingang zur Unterwelt. Hobhouse, der kein einziges Indiz dafür sah, daß dies der Fluß sein sollte, der in den »Hafen der süßen Wässer« strömte, vermutete, daß der Sekretär sich auf Meletius berief, »einen modernen griechischen Geographen, im achtzehnten Jahrhundert Erzbischof von Athen«. Wir würden einen Geographen aus dem letzten Jahrhundert nicht so schnell als »modern« bezeichnen. Meletius' Buch war trotz der vielen Fehler, die es enthielt, noch immer ein Standardwerk für Reisende.

Als sie in das Tal des Kalamas gelangten, sahen sie einen Wasserfall, »nicht sehr hoch, mitten durch ein Wäldchen, mit einer kleinen Mühle auf dem höchsten Punkt des linken Ufers«. Danach ist wieder von »bewaldeten Hügeln« und »mit Bäumen bedeckten Hügeln« die Rede – viel Mühe, zur Abwechslung Synonyme zu suchen, gab sich Hobhouse nicht. Wieder wurde die Gesellschaft von einem Gewitter überrascht. Um halb zwei nachmittags wurden sie in das Dorf Mosure geschwemmt. Wegen des schlechten Wetters konnten sie ihre Reise an diesem Tag nicht fortsetzen. Ihr Aufenthalt hier ähnelt in vielem ihrem Besuch in Sítsa. Wieder waren sie im Haus eines Priesters untergebracht, das noch erbärmlicher war als das vorige. »Wenn man schon einmal eine irische Scheune gesehen hat, weiß man genug«, notiert Hobhouse. Das ganze Dorf gehörte Ali Pascha, ebenso wie die Hälfte des Erlöses aus der Ernte. Sein Ruhm als Supersteuererheber eilte ihm voraus.

6

Mein lieber George, wir fuhren von Megálo-Pápingo nach Sítsa zurück, um dort den Faden wiederaufzunehmen. Von Süden kommend gelangten wir in das Dorf, um es mit Hobhouses Beschreibung in der Hand in nördlicher Richtung wieder zu verlassen. Abrupt hörte der Asphalt auf. Vor uns lag eine mit Steinen gepflasterte Straße, eine Straße, über die man mit einer Kutsche rumpeln konnte. Bevor auf der ganzen Welt die Straßen mit Asphalt geglättet wurden und überall das gleiche graue, leblose Aussehen erhielten, mußten die Karawanenwege, die Heerstraßen, die Verbindungen zwischen Orten von Bedeutung so ausgesehen haben. Die Alternative war der Ziegenpfad, früher die zweitrangige Straße, die unscheinbare Dörfer miteinander verband.

Dies mußte die Straße sein, auf der Ihr Sítsa verlassen hattet, eine andere in diese Richtung gab es nicht. Die Pflastersteine waren noch dieselben – etwas abgenutzter natürlich. Wir stellten das Auto am Straßenrand ab und gingen zu Fuß weiter. Zum ersten Mal folgten wir buchstäblich Deiner Spur. Die Landschaft ringsum war dieselbe wie die, durch die Du gezogen warst, und sie war noch ebenso verlassen wie damals. Die Reise gewann eine zusätzliche Intensität, es schien, als ob etwas in der Atmosphäre die Erinnerung an Dich festgehalten hätte, als ob Du auf irgendeine Weise noch in den Felsen, Bäumen und Pflanzen, an denen wir vorbeikamen, gegenwärtig warst. Über den Bergen hingen drohende Wolken, kein Windhauch regte sich. Es herrschte eine verhaltene Stille, in der es einfacher war, sich in den Geist um 1809 zu versetzen und Pferdehufe auf den Steinen klappern zu hören, als es in praller Sonne der Fall gewesen wäre.

Wie sehr diese Reise für Euch eine Reise ins Ungewisse war, vergegenwärtigte ich mir, während ich – durchdrungen von einem Gefühl der Winzigkeit – durch die unbekannte Landschaft ging. Wir hatten die modernsten Landkarten dabei, auf denen alles bis auf den Quadratmillimeter stimmte. Ihr mußtet Euch mit chaotischen Karten voller bizarrer Namen behelfen, auf denen ein Flußlauf auch mal um einen Zentimeter verschoben war. Einem Dragomanen ausgeliefert, wart Ihr unterwegs zu einem launenhaften Unbekannten, der mit einem Fingerschnippen über Leben und Tod verfügte und über den Euch unterwegs nicht viel Gutes zu Ohren kam. Wer konnte garantieren, daß Ihr jemals aus der Gegend von Dropull, auf der anderen Seite der Berge, zurückkehren würdet? Damals gehörte viel Mut zu einer solchen Reise, das wurde mir nun klar, obwohl in Deinen Briefen ein eher übermütiger Ton vorherrscht.

Nachdem wir ein Stück zu Fuß zurückgelegt hatten, kehrten wir zum Auto zurück. Wir fuhren einige Kilometer weiter. Als es bergab ging, sahen wir in der Ferne zur Linken ein byzantinisches Kloster, das Hobhouse mit keinem Wort erwähnt. Je tiefer wir kamen, desto vegetationsreicher wurde die Landschaft (Hobhouses Wälder und Waldstücke). Die massiven Berge der Kassidiáriskette sahen wie schlafende Ungeheuer aus, die sich unvermutet brummend aufrichten könnten. In der Nähe des Kalamas parkten wir den Wagen am Straßenrand und gingen zu Fuß weiter. Tief unter uns hörten wir den Fluß rauschen, verborgen in einer Wildnis von Bäumen und Sträuchern. Ein verwittertes Schild schickte den Fußgänger zu einer Treppe. Brombeerranken beiseite schiebend, stiegen wir über abbröckelnde Stufen hinab. Wir gelangten in eine grüne Welt aus Moosen, Farnen und überwucherten Bäumen. Plötzlich glitzerte unten der Schaum eines Wasserfalls, der sich durch eine Felsschlucht hinabstürzte, nicht aus großer Höhe, aber doch sehr wild und brausend weiß, um danach als Fluß weiterzuströmen, unter einer vom Wasser ins Gestein geschliffenen Brücke, die an manchen Stellen vor langer Zeit mit Steinen befestigt worden war. Pflanzen hingen wie Lianen von dieser Brücke herab.

Die in Schlangenlinien verlaufende Treppe führte auf halbem Weg zu einem kleinen Plateau, wo die Reste einer morschen Bank standen. Zum Schutz des Wanderers war hier in besseren Zeiten ein Geländer aus gekreuzten Baumstämmen gezimmert worden. Ich mußte an Sepiafotos meiner Großeltern denken, auf denen sie sich mit vorgetäuschter Lässigkeit auf eine ähnlich aussehende kleine Brücke lehnten, allerdings eine künstliche im Atelier des Fotografen. Das romantische Ensemble von Treppen und Bänken im Stil des späten neunzehnten Jahrhunderts, vielleicht einst das Ziel von sonntäglichen Ausflügen in Korsetts eingeschnürter Damen aus Ioánnina, mußte schon vor langer Zeit außer Gebrauch und in Vergessenheit geraten sein. Seltsam, daß Hobhouse so kurz angebunden war über diesen Ort. Lange Zeit saß ich in labilem Gleichgewicht auf einem bemoosten Felsblock, die Augen auf die mysteriöse Welt hinter dem grünen Vorhang aus Lianen gerichtet. Hatte Meletius doch recht, und man konnte hier wie eine Persephone in die Unterwelt eintreten?

Wir kletterten wieder nach oben, gingen über die Brücke und stiegen an der anderen Seite hinab. Hobhouses Wäldchen war ein Wald geworden, in dem jeden Augenblick Pan auftauchen konnte, der lüstern grinsend einer Nymphe nachstellte.

Nachdem wir vergebens nach »einer kleinen Mühle auf dem höchsten Punkt des linken Ufers« Ausschau gehalten hatten, verbrachten wir den Rest des Tages mit der Suche nach der Brücke, die Ihr benutzt habt, eine halbe Stunde, nachdem Ihr den Wasserfall passiert hattet. An dieser Stelle strömte der Kalamas schnell, so Hobhouse, und kam »qua Breite ungefähr dem Avon bei Bath« gleich. Daniël erkundigte sich bei den Bewohnern des ein Stück weiter am Fluß gelegenen Dorfes Masariki danach, aber nicht einmal der Dorfälteste konnte sich an eine solche Brücke erinnern. Von diesem Dorf aus folgten wir einem Pfad auf der linken Flußseite, in der Überzeugung, daß wir die richtige Route wiedergefunden hatten. Inzwischen waren wir schon so dem Forschen nach »Zeichen in der Landschaft« verfallen, daß mir der Nacken davon weh tat. Aber es stimmte, vor uns lag die Ebene, in der Euch das Gewitter überrascht hatte.

Uns ging es fast genauso – die Luft war schwer von tiefhängenden Wolken, die sich jeden Augenblick entladen konnten. Bis nach Mosure schafften wir es nicht mehr, es dunkelte bereits. Wir mußten ganz in der Nähe sein. Wo war übrigens die nächste öffentliche Straße – ich begann mich doch nicht nach Asphalt zu sehnen?

Zwei alte Frauen schlurften vorbei, tief gebückt unter einem Bündel Mais. Wir hielten an, um nach der Straße ins zwanzigste Jahrhundert zu fragen. Eine von ihnen richtete sich munter auf, und mit ausladenden Gesten – der Mais bewegte sich raschelnd mit – erklärte sie uns, wie wir fahren müßten. Nach ihren Anweisungen erreichten wir – gerade noch, bevor das Wasser mit voller Kraft herabstürzte – über eine undeutliche Karrenspur eine Straße, die auf der Karte verzeichnet war. Die Scheibenwischer kamen kaum dagegen an, soviel Wasser strömte vom Himmel.

Auf der Straße entlang der Vikosschlucht konnte man nur eine Haarnadelkurve weit sehen: »Die Sturzfluten, die von den Hügeln kamen, hätten mehr als einmal fast unsere Pferde mit dem ganzen Gepäck mitgerissen.« Direkt vor Megálo-Pápingo leuchteten im Dunkeln am Straßenrand die Umrisse zweier Wanderer auf. Aus Angst, ins Schleudern zu geraten, wagte ich es nicht, neben ihnen anzuhalten.

Nicht lange danach kamen sie tropfnaß in die Pension. Es war ein Ehepaar aus Deinem Vaterland, von der Art unbestimmten Alters, das man nur bei Engländern antrifft – vielleicht wegen ihrer faltenlosen, zartrosa Haut oder der angelsächsischen Erziehung, die lehrte, in jeder Situation *cheerful* zu bleiben. Da sich herausgestellt hatte, daß der Bus aus Ioánnina nicht bis Pápingo fuhr, mußten sie die letzten drei Kilometer zu Fuß zurücklegen, die immer schwerer werdenden Samsonites hinter sich herschleifend. Ihre Misere war darauf zurückzuführen, daß das letzte Auto von Budget vermietet worden war. An uns! »Never mind«, grinsten sie und strichen sich die nassen Haarsträhnen aus dem Gesicht.

Nachdem sie sich frisch gemacht hatten, setzten sie sich zu uns an den Tisch. Die Wirtin zündete das Holz im Kamin an, während ihre Tochter eine nach Thymian duftende Lammkeule auftischte. In dieser Atmosphäre entspann sich selbstverständlich ein Tischgespräch mit Deinen Landsleuten, die sich nicht im geringsten darüber wunderten, daß wir Deiner Spur folgten. Sie wohnten in zehn Kilometer Entfernung von Newstead Abbey, kamen aber nie dort hin. Allerdings wußten sie zu berichten, daß Dein Grab verwahrlost sei.

»Quite a fool, Lord Byron«, fand mein Tischnachbar.

»Ein ungewöhnlicher Mensch«, sagte ich.

Er hob resignierend die Hände, einer unbekannten Frau widersprach man nun einmal nicht. Hatte sich an Deinem Image denn in zwei Jahrhunderten immer noch nichts geändert? »Man kann sich leicht vorstellen, daß die Engländer mich nicht suchen und ich sie meide«, schriebst Du, nicht von ungefähr, 1817 aus Venedig.

Am nächsten Tag zeugte nur noch träge aufsteigender Dampf von all dem Wasser, das aus dem Himmel gefallen war. Die Herbstsonne brach in langen Bahnen nebligen Lichts hindurch. Wir wollten Eure Route von Mosure nach Delvináki rekonstruieren und schließlich versuchen, die Stelle zu finden, an der Ihr damals Albanien betreten hattet. Am nächsten Tag würde Professor Karagjozi uns an dem heutigen, offiziellen Grenzübergang, etwa fünf Kilometer weiter südlich, erwarten.

Wir fuhren direkt nach Mosure. Das einzige dort, was noch aus Deiner Zeit stammte, war eine dicke Eiche mit einer imposanten Blätterkrone auf dem Dorfplatz. Der Rest war... es wird eintönig, Varianten der Häßlichkeit zu beschreiben. Viele dieser Häuser, meinte Daniël, seien von Gastarbeitern gebaut worden, die aus Amerika oder Deutschland zurückgekehrt waren. Diese Erklärung war auch kein Trost. Die Bekanntschaft mit anderen Kulturen hatte einen Baustil ohne eigene Identität mit sich gebracht, weder griechisch noch amerikanisch oder deutsch.

Lustlos schlenderten wir durch das Dorf. Direkt bei der Eiche stand ein Denkmal für die Gefallenen von 1912. Es hatte noch ein Jahrhundert gedauert, ehe die Bauern hier gegen die feudale osmanische Struktur rebellierten. »Hier sahen wir auch ein Haus des Wesirs«, schreibt Hobhouse, »das ganze Dorf, so hieß es, sei sein Privatbesitz.«

Ein uralter Toyota-Lieferwagen rumpelte vorbei, vollbeladen mit Dörflern, und hinterließ eine schale Stille, die Stille eines Dorfs, in dem nie etwas geschieht.

Am Samstag, dem 14. Oktober, habt Ihr das Dorf in Richtung Norden verlassen, durch dichte Eichenwälder, den Kalamas zu Eurer Rechten. Wir machten das gleiche, langsam, denn ein mit Holz beladener Lastwagen tuckerte vor uns her. Zu Eurer Zeit wurde es auf dem Fluß transportiert: »Die Dorfbewohner schlagen in den Bergen Holz, das, nachdem es zu Brettern zersägt wurde, über den Calamas zur Küste geflößt wird.« Auf halbem Weg merkten wir, daß die Straße zu stark nach Westen abbog. Wir kehrten um und spähten, bis wir fast Kopfschmerzen davon bekamen, in das Dickicht, um eine Spur des ursprünglichen Pfades zu entdecken.

Zum zigsten Mal befragten wir Hobhouse: »Nach einer

Stunde kamen wir an einer kleinen Ebene und einem See, ebenfalls zur Rechten, vorbei.« Dieser See war auf unserer Karte verzeichnet. Die Straße zur albanischen Grenze streifte sein Nordufer. In einem Bogen fuhren wir zu der Stelle, wo sich Grenze und See fast berührten, parkten den Wagen und gingen über einen Sandweg, der südlich des Sees ins Land hineinführte. Der Pfad mündete in einen schmalen Weg, der, wie Hobhouse beschrieb, am Westufer entlang verlief. Aber woher kam er? Wir verfolgten ihn in die Richtung von Mosure zurück und stießen auf einen Hohlweg zwischen den Eichen, der nach einer Weile eine kleine Ebene durchquerte. Endlich. Die Eichenwälder, die Ebene, der Weg mit dem See zur Rechten – alles war noch vorhanden, auch wenn offenbar selten jemand vorbeikam. Ich verspürte eine leichte Euphorie, wie immer, wenn wir den ursprünglichen Weg wiederfanden. Es war die Belohnung für die Spurensuche anhand von Aufzeichnungen, die fast zwei Jahrhunderte alt waren, und ein unerwartetes Zurücksausen in der Zeit. Wenn wir uns ein wenig anstrengten, konnten wir die ganze Karawane vorbeiziehen sehen, den stets eifrig in sein Notizbuch kritzelnden Hobhouse mit gestrecktem Hals vorneweg. Wir schlossen uns als einfaches Fußvolk an, in dem Staub, den Eure Pferde aufwirbelten, und sahen, was Ihr gesehen hattet. Pilze am Wegrain, Hagebutten, wilde Pflaumen, eine Wiese mit Herbstzeitlosen, Schafkötel auf dem Pfad und überall Vögel, die sich mit großem Spektakel an dem Überfluß von Früchten gütlich taten. Habt Ihr am Seeufer Rast gemacht und auf das spiegelglatte Wasser mit dem Abbild der stumpfen, grünen Berge geblickt? Bekamst Du Lust, zu schwimmen, oder war dieser große Teich keine Herausforderung für Dich, der Du es gewöhnt warst, Meeresstraßen schwimmend zu durchqueren?

Wir verloren von neuem die Spur, denn nach dem See bog der Pfad zu weit nach links ab. Wir gingen zum Auto zurück und folgten den Schildern nach Delvináki. Je höher die Straße den Berg hinaufkroch, desto tiefer wurde der Abgrund zur Linken. Hinter orangeroten Perückensträuchern am Straßenrand kamen die massiven, aufgefalteten Berge auf der anderen Seite zunehmend in unser Blickfeld. »Albanien«, sagte Daniël. Es klang wie eine Drohung.

Immer noch ansteigend erreichten wir einen Punkt, an dem unsere Straße den alten Pfad kreuzte. Aus der Schlucht kommend überquerte er, genau in einer Kurve, die Autostraße. Wir ließen den Wagen auf dem einzigen ebenen Stückchen, das wir finden konnten, zurück und stiegen in die Schlucht hinab, bis wir in der Tiefe einen intakten Abschnitt einer jahrhundertealten, gepflasterten Straße und eine kleine Bogenbrücke antrafen. Ein Busch wilder Zyklamen leuchtete unter dem Bogen violett auf. Magnetisiert hielten wir uns eine Weile bei diesem Fragment eines längst verschwundenen, möglicherweise aus der Römerzeit stammenden Straßennetzes auf, das verloren in der Landschaft zurückgeblieben war. Mich überkam Sehnsucht nach einer Art des Reisens, die mit Schönheit verbunden war. Die Straßen, Brücken, Herbergen, Kutschen, Pferde und Maultiere, ja sogar Attribute wie Reisekoffer und Körbe, sie waren eine Art Vervollkommnung der Landschaft gewesen, nicht von ungefähr so häufig auf Gravüren und Gemälden abgebildet.

Wir fragten uns, wie jemand ein Pferd über eine so schmale Brücke manövrieren konnte. Würde uns das wohl gelingen, demnächst in Albanien? Plötzlich von Unruhe befallen, kehrten wir um und gingen in die Richtung, die Ihr auch gegangen wart. Dort, wo der Pfad eine Kurve machte, hattest Du auch eine Kurve gemacht, und ich machte nun das gleiche. Wo Du geklettert bist, kletterte ich auch. Hobhouse klagt über »Massen von Geröll«. Unter unseren Füßen rollten Steine, Erde und Schotter den Berg hinab. »Hier versteckt sich der ursprüngliche Pfad unter zwei Jahrhunderten Erosion«, sagte Daniël schulmeisterhaft.

Als wir den Gipfel erreichten, sahen wir vor uns in der Tiefe Delvináki. »Hier wurden wir komfortabel untergebracht«, läßt Hobhouse uns zufrieden wissen, »es ist als Ganzes eine schöne Stadt mit 300 Einwohnern, Griechen. Die meisten von ihnen bewirtschaften den Boden oder sorgen für die Herden in den Hügeln. Einige sind Kaufleute, die zu Pferd Waren aus Konstantinopel, Thessaloniki und Janina holen, um sie in den Städten im Binnenland Albaniens und Rumeliens zu verkaufen. Einen Großteil des Jahres sind sie nicht zu Hause.« Auf Ali Paschas Befehl mußten die Frauen und Kinder der Kaufleute zu Hause bleiben, damit er sicher sein konnte, daß seine Untertanen zurückkehrten.

Der Pascha habe gerade vor einer Woche drei Tage in ihrer »Stadt« verbracht, erzählten die Dorfbewohner. Ihr wart Eurem Ziel nah! Man vermutete, daß er in Libohova weilte, Eurem (und unserem) Reiseziel des nächsten Tages. Hobhouse hatte noch die Energie zu einem Abendspaziergang nach »dem Geflügel, den Eiern und Trauben, aus denen unsere Mahlzeiten regelmäßig bestanden«. Er bestieg einen

Hang und genoß »die herrliche Aussicht« und »die letzten Strahlen der untergehenden Sonne« – etwas, was nie aus Deiner Feder fließen könnte.

Delvináki ist noch immer ein ordentliches Dorf. Die orthodoxe Kirche ist entgegen der Tradition dieser Gegend verputzt und weißgetüncht – ein zu schön herausgeputztes Gotteshaus. Sogar der Brunnen ist in der heutigen Form ein Jahrhundert zu jung, stellte Daniël fest, der die Jahreszahl 1908 entdeckte.

Wir hatten Mühe, die richtige Ausfallstraße zur albanischen Grenze zu finden. »Um wieder auf die Straße zu gelangen, mußten wir auf einem steilen Zickzackweg auf- und absteigen.« Das half uns nicht weiter, auf- und absteigen mußte man hier überall. Weil die Zeit drängte, fragten wir eine Frau mit gestreifter Schürze, die in einem Bildstock unweit des Dorfs eine Öllampe nachfüllte, nach dem Weg. Sie bat uns um Feuer, und ich kramte vergebens nach einem Feuerzeug, das jahrelang – zusammen mit einem Taschenmesser und anderen nützlichen Requisiten »für den Fall, daß ich mich mal im Wald verirre«, ganz zuunterst in meiner Tasche herumgeflogen war. Mit einem unergründlichen Lächeln deutete sie in Richtung Norden: Wir seien auf der richtigen Straße, könnten hier aber nicht nach Albanien einreisen. Das wußten wir. Wir hoben die Hand und fuhren weiter. Die Frau hielt eine alte Tradition in Ehren: jeden Abend in einem der vielen Bildstöcke entlang der Straße, oftmals nicht größer als ein Schuhkarton, ein Licht zu entzünden – von altersher Baken für Hirten und Reisende.

An dem Ort, über den Hobhouse vermeldet, daß sich dort die »zerstörten Reste einer Brücke« befanden, überquerten wir den Drino. Der Fluß würde eher in Tepelena ankommen als wir, die wir durch die Berge mußten. Auf gut Glück bogen wir links ab nach Pontikátes. Die Straße stieg langsam an und gab bei einer Gabelung ein unerwartetes Panorama frei. Zwei Bildstöcke mit Fensterglas und eine einsame Säulenzypresse, bei der ein Zweig anarchistisch aus Reih und Glied sprang, schienen den Reisenden zu ermahnen, hier haltzumachen und die Landschaft, in die er sich begeben würde, zuerst in Ruhe zu betrachten. Tief unter uns befand sich der noch von Ali Pascha trockengelegte Sumpf Xerovaltos, nun Ackerland und Weide für Schafherden.

Wir fuhren durch einen Wald bergab und durchquerten den ehemaligen Sumpf, bis die Straße in einen Sandweg überging. Dieser führte, so sahen wir, zwischen zwei Bergen hindurch direkt in die albanische Ebene von Dropull. Jeder Zweifel war ausgeschlossen: Hier seid Ihr damals vorbeigekommen. Uns im Auto sicher wähnend, fuhren wir weiter, ins Grenzgebiet, über das wilde Geschichten kursierten. Vielleicht war es ja möglich, daß dieser unscheinbare Pfad dem Auge der Grenzposten entging. Wie gern hätte ich diesen einen symbolischen Schritt über die Grenze gemacht – genau an der Stelle, wo Ihr, nicht ahnend, daß dies in der politischen Konstellation zwei Jahrhunderte später unmöglich sein würde, einfach auf Euren Pferden weitergeschaukelt seid.

Ein Schild tauchte auf, das unerbittlich auf das militärische Sperrgebiet hinwies. Wir hielten an, nun doch ein wenig erschrocken, und spähten auf den so unschuldig aussehenden Pfad, an dem die Brombeeren bestimmt nicht saurer waren als außerhalb der verbotenen Zone. Wir wagten es nicht auszusteigen – vielleicht würden uns ja aus dem Dickicht die Kugeln um die Ohren pfeifen. Es war ein schwieriger Augenblick, den ich zähneknirschend erlebte. Wir waren so nah dran. Es war bizarr und irgendwie ungerecht, daß wir nicht weiterkonnten. So wie Ihr nicht über Gjirokastra reisen konntet, weil sich diese Stadt in den Händen der Gegenpartei, Ibrahim Pascha, befand, so konnten wir nicht weiter, weil ausgerechnet hier Machteinflüsse aufeinanderstießen. Nach Eurer Reise waren die Grenzen in Europa noch geraume Zeit Verschiebungen unterworfen. Erst seit einem halben Jahrhundert bleiben sie, in der ganzen Welt übrigens, im allgemeinen an ihrem Ort. Eroberer spielen lohnt nicht mehr, außer auf dem Balkan, wo kürzlich als Resultat archaischer Gewalt neue Grenzen gezogen wurden.

Wir fuhren zurück in Alis Sumpf, schweigend und für eine Weile unseres Elans beraubt. Nun bedauerte ich es, daß wir nicht weitergefahren waren – ich war ein Angsthase. Sie hatten recht gehabt, ich konnte nicht mit Messern werfen. Bei einer alten Scheune, dem einzigen Bauwerk in der Ebene, bogen wir spontan nach links ab. Vielleicht konnten wir von den Bergen jenseits der Ebene den weiteren Verlauf Eurer Route mit den Augen verfolgen.

Schon bald führte die mit scharfen Steinen übersäte Straße steil empor. Ich betete im stillen, daß wir hier von einer Panne verschont blieben, so kurz vor Sonnenuntergang. Eigentlich war der Zeitpunkt für diese Tour ziemlich heikel. Wir fuhren durch die engen Sträßchen eines hochgelegenen Dorfes, wo gerade zwei Priester mit beeindruckendem Embonpoint aus ihrem Heiligtum schlurften und sich über die Lippen leckten, als hätte der Corpus Christi ihnen diesmal besonders gut gemundet. Rumpeldipumpel ging es weiter bergan, bis die Straße in einem Weiler endete, wo vier junge Soldaten in Tarnhosen und T-Shirts herumsaßen und sich gähnend am Kopf kratzten. Neugierig kamen sie auf uns zu. Daniël erzählte ihnen von dem seltsamen Ziel unserer Reise. Lord Byron? Sie nickten vage. Vermutlich mußten sie sich auf ihre Mission – Albaner zu schnappen, die illegal die Grenze überschritten – so konzentrieren, daß alles andere sie nicht interessierte. Ein sich bewegender Punkt in der Landschaft war offenbar das einzige, was sie aus ihrer Lethargie reißen konnte. Kumpelhaft verabschiedeten wir uns und vermittelten dabei zu Unrecht den Eindruck, wir stünden wie selbstverständlich auf ihrer Seite: Wir Europäer alle gemeinsam gegen die albanischen Barbaren, die nur nicht glauben sollten, einfach von den Annehmlichkeiten Europas Gebrauch machen zu können, nachdem sie uns mehrere Jahrzehnte mit hochmütigem Schweigen den Rücken zugewandt haben.

Hinter ihrem Rücken, so sah ich, setzte sich die Straße in noch primitiverer Form fort, auch Richtung Grenze. Wir kehrten um und fuhren wieder bergab, bis unser Blick plötzlich, durch nichts gehindert, jenseits des Tals über den verbotenen Pfad nach Albanien schweifte. Auf albanischer Seite, so konnten wir jetzt sehen, waren die Berghänge als Folge eines Waldbrandes rostbraun.

Dort bewegte sich die Kolonne voran, durchsichtig, wie es sich für einen Aufzug von Schemen geziemt. Du und Hobhouse an der Spitze, im Galopp, denn das Tal war eben und mit Gras bewachsen. Die Gestalt ganz am Schluß, die müde und zusammengesunken auf ihrem Pferd saß und den Ritt offenbar schicksalsergeben auf sich nahm, das mußte der arme, gequälte Fletcher sein – man hörte ihn von weitem seufzen. Mit unseren Blicken verfolgten wir die langsam vorankommende Gruppe, eine Kette von Ameisen, bis die schnell untergehende Sonne einen dunklen Schatten über Euch warf, in dem Ihr unsichtbar wurdet.

Wir hatten es eilig, noch vor Einbruch der Dunkelheit unsere Herberge zu erreichen – die Haarnadelkurven bei Pápingo warteten auf uns.

In der Pension war ein Grüppchen deutscher Wanderer angekommen, die zum Drachensee im Tymfimassiv klettern und in die Vikosschlucht hinabsteigen wollten.

»Du wirst wohl kaum einen Griechen finden, der sich für so etwas begeistert«, sagte Daniël, »die geben nichts um die Natur. Sie kommen aus Snobismus nach Pápingo, schlendern ein wenig durch das Dorf, werfen desinteressiert einen Blick in die Schlucht und flüchten sich dann ins Restaurant.« Er ließ sich zu dieser Äußerung verleiten, weil an den Tischen ringsum griechische Familien saßen, die es sich schmecken ließen. Ihr Schuhwerk ließ vermuten, daß sie nie beabsichtigt hatten, auch nur einen Fuß in die Berge zu setzen.

»Das ist nichts typisch Griechisches«, sagte ich. »Mediterrane Völker wandern nicht. Sie flanieren im Park oder abends auf dem Boulevard.«

Neben uns saß ein voluminöser Amerikaner griechischer Abstammung, der feierlich erklärte, er habe tatsächlich die Absicht, in den Grand Canyon von Epirus hinabzusteigen.

Seine Geburt im Land der unbegrenzten Möglichkeiten überwand die Gene. Er füllte unsere Gläser bis an den Rand mit Retsina. Ich traute mich nicht, nein zu sagen, obwohl ich Hobhouses Widerwillen teilte: »Die Griechen finden, daß das Harz die Kraft gibt, die das Wasser nimmt, und daß die Zitrone das Getränk verfeinert, aber gerade dieser Prozeß gibt dem griechischen Wein meist so einen unangenehm herben Geschmack.«

Unser Tischnachbar war seit einigen Jahren Professor der Ökonomie an der Universität von Athen. Nicht um seine Wurzeln zu suchen, war er nach Griechenland gekommen, sondern aus Neugier. Die hatte er inzwischen hinlänglich befriedigt, und er war zu der Einsicht gelangt, daß er doch mehr Amerikaner als Grieche war. »Das wird nie was mit diesem Land«, sagte er lebhaft und trank einen ordentlichen Schluck. »Was haben sie mit dem Geld der EG gemacht? Nichts. Sehen Sie sich die Industrie an, die Häfen – es ist zum Heulen. Im Wettlauf mit dem Westen werden sie nie mithalten. Je schlechter es ihnen geht, desto nationalistischer werden sie. Und dann dieses Geprahle mit ihren antiken Vorfahren! Aber mir gefällt es hier«, grinste er, »ich bleibe noch ein Weilchen.«

Wir kamen auf die alten Griechen zu sprechen. Daß die heutigen Bewohner Griechenlands von ihnen abstammten, war zweifelhaft, angesichts des Wirrwarrs ethnischer Gruppen, die sich in mehr als zwanzig Jahrhunderten auf griechischem Territorium angesiedelt hatten; hinzu kam der Exodus von Griechen zur Zeit der türkischen Herrschaft. Waren die Griechen des Altertums blond? Waren die Götter blond? Zu dieser umstrittenen Theorie ließen wir, nachdem die Retsinagläser vom Tisch geräumt waren und für die viel kleineren des Raki Platz gemacht hatten, immer freimütigere Phantasien los.

Wie wir von blonden Göttern auf braune Bären kamen, weiß ich nicht mehr. Ich glaube, Spaziergänger am Nebentisch hatten sich laut gefragt, was sie tun sollten, wenn sie unterwegs einem Bären begegneten.

»Nichts«, sagte Daniël. »Er tut Ihnen auch nichts.«

Sie hatten eine empfindliche Saite bei ihm berührt. In einem seiner Reiseführer widmet er unter der Überschrift »Ein Bärenfreund in Kipi« der bedenklich geschrumpften Bärenpopulation im Píndosgebirge viel Aufmerksamkeit. Dieser Bärenfreund, Yórgos Mertzánis, lebte als Biologe jahrelang in Kipi, um für seine Dissertation Braunbären zu erforschen. Für den griechischen Jäger ist der Bär eine beliebte Jagdtrophäe, mit der er seine Männlichkeit, *andrismós*, zu beweisen glaubt. Bauern und Hirten sehen den Bären noch immer als schädlich an und finden darin eine Rechtfertigung, ihn zu töten, unter dem Vorwand: Er hat uns angegriffen. Die Waldbrände und eingreifenden Veränderungen in der Landschaft bewirken den Rest. So droht eine Elektrizitätsgesellschaft aus dem Bärenbach einen Stausee zu machen.

In Westeuropa existiert der Braunbär nur noch als Fabeltier, der einfältige Braun gegenüber dem listigen Reineke Fuchs, und als Kuscheltier aus Plüsch mit Latzhose und Schlapphut. Sogar in den Wäldern ist die Chance größer, einem Teddybären als einem Bären aus Fleisch und Blut zu begegnen. Seit wir den Bären nur noch als infantilisierte Imitation kennen, rieseln uns bei dem Gedanken, einem echten zu begegnen, kalte Schauer über den Rükken.

Daniël gab der Gesellschaft einen guten Rat mit auf den Weg. »Wenn Sie einem Bären begegnen, der aufrecht steht, dann erschrecken Sie nicht. Er ist kurzsichtig, und für ihn sind sie eine ebenso ungewöhnliche Erscheinung wie er für Sie.«

7

Als Student in Cambridge schaffte sich Byron einen zahmen Bären an. Er brachte ihn in einem sechseckigen Turmkämmerchen über seinem eigenen Wohnraum unter. Einer Freundin berichtete er: »Ich habe einen neuen Freund, den besten der Welt, einen *zahmen Bären.* Als ich ihn herbrachte, fragten sie mich, was ich mit ihm zu tun gedächte, und meine Erwiderung war, ›er solle sich habilitieren‹.« Es war nicht gerade üblich, sich einen Bären zu halten. Byron genoß es, daß er großes Aufsehen erregte, wenn er mit seinem ungewöhnlichen Haustier an der Leine einen Spaziergang machte.

In jener Zeit besaß er auch einen Neufundländer, Botswain, ein treuer Kumpan, wenn er in Newstead Abbey war. Aber das Tier bekam die Tollwut und starb während eines Krampfanfalls. Byron, der keine Ahnung hatte, was dem Hund fehlte, wischte ihm immer wieder den Speichel von den Lefzen. Botswains plötzlicher Tod versetzte ihm einen Schock. Der Hund wurde im Garten begraben und postum mit einer würdigen Grabinschrift in Reimen geehrt.

Byron umgab sich zeitlebens mit Tieren. Zehn Jahre nach seiner Reise durch Albanien, als er in Venedig im Palazzo Mocenigo wohnte, hatte er eine bunte Menagerie um sich versammelt: vier Pferde, zwei Affen, einen Fuchs und zwei englische Doggen. Für die Hunde hatte sein Verleger, John

Murray, gesorgt. Byron schrieb ihm: »Lieber Murray – Die Bulldoggen werden sehr willkommen sein – Ich habe nur welche aus diesem Land, die zwar gut – & bereit sind, sich auf alles zu stürzen – doch nicht den hartnäckigen Biß und die stoische Ausdauer meiner hündischen Mitbürger haben, also schicken Sie sie bitte – mit der schnellsten Spedierung, vielleicht am besten per Schiff.«

Byron umgab sich auch mit Bediensteten, als seien es Haustiere. In Venedig waren es insgesamt vierzehn. Der sonderbare Tita, der, ursprünglich als Gondoliere in Dienst genommen, allgemein Respekt einflößte mit seinem martialischen Erscheinungsbild, das von einem wüsten Bart beherrscht wurde, diente Byron mit wahrhaft hündischer Ergebenheit.

Auch bei Frauen und jungen Männern schätzte Byron das animalische Element. Über eine venezianische Geliebte »mit blitzenden Augen und im Mondlicht fließendem dunklen Haar« sagt er: »Ich liebe diese Art von Bestie.« Seine Frau Annabella Milbanke (»meine mathematische Medea«) bezeichnet er nach der Scheidung hingegen als »kaltblütiges Tier«.

Zwischen zwei Bergen hindurch ritten die Freunde in das Land, das heute Albanien heißt, »bis wir 3 Stunden nach Delvináki plötzlich auf eine große, langgestreckte Ebene gelangten, von Süden nach Norden, gut gepflegt, unterteilt durch Zäune und Hecken und mit einem Fluß, der in Richtung Süden strömte. Zu beiden Seiten der Ebene war ein nackter Bergkamm, übersät mit [...] Städten und Dörfern, die, wie die Ziegen Vergils, an den Felsen zu kleben schienen. Die Dörfer, hieß es, seien in der Nähe einer großen Stadt gelegen, Argyrocastro, die wir aus großer Entfernung undeutlich sahen, als wir entlang von Hügeln, die die Ostgrenze dieser Ebene bilden, nordwärts zogen.«

Die unsichtbare Mauer, die heute quer durch das alte Epirus und das ehemalige Territorium Ali Paschas verläuft, stammt aus dem Jahr 1913. Zwischen 1910 und 1912 fanden in Albanien mehrere Aufstände gegen die Türken statt, mit dem Ergebnis, daß eine Besetzung beendet wurde, die fünf Jahrhunderte gedauert hatte. Die Proklamation eines unabhängigen demokratischen Staates, Albanien, krönte schließlich den Sieg. Bis zuletzt hatten die umgebenden Länder versucht, das albanische Territorium unter sich aufzuteilen, ohne Rücksicht darauf, daß so etwas wie ein albanisches Volk mit einer eigenen Sprache existierte. 1913 wurde in London eine internationale Kommission gebildet, welche die Entwicklungen in Albanien überwachen und die endgültigen Grenzen festlegen sollte – dabei wurde das Land von den Herren am Versammlungstisch halbiert. Südepirus wurde an Griechenland abgetreten, und das Kosovo ging an Serbien, ein Beschluß mit noch immer verhängnisvollen Folgen – dieselbe internationale Gemeinschaft versucht heute, einen Konflikt, der damals geschaffen wurde, in Grenzen zu halten.

Seitdem schlängelt sich, Strich-Punkt-Strich, eine Linie über die Landkarte, die in der Meeresstraße zwischen Albanien und Korfu offenbar sogar wasserfest ist. Die Trennlinie verläuft hier und da quer durch Bevölkerungsgruppen, die durch ihre Abstammung, Sprache und Religion seit jeher ein Ganzes bilden. Eine Volkszählung im selben Jahr hatte ergeben, daß in Südalbanien eine knappe Mehrheit von Griechen lebte, für ultranationalistische Griechen noch immer ein Argument, dieses Gebiet doch noch Griechenland anzuschließen. Diese kleine Mehrheit selbst ist weniger fanatisch – sie fordert lediglich die Freiheit, die eigene Sprache und Kultur zu wahren, auch in den Schulen.

In diesem Übergangsgebiet sichtete Hobhouse die ersten Albaner: »Die Kleider der Passanten hatten sich von den losen, wollenen ›brogues‹ der Griechen in den baumwollenen ›kamisa‹ oder ›kilt‹ der Albaner verwandelt, und wenn sie Vascillie grüßten, sprachen sie nicht mehr Griechisch. Man sagt in diesem Land, das echte Albanien, das ursprüngliche Land der Albaner, beginne bei der Stadt Delvináki, aber weil es mir nie gelungen ist herauszufinden, wo diese Grenzlinie genau verläuft, kann ich, wie oben bereits erwähnt, nichts Genaueres dazu sagen.«

War diese Grenze damals noch imaginär, so ist sie heute schier unüberwindlich. Jeden Tag versuchen Albaner, in Gruppen oder allein, sie unbemerkt zu überschreiten, um Arbeit zu suchen – darunter fünfzehnjährige Jungen. Griechische Soldaten, wie wir ihnen an ihrem hochgelegenen Posten begegnet sind, haben die Aufgabe, diese Desperados rechtzeitig zu entdecken und festzunehmen. Es ähnelt fast einem Computerspiel. Wenn sie genügend Albaner gesammelt haben, werden diese mit einem Bus zum offiziellen Grenzübergang gebracht und in ihrem eigenen Reservat deponiert.

Die Albaner verschwinden sofort in den Bergen, um von dort aus einen neuen Versuch zu wagen.

8

Mein teuerster Freund, im Bus, der zur Grenze fuhr, sah ich die ersten Albaner. Sie waren feingliedriger als die Griechen. Es kam mir so vor, als ob sie auch einen feurigeren Blick in den Augen hatten – wie den des doppelköpfigen Adlers auf ihrer Fahne. Die Straße wurde auf griechischer Seite instand gesetzt, wahrscheinlich im Hinblick auf die verbesserten Handelsbeziehungen, seit sich auch in Albanien zaghaft eine freie Marktwirtschaft entwickelt.

Direkt vor dem Grenzübergang passierten wir Schlangen von Lastwagen, die die Albaner in Deutschland, England oder den Niederlanden gebraucht gekauft hatten. Wir stiegen aus, und das große Warten begann. Zwischen den nach Hause zurückkehrenden Albanern fielen wir mit unseren Rucksäcken auf – andere Touristen waren nicht zu entdecken. Vor allem Daniël mit seinem Hirtenstab zog alle Blicke auf sich. Auf der anderen Seite des Gitterzauns machten Taxifahrer lautstark auf sich aufmerksam.

Die Griechen fertigten uns bevorzugt ab. Auf albanischer Seite wurden wir in ein kleines Büro geführt, von der spektakulärsten Zollbeamtin, die ich jemals gesehen habe: einer dunkelhaarigen Schönheit in engsitzendem Jeansanzug, auf hohen Pumps und mit einem Revolver im Gürtel. Drinnen studierte man mit gerunzelten Augenbrauen unsere Pässe. Wir nannten den Namen des Professors, der uns erwartete, aber das zeigte überhaupt keine Wirkung. Was nun? Während einer unbehaglichen Stille öffnete sich die Tür, und zwei Polizisten platzten herein. Wollten wir zu Professor Karagjozi? Wir nickten verblüfft. Plötzlich war alles in Ordnung, wir bekamen unsere Pässe wieder und wurden über eine sandige Fläche geleitet, durch ein Wirrwarr von kreuz und quer geparkten, wahrscheinlich in westeuropäischen Ländern gestohlenen Mercedes-Fahrzeugen.

Dort stieg der kleine Mann aus, den ich zum letztenmal in einem halbdunklen Bahnhofsrestaurant gesehen hatte. Bei der herzlichen Begrüßung empfanden wir zugleich große Erleichterung - die Reise, zu der wir nun aufbrachen, war so ungewöhnlich, daß beide Parteien bis zuletzt insgeheim daran gezweifelt hatten, ob sie wirklich zustande käme.

Afrim Karagjozis Stirn umwölkte sich zum erstenmal. Der Mann mit den Pferden, mit dem er sich für elf Uhr verabredet hatte, war nirgends zu entdecken. Nun war es zwölf. Weil bei diesem Grenzübergang nicht einmal eine primitive Gaststätte war, schlugen die Polizisten vor, in einem Nachbardorf Kaffee zu trinken, um das Warten zu verkürzen. Die Atmosphäre war gemütlich. Wir lernten unsere ersten albanischen Wörter: *faleminderit* (danke schön) und *mirupafshim* (auf Wiedersehen). Sie lachten über unsere ungeschickten Versuche, wir lachten, weil sich diese Sprache für uns wie eine Parodie ihrer selbst anhörte. Karagjozi war mindestens so aufgeregt wie wir. Zum erstenmal würde er in seiner Geburtsgegend frei umherreisen.

Wir kehrten zur Grenze zurück, doch von Pferden noch immer keine Spur. Die Polizisten schlugen uns vor, dem Pferdemann ein Stück entgegenzufahren, auf dem alten

Pfad, den dieser vermutlich benutzte. Nur zu gern erklärten wir uns damit einverstanden - so eine Reise, die einfach nicht in Gang kommen wollte, war frustrierend.

Der schwerbeladene, uralte Mercedes rumpelte über Steine und durch Schlaglöcher - man hörte ihn vor Empörung knirschen. Als wir aus einem tiefen Loch herauskrochen, brach der Auspuff. Kurzerhand wurde er ganz abmontiert, und wir setzten die Fahrt fort, bis der Weg sogar für den robusten Mercedes unpassierbar wurde. Wir stiegen aus. Unsere Rucksäcke wurden ausgeladen, zusammen mit der auffallend bescheidenen Reisetasche des Professors. Auf das Geländer eines alten Steinbrückchens gelehnt warteten wir, innerlich immer unruhiger, ohne offen zuzugeben, daß unserer Reiselust dadurch gleich am Anfang der ganzen Unternehmung ein Dämpfer aufgesetzt wurde. Mit zusammengekniffenen Augen hielten wir über die Ebene ringsum Ausschau nach dem Pferdemann, der uns so kläglich versetzt hatte. Der Professor, dem immer mehr anzumerken war, wie er seine Wut unterdrückte, ging mit einer Packung albanischer Kekse herum, die nach nichts schmeckten und den allgemeinen Mißmut noch steigerten. Einer der Polizisten - er trug in aller Unschuld den Namen des Heldenepos *Ilyás* - schlug vor, zu Fuß nach Peshkopi, dem ersten Dorf auf unserer Route, zu gehen. Er kannte die Gegend wie seine Westentasche und könnte uns als Führer begleiten, während sein Kollege mit unserem Gepäck im Kofferraum einen Umweg über befahrbare Straßen machen und in dem Dorf auf uns warten würde.

Obwohl es nicht ganz in Deinem Stil war, Albanien als Fußvolk zu betreten, genügte ein Blick auf die Berge im

Osten, durch die wir ziehen mußten und wo es um sieben Uhr dunkelte, um einzusehen, daß wir kaum eine andere Wahl hatten.

Die ausgedehnte Ebene, die wir durchquerten, ist durch Überschwemmungen des Drino entstanden. Bis vor kurzem war dieser Bereich des Tals militärisches Sperrgebiet, Zugang streng verboten. Enver Hodscha, ungefähr vierzig Jahre lang Präsident und Alleinherrscher, ließ in seiner paranoiden Angst vor feindlichen Angriffen an strategisch bedeutsamen Orten im ganzen Land kleine Kuppeln aus Beton errichten, die einem oder zwei Schützen Platz boten. Jedem Albaner seine eigene Kampfkuppel, lautete die Devise. Leicht befremdet gingen wir zwischen den unsinnigen Bauwerken hindurch, einem kranken Hirn entsprungen, lächerlich im Atomzeitalter. Es war warm und diesig. Wir durchquerten den seichten Fluß, der durch ein Bett von weißen Kieseln strömt. Mit triefenden Schuhen ging ich weiter und fragte mich, warum Hobhouse den Fluß in Richtung Süden strömen ließ statt nach Norden, wo er direkt unterhalb Tepelenas in den Vjosa mündet.

Wir ließen Hodschas Schußfeld hinter uns und gelangten in eine angenehmere Landschaft mit kleinen Äckern. Ein Bauer und seine Frau ernteten barfuß Silberzwiebeln, unter einem Baum saß die Großmutter mit kunstvoll geknüpftem, weißem arabischen Kopftuch und schaute ihnen zu. Auf allen Gesichtern erschien ein neugieriges und amüsiertes Lächeln über den bizarren Anblick, den unsere zusammengewürfelte Gesellschaft bot, auf einem Pfad, wo vielleicht seit einem halben Jahrhundert kein Fremder mehr gesichtet worden war.

Die Landschaft wurde hügeliger. Ilyás pflückte wilde Birnen und ließ mich kosten. Immer mehr näherten wir uns der Stelle, wo Ihr zwischen zwei Bergen hervorgeritten sein müßt. Der verbrannte Wald am Abhang, den wir am Abend zuvor gesehen hatten, als wir von den griechischen Bergen aus in Richtung Westen schauten, lag nun östlich von uns. Wir stiegen immer weiter an, bis wir auf einen breiteren Weg stießen, mit Steinen befestigt und noch so gut erhalten wie, auf Fotos im Reiseführer, die Via Egnatia, die andernorts durch Albanien führt und einst dem Handelsverkehr zwischen Rom und Konstantinopel gedient hatte.

»Das ist die Straße«, sagte Daniël lakonisch. Alle vier blieben wir stehen und folgten der Straße mit unseren Augen, wie sie gleichmütig von Griechenland aus nach Albanien hereinführte. Jahrhundertelang eine durchgehende Route für Reisende aus und nach dem Süden, war es nun eine Sackgasse, als Folge von Beschlüssen, die ein paar längst verstorbene Diplomaten im Wahn, sich einmischen zu müssen, Anfang des Jahrhunderts getroffen hatten. Während die anderen weitergingen, lief ich Euch ein Stück entgegen. Der Weg rührte mich, so verlassen und nutzlos wie er dalag. Aber das sah nur so aus, denn jeden Augenblick konntet Ihr hinter einer Kurve zum Vorschein kommen.

Schade, daß Euch Euer Weg nicht durch die Gegend führte, wo jahrhundertelang der *Kanun* herrschte. Dort, wo die albanischen Berge praktisch unzugänglich waren, lebten die Malissoren; sie hatten es als einzige geschafft, den Türken Widerstand zu leisten, die vergebens versucht hatten, die uneinnehmbaren Berge ihrem Imperium einzuverleiben. Während der Rest Albaniens fünf Jahrhunderte lang von Konstantinopel aus regiert wurde, schuldeten die Malissoren nur ihrem eigenen Gesetz, dem *Kanun*, Gehorsam. Dieser war von Lek Dukagjin eingeführt worden, einem Fürsten aus dem Norden des Landes. Er hatte zur Zeit der osmanischen Gebietseroberungen im fünfzehnten Jahrhundert gegen die Türken mitgekämpft. Ohne daß ein Notar, Rechtsanwalt oder Richter benötigt wurde, bestimmten die Gesetze und Regeln des *Kanun* seitdem das gesamte soziale Leben in den Bergen, ob es um Heirat und Erbrecht, Eigentum und Diebstahl, die Position der Frau, Untreue, Mord und Totschlag oder auch das Gastrecht ging. Entscheidungen auf dem Gebiet der Rechtsprechung traf der Ältestenrat, dem die ältesten und angesehensten männlichen Mitglieder eines Clans angehörten. Alles drehte sich um die Ehre der Familie, des Clans, des Stamms. Die Blutrache war das wichtigste Instrument, um diese Ehre zu retten, wenn sie verletzt worden war – der Anlaß dazu konnte ein einfacher Streit zwischen Nachbarn über ein Stück Land sein, die Untreue einer Frau oder eine Beleidigung, durch die sich sogar ein ganzer Stamm gekränkt fühlen konnte. Man mußte jedes Wort auf die Goldwaage legen, das lernten bereits die Kinder. Die Blutrache war an strenge Vorschriften gebunden und nur Männern vorbehalten. Hatte jemand die Ehre seiner Familie verletzt, war ein Mann – ob er wollte oder nicht – zur Blutrache verpflichtet. Weil jeder Mann früher oder später unweigerlich in so eine Ehrenfrage verwickelt wurde, auch wenn er überhaupt keine Schuld daran hatte, gab es wenig Männer, die eines natürlichen Todes starben – schlimmer noch, das war fast eine Schande. Bei der Geburt eines Sohns wurde der Wunsch ausgesprochen: Möge er nicht in seinem Bett sterben.

Als Albanien unabhängig wurde, versuchten die neue Regierung und die Kirche vergebens, der Blutrache ein Ende zu bereiten. Dem Kommunismus, der bis in die entlegensten Winkel des Landes drang, ist es schließlich gelungen – obwohl sich diese Gewohnheit jenseits der nördlichen Grenze, im Kosovo, offenbar noch sehr lange gehalten hat. Falls jedoch so etwas wie eine Volksseele existiert, gehört ein Rudiment dieser Tradition vielleicht noch immer zur albanischen Seele, so daß es auch heute wahrscheinlich noch ratsam ist, auf seine Worte zu achten. »Ein Kopf für einen Kopf«: keine verlockende Aussicht.

Als Reisende wären wir im Vorteil gewesen. Für uns hätte der *Kanun* des Gastrechts gegolten – der Gast war heilig. Er mußte in Watte gepackt werden, als ob das Haus ihm gehörte, der Gastherr mußte ihm nötigenfalls sein Bett abtreten. Solange man einen Gast im Haus hatte, war man vor der Blutrache geschützt. Der Gast bewirkte in all seiner Unschuld einen Waffenstillstand, eine Rolle, die ich gern auf mich genommen hätte!

Wir gingen nun an der Bergflanke entlang in Richtung Norden, parallel zu einem langgestreckten Tal. Der erste Albaner, dem wir auf Deinem Pfad begegneten, war ein munterer Greis, der sich per Esel im Damensitz fortbewegte. Er hatte Stöcke bei sich und ein Seil. Wer weiß, was er damit vorhatte. Beide Parteien hielten an, um, wie es sich bald als gebräuchlich herausstellte, persönliche Informationen auszutauschen. *Mirë dita* – guten Tag, wo kommen Sie her, wo gehen Sie hin? Als wir alles voneinander wußten, wünschte er uns, drei Zähne frei lachend, *udhë e mbarë*: glückliche Reise.

Wir kamen an einem byzantinischen Kirchlein, umgeben von Zypressen, vorbei. Es lag so versteckt in der Peripherie von Enver Hodschas Utopie, daß man es bei der großen Säuberung wohl übersehen hatte. In den siebziger Jahren hatte Hodscha den Befehl gegeben, Kirchen und Moscheen abzureißen oder sie zu nicht-religiösen Zwecken zu verwenden – der einzige Gott, der angebetet werden durfte, war er selbst. Wir gingen um die Kirche herum und faßten an ihre Mauern, gerührt von der Trostlosigkeit, die sie umgab. Zehntes Jahrhundert, war in den Stein über der Tür gehauen. Wilder Wein war mit der zähen Hartnäckigkeit der Natur im Begriff, Hodschas Befehl nachträglich auszuführen.

»Seht ihr das dort?« Ilyás deutete auf einen Felsen hoch über unserem Pfad. Wir sahen vage die Umrisse eines Gebäudes. Vor einigen Jahren, erzählte er, war dort eine Gruppe albanischer Soldaten, die die Grenze bewachten, von Griechen ermordet worden. Die Täter hatte man nie gefaßt, vielleicht waren es Extremisten gewesen oder fanatische Anhänger eines wiedervereinigten Epirus. Ich sah wieder die jungen Männer auf der griechischen Seite vor mir, die ihre Zeit in einem abgelegenen Posten in den Bergen absaßen. Ihre albanischen Altersgenossen hatten sich wahrscheinlich ebenso gelangweilt, während sie auf Ablösung warteten, nicht ahnend, daß sie von der Ewigkeit abgelöst werden würden.

»Warum waren Sie eigentlich nicht in Athen, auf dem Byron-Kongreß?« fragte ich Karagjozi. »Ich habe Sie dort vermißt.«

Der Professor stieß ein kurzes Lachen aus. »Weil ich nicht eingeladen war. Ohne eine offizielle Einladung der griechischen Byron-Gesellschaft konnte ich kein Visum bekommen.«

Er erzählte mir, es habe in dieser Angelegenheit einen Briefwechsel zwischen ihm und Professor Raïzis gegeben. Letzterer habe argumentiert, wegen des gespannten Verhältnisses zwischen Griechenland und Albanien sei es unmöglich, einen Albaner einzuladen. Er warf den Albanern nicht nur vor, daß sie kürzlich die Unterstützung der Türken gesucht hätten, sondern auch, daß sie über die Jahrhunderte schon immer protürkisch gewesen seien. Dabei erinnerte er daran, daß im Jahr 1821, zur Zeit des griechischen Unabhängigkeitskampfes, ein großer Teil der türkischen Armee aus Albanern bestanden hatte.

»Aber das ist doch absurd«, sagte ich, »eine so alte Angelegenheit einzubeziehen.«

Daniël griente – er kannte seine Griechen. Der Professor seufzte. »Ich habe alles versucht, aber ich konnte ihn nicht umstimmen.«

»Typisch für den Balkan«, resümierte Daniël. »Der Feind meines Feindes ist mein Freund, lautet hier die Devise. Die Albaner sind antiserbisch wegen des Kosovo, also sind die Griechen proserbisch.«

»Was für komplizierte Verhältnisse!« rief ich aus.

»Es gibt keine einfachen Lösungen für dieses Gebiet«, sagte er lakonisch.

Wir kamen in Peshkopi an, einer Ansammlung von Bauernhäusern, von denen viele leerstanden. Vor der einzigen Gaststätte, an einem kleinen Tisch unter einem Baum, saß

Ilyás' Kollege mit glänzendem Schnurrbart und erwartete uns. Die Begrüßung war freundschaftlich, als würden wir einander seit Jahren kennen. Man brachte uns Bier. Daß ich so weit hatte reisen müssen, um im Landesinneren von Albanien Amstel zu trinken! Ich legte die weißen Trauben auf den Tisch, die ich noch in Griechenland gekauft hatte, Karagjozi bot wieder allen seine Kekse an. Jemand steuerte kleine, dunkelblaue Trauben bei, ein anderer fügte dem Stilleben Walnüsse und Granatäpfel hinzu. Weitere Stühle wurden geholt, Dorfbewohner setzten sich zu uns, und ehe ich mich's versah, schienen sie alle gleichzeitig das Wort zu führen. Karagjozi plagte sich ab, alles zu übersetzen. Daß Du einst dort entlanggezogen bist, wußte seltsamerweise jeder. Durch Überlieferung? Daß wir Deiner Spur folgten, fanden sie höchst belustigend. Zum Glück gab die Anwesenheit des Professors unserer Mission einen wissenschaftlichen Anstrich.

»Um 1 Uhr kamen wir in ein Dorf mit einer Herberge. Hier hielten wir an, und als wir auf unseren Matten saßen, um eine Erfrischung zu uns zu nehmen, ließ ein Albaner verschiedene Sorten Schnupftabak herumgehen, denn in diesem Dorf, sagte man uns, sei die größte Schnupftabakfabrik im europäischen Teil der Türkei.«

Der Schnupftabak ist längst von der Zigarette verdrängt worden – um mich herum wurde kräftig geraucht. Jemand öffnete auf ingeniöse Weise mit seinem Taschenmesser Walnüsse, ein anderer zeigte mir, wie man Granatäpfel ißt, ohne mit den Kernen kämpfen zu müssen. Weil ich mich ständig nur in männlicher Gesellschaft befand, in einer Gegend, wo die Geschlechter seit jeher vorwiegend getrennt leben, legte mir die Wirtin voller Mitleid den Arm um die Schulter. Dann kniff sie mir lachend in den Bizeps, um zu sehen, ob ich Manns genug war, die geplante Reise, über die sich alle so amüsierten, auch wirklich zu vollbringen.

Und noch immer keine Spur vom Pferdemann. Dorfbewohner erzählten, man habe ihn an diesem Vormittag um halb elf in Libohova gesehen. »Dann konnte er unmöglich um elf an der Grenze sein«, sagte Ilyás.

Die Sonne warf bereits lange Schatten, als wir in den Mercedes stiegen, der uns, über eine Straße durchs Tal, wieder in die Berge bringen sollte nach Libohova, dem größten Dorf auf unserer Route. Wie Ihr würden wir die Nacht dort verbringen. Im Auto nahm Karagjozis Wut auf den Pferdemann solche Dimensionen an, daß ich das Schlimmste befürchtete, sollte er sich jemals zeigen.

Entlang mißlungener Hochbauversuche erreichten wir Libohova. Wir hielten auf einem ungepflasterten, von dicken Platanen beschatteten Platz vor einem stilvollen alten Gebäude, das sich, in der Mitte ein Tor, über die ganze Länge des Platzes erstreckte. Im Erdgeschoß sah ich etwas, das wie ein Geschäft aussah, daneben einen Raum, in dem nur ein Billardtisch stand, noch ein Stück weiter eine Kneipe. Draußen saßen, auf imitierten Thonet-Stühlen, die Männer des Dorfs – die Frauen blieben vorerst unsichtbar. Ein Stammgast betrachtete uns gereizt und drohend aus einem offenstehenden Fenster. Das verhieß nicht viel Gutes. Nur Jungen spielten auf dem Platz. Als ich meine Kamera herausholte, wollten sie alle zugleich auf das Foto, die Arme gegenseitig um die Schultern gelegt und aneinandergelehnt wie ein müdes Fußballteam. Während mir alle nachstarrten, ging ich durch das Tor, das auf einen Innenplatz führte. Hier stand ein schlecht instand gehaltenes Herrenhaus. Von dem von Kletterpflanzen überwucherten Balkon hing schlaff die albanische Flagge.

Durch das Tor drang heftiger Lärm auf den Innenplatz, Männerstimmen im Zustand größter Erregung. Ich ging zurück und erblickte Karagjozi; klein, aber tapfer stand er vor einem Mann von gleicher Statur, jedoch mit breitem, wildem Gesicht, das die Abstammung von Horden aus den Steppen vermuten ließ, die in nebliger Vergangenheit auf der Bildfläche erschienen und wieder verschwunden waren, Staubwolken und Bastarde hinterlassend.

»Der Pferdemann«, seufzte Daniël.

Karagjozi spie Gift und Galle, der andere machte abwehrende Gebärden. Die Auseinandersetzung wurde von den Anwesenden auf dem Platz aufmerksam verfolgt und anscheinend für ganz normal gehalten. Meinungsverschiedenheiten, die mit großer Lautstärke ausgetragen werden, machen mich sehr nervös. Und die Opponenten machten immer weiter, als ob ein Mechanismus in Gang gesetzt worden sei, der von allein nicht mehr zum Stillstand kommen konnte. Ich tigerte auf dem Platz hin und her. Gleich würden wir überhaupt keinen Pferdemann mehr haben, und wie sollten wir dann weiterkommen?

Unerwartet wurde es wieder still. Sie waren auseinandergegangen, als ich einen Moment nicht aufpaßte. Karagjozi kam mit grimmiger Miene auf mich zu. »Es ist zwecklos«, brummte er, »völlig zwecklos. Er ist ein Rohling, ein Vollidiot.«

»Warum war er heute morgen nicht da?« fragte ich.

»Er behauptet, die Pferde seien zu langsam gewesen, aber ich habe zu ihm gesagt: Das hättest du einkalkulieren müssen. Notfalls wärst du eben mitten in der Nacht aufgebrochen.«

»Und was nun?«

»Mit dem Mann will ich nichts mehr zu tun haben.« Der Professor wischte ihn mit einer Handbewegung in der Luft weg. »Man kann mit ihm keine Absprachen treffen.«

Mir fiel ein, was Hobhouse über Probleme im Zusammenhang mit Pferden geschrieben hatte. Sie »waren jeden Tag während unserer Reise da, und es kostete uns nie weniger als zwei Stunden, ehe wir endlich aufbrechen konnten – ein Aufschub, der die Geduld auch von jemandem mit großer Gelassenheit sehr auf die Probe stellte«.

Wir setzten uns an einen freien Tisch vor der Gaststätte. Der Bürgermeister stellte sich uns vor. Er war ein liebenswürdiger Mann mit hellblauen Augen, auch wenn das an sich für nichts garantierte, wie Ali Pascha zur Genüge bewiesen hatte. Als ob der Bürgermeister eine friedliche Stimmung um sich verbreitete, ebbte die Spannung ab, und das Bier tat den Rest. Nur der Professor hatte die Arme fest verschränkt und eine zornige Denkfalte auf der Nasenwurzel. Aber er wurde aus seinen düsteren Betrachtungen gerissen, weil seine Fertigkeiten als Dolmetscher wieder gefragt waren. Drei Lehrer setzten sich zu uns. Ihre verfeinerten Gesichtszüge fielen mir auf. Sie waren von Entbehrung gezeichnet – vielleicht noch mehr auf geistigem als auf materiellem Gebiet. Eine Aura unendlicher Traurigkeit umgab sie.

Der Bürgermeister erzählte, daß das dominante Gebäude mit dem Tor und dem Haus auf dem Innenplatz einst im Besitz von Mufit-Bey Libohova, einem Verwandten Ali Paschas, gewesen sei. Dessen Nachkommen seien von den Kommunisten enteignet worden und daraufhin ins Exil gegangen. Ein Zweig der Familie lebte in Frankreich, ein anderer in Amerika. Nach den neuen Gesetzen der jungen Demokratie erhielten sie ihren Besitz nun zurück. Die Exilanten selbst lebten nicht mehr, aber einer der Nachkommen war schon dagewesen, um sich sein Erbe anzuschauen.

Ich entschuldigte mich und stand auf, neugierig auf den Laden. Was würde in einem Bergdorf am Rand Albaniens wohl feilgeboten? Grundnahrungsmittel wie Gemüse, Obst, Brot und Milch wurden dort nicht verkauft. Nur ein Sammelsurium von Artikeln, die mich an den Markt und die Kirmes denken ließen: Kleidungsstücke von allerbilligster Qualität, Lampen, Vasen, Kämme, Süßigkeiten. Zum erstenmal sah ich eine Frau in Libohova. Mit einem breiten Lächeln stand sie hinter dem Ladentisch. Zu gehen, ohne etwas gekauft zu haben, war unmöglich. Ich zeigte auf ein Schulheft und eine Rolle gefüllter Kekse. Zu spät fiel mir ein, daß ich noch keine Lek hatte. Ich rief den Professor und bat ihn, mir das Geld vorzustrecken, aber als er sein Portemonnaie zückte, gab sie mir durch Gesten zu verstehen, daß sie nichts haben wolle. In Verlegenheit gebracht schüttelte ich den Kopf. »Ich will ganz normal bezahlen«, beharrte ich. Eine peinliche Situation: Zwei Frauen, die darauf bestanden, einander einen Gefallen zu tun. Karagjozi ergriff meinen Arm und sagte: »Du mußt es annehmen, sie möchte es dir schenken.« Ich kapitulierte, bedankte mich umständlich und verließ voller Schuldgefühle den Laden.

Das schlaffe Heft kam aus Frankreich. Es war ein verblaßtes grünes *Tigre-Cahier* von minderer Qualität. Auf der hinteren Umschlagseite standen das Einmaleins bis zur Zwölf, die römischen Ziffern und eine *Division de Temps*. Von einem Jahrhundert: hundert Jahre, zu einer Minute: sechzig Sekunden. Die Einteilung der Zeit schien so einfach. Sie wurde erst schwierig, wenn man versuchte, fast zweihundert Jahre zu überbrücken. Bis wann waren diese Hefte in Frankreich in Gebrauch gewesen, sprich: Wann hatte man sie nach Albanien entsorgt?

Der Pferdemann schlenderte heran, ein wenig nervös. Wir stellten einen Stuhl für ihn dazu. Karagjozi starrte ostentativ zu Boden.

»Er ist nun mit den Pferden hier, geben wir ihm noch eine Chance«, sagte ich leise. »Für heute hat er alles vermasselt, aber vielleicht klappt es morgen besser. Außerdem: Wo sollen wir jetzt so schnell einen anderen Pferdemann hernehmen?«

Er nickte bedächtig. Das alles hatte er sich selbst auch schon überlegt. Gerade die Abhängigkeit von diesem Barbaren machte ihm zu schaffen.

Vorsichtig schlug ich einen Kompromiß vor. Wir könnten uns ja am nächsten Morgen mit dem Auto nach Peshkopi zurückbringen lassen. Von dort aus könnten wir die zweite Etappe der Strecke nach Libohova, die wir nun aus Zeitmangel nicht geschafft hatten, doch noch zu Fuß zurücklegen. Am Nachmittag würden wir dann zu Pferd Libohova verlassen.

Der Pferdemann sah uns mit Argusaugen an; er wußte, daß wir über ihn redeten. Daniël war mit meiner Idee einverstanden. Schließlich fand sich Karagjozi damit ab. Er schloß mit dem Pferdemann Frieden, doch seine Denkfalte glättete sich nicht. Halbherzig reichten sie sich die Hand.

Der Bürgermeister war der Ansicht, daß nun etwas Offizielles geschehen müsse. Er schlug eine Führung durch die Bibliothek vor, die im Rathaus untergebracht war. Wir verabschiedeten uns von Ilyás und seinem Kollegen, der unsere Rucksäcke auslud. In einem kleinen Zug gingen wir unter dem Balkon mit der Fahne in das Haus. Unkraut wucherte zwischen den Dachpfannen, sah ich nun, und der Putz blätterte von den Wänden. Wie eine kleine Prozession zockelten wir durch das morsche Gebäude. Die Bücher waren schmuddelig und feucht - nicht mehr lange, und sie würden sich von allein auflösen. In einer Ecke lagen stapelweise Plakate, auf denen in kriegerischen Formulierungen der Arbeitseifer angefacht wurde. Französische Klassiker standen brüderlich neben den Werken Lenins. Einer der Lehrer zog das Buch von Professor Karagjozi über Dich aus dem Regal und schlug es auf. Auf der ersten Seite stand ein Zitat von Enver Hodscha. Während er den Professor fragend ansah, machte er Anstalten, das Blatt herauszureißen. Karagjozi nickte. »Damals blieb einem nichts anderes übrig«, sagte er lakonisch.

Wir kamen in den Sitzungssaal und folgten automatisch dem Beispiel des Bürgermeisters, der an dem langen Versammlungstisch Platz nahm. Unsere Gesellschaft hatte sich inzwischen vergrößert. Allerhand Leute setzten sich dazu und machten eine feierliche, abwartende Miene. Sie hatten eines gemeinsam: Alle gehörten dem männlichen Geschlecht an. Außer der Verkäuferin hatte ich noch keine einzige Frau gesehen. Wo waren die Frauen von Libohova?

Da saßen wir nun alle und schwiegen. Offenbar war inhaltlich nichts vorbereitet für dieses offizielle Beisammensein. Alle Augen richteten sich erwartungsvoll auf uns, drei Reisende, die von fern gekommen waren, um Deiner Spur zu folgen, die zufällig durch ihr Dorf führte. Um dem kollektiven Schweigen ein Ende zu machen, begann ich, aufs Geratewohl Fragen zu stellen: »Hat einer von Ihnen schon einmal etwas von Byron gelesen? Wissen Sie, warum er durch Albanien zog?«

Ein kleiner Mann mit dunkler Haut und Kraushaar ergriff das Wort. »Schon seit der Oberschule bin ich ganz verrückt nach Lord Byron«, sagte er mit schüchternem Lächeln. »Daß er Albanien gerühmt hat, erfüllt mich mit Stolz. Ich liebe seinen Stil und ...«, er kam kurz ins Stocken, »seine Melancholie, denn ich bin selber so.« Ein glühender Verehrer, in einem so entlegenen Winkel Europas! »Aber Sie hätten längst Mitglied der Byron-Gesellschaft sein müssen«, sagte ich. Karagjozi nickte zögernd. Wir wußten beide, daß die Gesellschaft in Albanien in den letzten Zügen liegt und von ihm durch künstliche Ernährung am Leben erhalten wird.

»Hiermit ernenne ich Sie zum Ehrenmitglied der Byron-Gesellschaft«, sagte Karagjozi großmütig.

Der Mann strahlte. Die Stimmung wurde zusehends heiter, alle gerieten in Eifer. Trotzdem strahlten die Lehrer weiterhin Traurigkeit aus. Einer von ihnen berichtete, die Familie Mufit-Bey habe eine reich ausgestattete Bibliothek besessen, zu der wahrscheinlich auch antiquarische Ausgaben Deines Werks gehört hätten. Aber die Kommunisten hätten alle Bücher verbrannt, schloß er niedergeschlagen.

Sein Kollege meinte, wir müßten die Ruine der Burg besichtigen, auf dem Hang über Libohova gelegen. Dort lebte zur Zeit Eurer Reise eine Schwester von Ali Pascha, erzählte er. An dem Tag, als Hobhouse und Du in Libohova ankamt, heiratete deren Sohn, und es gab ein großes Fest. Noch heute wußte das ganze Dorf, daß Ihr dabeigewesen wart und dort übernachtet hattet. Stimmt das? Wart Ihr auf der Hochzeit? Ich bezweifle es, denn einer von Euch hätte sicher davon berichtet. Es scheint mir eher ein Fall epischer Verdichtung zu sein, oder *wishful thinking*. Ob wahr oder nicht, wir verließen alle gemeinsam den Sitzungssaal und begaben uns bergaufwärts.

Nur die Festungsmauern waren noch vorhanden. Das Landhaus, das innerhalb der Mauern gestanden und in dem Großvater Mufit-Bey noch gelebt hatte, war abgerissen worden – ebenfalls von den Kommunisten. Wir kletterten auf die Festungsmauer. Der Himmel färbte sich immer röter. Während wir alle die Aussicht tief unter uns, über das Tal und einen ausgedehnten See, bewunderten, brummte Daniël, der geborene Skeptiker: »Heute waren es immer die Kommunisten, so wie früher die Türken.«

Wahrheit und Dichtung begannen sich bereits kräftig zu vermischen. Am schönsten an der Ruine fand ich ein schwarzes Schwein, das mit dem Rüssel im Erdboden wühlte, und einen vorsintflutlichen Traktor, der wie ein Objekt von Tinguely durch Improvisation zusammengehalten wurde, ein halbes Jahrhundert politischer Hilfe in

Form von russischen und chinesischen Ersatzteilen in sich vereinigend. Es wurde sehr schnell dunkel. Ich merkte nicht, daß schon wieder zum Aufbruch geblasen wurde, und stand noch immer bei dem Schwein, als ich das Geräusch zuschlagender Autotüren hörte. Das Tier sah mich mit seinen kleinen, listigen Augen an. Ich nahm meinen Fes ab und verbeugte mich: »Ali ist groß ...«

In einem Auto mit Chauffeur, das den Bürgermeister jeden Tag zu seiner Arbeit brachte, fuhren wir über eine beängstigend schmale Straße, die ohne Leitplanke an einem bodenlosen Abgrund entlangführte, höher und höher hinauf. Afrim Karagjozi teilte uns mit, daß wir beim Bürgermeister übernachten würden. So gelangten wir in einen anderen Teil von Libohova, wo hinter hohen Mauern offenbar die besseren Häuser standen. Der Bürgermeister bewohnte ein neues, im traditionellen Stil erbautes Haus. Im Wohnzimmer standen auf türkische Weise diwanartige Sofas vor drei Wänden. Die vierte wurde von einer Schrankwand in Beschlag genommen, in der ein Fernsehapparat stand, der den ganzen Abend laufen sollte, und ein tragbarer Kassettenrecorder, flankiert von aufrechtstehenden Kassetten als Zierde. Überall standen Vasen mit Sträußen aus künstlichen Blumen, und die Sofabezüge hatten ein großgeblümtes Muster.

Wir wurden der Familie vorgestellt: der Ehefrau, vier Kindern, einem Enkelkind und einer Großmutter von sechsundachtzig. Die Frauen eilten sofort wieder in die Küche, nur die Großmutter, die längst über den Unterschied zwischen den Geschlechtern erhaben war, blieb reglos und halbblind für sich allein in einer Ecke des Zimmers sitzen.

Der Raki stand bereits auf dem Tisch. Mir, als einziger Frau, wurde ein Gläschen honigsüßer, rosafarbener Likör eingeschenkt. Ein Schwiegersohn und ein Nachbar gesellten sich zu uns. Die Frau des Bürgermeisters kam scheu mit Salat, Auberginen und Reisküchlein ins Zimmer und verschwand gleich wieder.

Beim Essen überlegte ich, wie ich mit der Großmutter ins Gespräch kommen könnte. Drei Jahre vor dem Ende der türkischen Besatzung geboren, schleppte sie die gesamte albanische Geschichte des zwanzigsten Jahrhunderts mit sich. Ich beugte mich zu Afrim Karagjozi: »Kann ich die alte Dame etwas fragen?« Er warf einen zerstreuten Blick auf die alte Frau, als ob ihm erst jetzt bewußt wurde, daß sie auch da war. »Aber selbstverständlich.«

»Wie gefällt es ihr, im Haus ihres Sohnes zu wohnen?« Karagjozi übersetzte.

Die Großmutter, in ihrer Ecke auf dem Sofa, nickte: »Erst die letzten fünf Jahre, seit es dieses Haus gibt, habe ich angefangen zu leben. Davor war nichts als Elend.«

Ihr Sohn ergriff an ihrer Stelle das Wort. Zuerst, im Krieg, wurde ihre halbe Familie ermordet. Später, als Enver Hodscha an der Macht war, galten ihr Mann und ihr Bruder als antikommunistische Elemente, weil sie Patrioten waren. Ihr Haus wurde zerstört, weil es zu bourgeois war, und die ganze Familie wurde in einem primitiven Lager bei Tepelena interniert. 1955 gelang es ihrem Mann, mit dem ältesten Sohn nach Amerika zu entkommen – sie blieb mit vier Töchtern und einem Sohn zurück. Irgendwann, wenn die Umstände es zuließen, sollte sie ihrem Mann über den Ozean folgen, so war es verabredet. Aber er starb, ehe es soweit kommen konnte. Nur der Sohn hatte es in der Neuen Welt geschafft. Unlängst hatte sie ihn zum erstenmal seit vierzig Jahren in Griechenland wiedergesehen. Später erhielt die Familie die Erlaubnis, nach Libohova zurückzukehren. Anfangs wohnten sie im Haus eines kommunistischen Onkels und mußten, als Strafe für das Milieu, zu dem sie einst gehört hatten, bei der Anlage des Sees mitarbeiten – des Sees, über dem die Sonne an diesem Abend so schön untergegangen war. Das bedeutete, daß sie tagtäglich den Berg hinabsteigen mußten, den sie am Ende des Tages wieder erklommen – ein Weg von zwei Stunden hin und mindestens zwei Stunden zurück. Erst seit Albanien eine Demokratie war und ihr Sohn dieses Haus bauen lassen konnte, hatte das Leben ein wenig Glanz bekommen.

Die alte Frau hörte kritisch zu. Hin und wieder nickte sie beifällig: Wie ihr Sohn es berichtete, war alles abgelaufen.

Das Essen, das inzwischen auf dem Tisch stand, nahm nun unsere ganze Aufmerksamkeit in Anspruch. Auf einem runden Backblech von gut einem halben Meter Durchmesser befand sich eine Pastete aus Blätterteig, Lammfleisch und Reis. Aus was für einem gigantischen Ofen kam dieses Gericht? Wir überhäuften die Gastgeberin mit Komplimenten: Wo hatte sie gelernt, so etwas Imposantes zuzubereiten? Sie errötete, und ihr Mann sagte: »Meine Mutter hat ihr die Kochkunst eingeprügelt. Sie hat ihr alle Rezepte beigebracht und ihr eins aufs Dach gegeben, wenn es nicht gut war.« Gelächter ringsum, die Köchin lachte müde mit. Eine Flasche albanischen Weins wurde entkorkt, ein Kallmet von 1986. Während Daniël und ich durstig unser Glas leerten, fiel uns auf, daß niemand mittrank. War Wein ein Luxus?

Ich begann mich zu fragen, ob wir nicht das Haushaltsbudget zu stark strapazierten. Bezahlten wir eigentlich hierfür, oder wurde uns die traditionelle Gastfreundschaft zuteil? Darüber hatte ich mit Karagjozi noch nicht gesprochen.

»Vom albanischen Weinbau ist nichts übriggeblieben«, sagte der Professor und starrte trübsinnig auf das Etikett. Dieser Seufzer gab Anlaß zu Witzen über das ehemalige Regime, das an allem die Schuld hatte. Vor allem Dulla, das Scheusal, und Sorra, die Krähe – beliebte Spottnamen für Enver Hodscha und seine Gemahlin – kamen schlecht weg.

Nach der Mahlzeit tröpfelten tatsächlich die Frauen ins Zimmer. Geräuschlos gesellten sie sich zu der Großmutter. Eine der Töchter, die ich auf ungefähr sechzehn schätzte, trug ein T-Shirt mit der provokanten Aufschrift »Wounded but dangerous Lion«.

»Weißt du, was das bedeutet?« fragte ich.

Verlegen schüttelte sie den Kopf. Karagjozi übersetzte und kicherte dabei etwas verlegen. Eine junge Albanerin mit so einem Slogan auf der Brust verwirrte ihn. Er selbst, erzählte er mir später, habe seiner Frau verboten, Jeans zu tragen. Nun ja, verboten: »Ich habe ihr gesagt, es würde mir nicht gefallen, und dann läßt sie es auch sein.« Das Mädchen lächelte zufrieden, die Bedeutung gefiel ihm. Vielleicht verwies sie auf eine schon seit Jahrhunderten auf der Lauer liegende Kraft in diesen Frauen, die sich so im Hintergrund hielten. Irgendwann mußte Frosini doch gerächt werden.

Durch den Überfluß an Speis und Trank geriet ich in einen Zustand angenehmer Betäubung. Solange es die Höflichkeit erforderte, blieb ich noch sitzen, dann zog ich mich unter Dankesbezeugungen für das herrliche Essen in das Schlafzimmer zurück, das Daniël und mir zugewiesen worden war. Karagjozi, inzwischen in eine heftige Debatte über Politik verwickelt, hielt blaß vor Müdigkeit stand.

Ich wusch mir den Staub von der Reise in einem schmuddeligen, weißgekachelten Badezimmer ab, das bereits jetzt, fünf Jahre nach dem Hausbau, Anzeichen des Verfalls aufwies – die Wanne hatte Beulen, und alles war schlampig verkittet. Ich wußte noch nicht, daß der Besitz eines Badezimmers an sich bereits ein ausgesprochener Luxus war, der die ganze Familie wahrscheinlich mit Stolz erfüllte. Mit einem Seufzer des Wohlbehagens schlüpfte ich zwischen die Laken. Endlich ein Bett. Aber was für eines! Gerade, als ich mich gemütlich einkuscheln wollte, wurde mir – welche Haltung ich auch einnahm – bewußt, in welchem Zustand sich die Matratze befand. Sie war feucht, voller Buckel und wies vermutlich ein reichhaltiges, verborgenes Insektenleben auf. Auch ohne nähere Inspektion war mir klar, daß der Inhalt aus uraltem, verklumptem Kapok bestand, durchtränkt von Körpersäften und durchsetzt mit Hausstaubmilben. Eine Matratze mit einer langen Geschichte von Geburten, Liebesakten, Menstruationen, Bettnässen, Inkontinenz und letzten Atemzügen. Ich konnte nicht einschlafen, und all diese tiefmenschlichen Äußerungen zogen in ihrer Farbigkeit an meinem geistigen Auge vorüber. Die Decken, wie tief ich sie an der linken Seite auch einsteckte, rutschten an der rechten Seite ständig herab. Außerdem hing ein durchdringender Modergeruch im Raum, der bei jedem Atemzug bis tief in die Lungen drang.

Es gibt auch Leute, die ihrer Kleider beraubt in den Bergen zurückgelassen werden, redete ich mir selbst mahnend zu.

Ich sah wieder vor mir, wie wir zwischen den kleinen Betonkuppeln von Enver Hodscha hindurchzuckelten, durch den Fluß wateten, Granatäpfel schälten. War Albanien anders? Ja. In meinem Magen begann sich die erste albanische Mahlzeit zu rühren, ich mußte aufstoßen und bekam Sodbrennen. Hatte ich zu begeistert an der Mahlzeit teilgenommen? Jedesmal, wenn man mir eine Schüssel hinhielt, hatte ich mich aus fast selbstmörderischer Höflichkeit von neuem bedient. Ich bin keine große Esserin, wohl eine große Schläferin. Das wurde nun gewaltsam umgedreht.

Daniël ging auch zu Bett und genoß sofort den Segen des Schlafes. Er war der echte Reisende von uns beiden, das hörte man an seinen tiefen, regelmäßigen Atemzügen. Konnte ich vielleicht nicht schlafen, weil ich nervös war, oder war ich nervös, weil ich nicht schlafen konnte? Wie soll man das herausfinden, so fern der Heimat? Morgen mußt du gut ausgeruht sein, sagte ich mir, los, schlaf jetzt! Aber ebensogut hätte mir jemand mit der Pistole auf der Brust befehlen können: Entspann dich!

Vielleicht brächte das Entleeren der Blase Erleichterung. Ohne Licht anzumachen schlich ich in die Diele – die Tür zum Wohnzimmer stand weit offen. Zu meiner Bestürzung sah ich, daß dort die ganze Familie, von uns aus ihren Betten vertrieben, in Decken eingerollt schlief. Auf den Sofas entlang den Wänden, in der Mitte auf dem Fußboden. Alle opferten sich auf, damit wir es bequem hatten, während ich im Dunkeln wie die wahnsinnige Frau des Schloßherrn in *Jane Eyre* durch das Haus irrte. Ich schämte mich.

Warum hatte ich so wenig Vertrauen in die Ordnung der Dinge?

Schließlich nahm ich Zuflucht zu einem Mittel, das es zu Deiner Zeit noch nicht gab: einer Kapsel, gefüllt mit flüssigem Gold. Wer sie einnimmt, wird in einen seltsamen, künstlichen Schlaf geschleust, aus dem er fünf Stunden später erwacht, nicht gerade erquickt, aber auch nicht so mitgenommen, als wenn er überhaupt nicht geschlafen hätte.

Es war mir nicht vergönnt, die fünf Stunden vollzumachen. Mein Wecker klingelte eine Stunde früher als nötig – ich hatte vergessen, die Zeiger auf die albanische Zeit vorzudrehen. Im ganzen Haus herrschte noch tiefe Ruhe. Wie diese Albaner doch schlafen konnten. Wieder war ich die einzige, die im Haus herumgeisterte. Das Badezimmer war noch halbdunkel, aber ein Druck auf den Lichtschalter bedeutete nicht, daß eine Lampe anging. Gab es nachts keinen elektrischen Strom? Um das heraufdämmernde Tageslicht hereinzulassen, öffnete ich vorsichtig das Fenster... Im gleichen Augenblick sprangen mir drei Hunde an die Gurgel, als hätten sie sich schon stundenlang bei dem Gedanken amüsiert, in der Morgendämmerung einer harmlosen Fremden einen Todesschreck einzujagen. Ich wich entsetzt zurück. Meine zitternden Hände zu einer Schale gefaltet, klatschte ich mir Wasser ins Gesicht – es half nichts gegen die noch immer wirksame Schlaftablette, die mich in einem Zustand der Benommenheit hielt. Als ich mich anzog, spürte ich einen leichten Krampf im Magen. »Kein Grund zur Beunruhigung«, sagte ich zu meinem Spiegelbild.

Eure Nacht in Libohova war auch nicht frei von Ungemach, entnehme ich einigen Bemerkungen von Hobhouse: »Im Haus dieses Türken (eines Bekannten einer von Alis Frauen), in einem anderen Zimmer, getrennt von den Räumen, in denen seine Familie lebte, wurden wir während unseres Aufenthaltes in Libokavo untergebracht, und der gutgelaunte Muslim versuchte es uns so komfortabel wie möglich zu machen … Aber für die Nacht waren wir nicht gut untergebracht, denn die ganze Gesellschaft von 13 Personen schlief im gleichen Zimmer wie wir – weil es eine türkische Stadt war, konnten wir für unsere Diener keine Zimmer in einem anderen Haus bekommen.«

Obwohl Hypochondrie Dir nicht fremd war, kommt während dieser Reise keine Klage über Deine Lippen. Erhob die Reise Dich über Dich selbst hinaus? Warst Du bereits in die Rolle von *Childe Harold* geschlüpft? Ein papierener Held spürt nichts. Wie auch immer, in Deinen Briefen machst Du einen sehr robusten Eindruck. Während einer nächtlichen Schiffahrt im Sturm, bei der die Segel zerrissen und der Kapitän in Tränen ausbrach, hast Du Dich in Deinen weiten albanischen Mantel gehüllt und auf Deck niedergelegt, »um das Ärgste abzuwarten; ich habe auf meinen Reisen relativieren gelernt«.

Hoffentlich wurde ich nicht so wie Dein Diener Fletcher: »Er hatte nichts zu ertragen als *Kälte*, Hitze & Ungeziefer, was eben die, die in einem unzivilisierten Land in Hütten übernachten & Berge überqueren, auf sich nehmen müssen, & woran ich gleichermaßen teilgenommen habe, aber er ist nicht tapfer … «

Tapfer, ja, das wollte ich sein.

9

Warum mußte ich unbedingt reisen? Warum war es für Byron fast von lebensnotwendiger Bedeutung, England zu verlassen? Warum, fragt sich Robert Eisner in *Travellers to an Antique Land*, sollte man losziehen, den heimischen Komfort und die alltäglichen Gewohnheiten verlassen? Sind die regionale Küche und die Spannungen es wert?

Eisner gibt die Ansichten einiger berühmter, in der Wolle gefärbter Reisender wieder. Der Schriftsteller Bruce Chatwin, der, fasziniert von den letzten Nomaden, zeitweise ihr Leben teilte, war davon überzeugt, daß der Drang zum Umherziehen in unserem Nervensystem noch immer rudimentär vorhanden ist. Zu den sogenannten Segnungen eines etablierten Lebens gehört eine ganze Reihe von Aufgaben und Pflichten, von denen Nomaden verschont bleiben. Was Robert Louis Stevenson bereits ein Jahrhundert zuvor in *Travels with a Donkey* schrieb, scheint Chatwin recht zu geben: »Was mich betrifft, ich reise nicht, um irgendwo anzukommen, sondern um fortzugehen. Ich reise um des Reisens willen.« Schon etwas mehr in Byrons Stil schrieb Robert Burton, der Autor von *Die Anatomie der Melancholie*: »Keine bessere Medizin für einen melancholischen Mann als eine Luftveränderung und neue Orte, ins Ausland reisen und andere Lebensweisen sehen.« Evelyn Waugh meint in *Travel – And Escape from Your Friends*, sensible Schriftsteller müßten von Zeit zu Zeit fortgehen, um nicht verrückt zu werden. Weil sie keine Arbeit außerhalb des Hauses haben, leben sie in einer unveränderlichen, fast symbiotischen Verbundenheit mit Freunden, Angehörigen und dem Alltagstrott. Wie gefährlich Gewohnheit ist, drückt der russische Formalist Viktor Sjklovski treffend aus: »Gewohnheit verschlingt Gegenstände, Möbel, die eigene Frau und die Angst vor dem Krieg.«

Der umstrittene französische Autor Gabriël Matzneff, der, als aufrichtiger Bewunderer der Person und des Dichters (in dieser Reihenfolge), einige »Eigenarten« Lord Byrons erforschte – darunter dessen Neigung zu regelmäßigem Fasten –, vertritt in *La diététique de Lord Byron* eine ziemlich exzentrische Theorie: Reisen als Alternative zum Selbstmord. »Der freiwillige Tod befreit uns; die Reise ebenso sehr. Sich von den Felsen bei Dieppe zu stürzen oder das Flugzeug nach Manila zu nehmen, ist mehr oder weniger dasselbe.« Er suggeriert, das Reisen habe, neben der Dichtkunst und der Liebe, Byron vom Selbstmord abgehalten. Richtig ist, daß Byron schon in jungen Jahren Anfälle bodenloser Schwermut kannte, die einen anderen vielleicht auf Suizidgedanken gebracht hätten. Im Mai 1811 schrieb er auf dem Rückweg aus England: »Mit dreiundzwanzig ist das Beste im Leben vorbei und seine Bitterkeit verdoppelt.« Könnte man ihn in diesem Alter noch einer Koketterie mit einem romantischen »Leiden am Dasein« verdächtigen, so überfiel ihn dieses melancholische Lebensgefühl zehn Jahre später fast täglich: »Ich habe darüber nachgedacht, was der Grund sein kann, weshalb ich immer zu einer bestimmten Stunde morgens aufwache und immer in sehr schlechter Stimmung – ich möchte sagen, in tatsächlicher Verzweiflung und Mutlosigkeit in jeder Hinsicht – sogar auf das, was mir die Nacht über gefallen hat.«

Daneben schließt Matzneff sich der gängigen Meinung an, Byrons Reise sei nicht nur eine Flucht, sondern auch die Verwirklichung eines Jungentraums gewesen. Es war eine Flucht aus seinem puritanischen Geburtsland, wo er nicht die Freiheit hatte, seine natürlichen Neigungen auszuleben (auf homosexuelle Kontakte stand noch immer die Todesstrafe); eine Flucht vor Gläubigern, vor den Enttäuschungen der Liebe, vor der Feindseligkeit und dem Hohn der Kritiker. »Kilometer zwischen sich und die Frauen plazieren, die einen verraten haben«, meint Matzneff, »zwischen sich und diejenigen, die häßliche Dinge über einen schreiben, zwischen sich und das Gewicht der Welt, das heißt, eine jungfräuliche, nicht verunreinigte Situation zu schaffen; es heißt, weniger verletzbar zu sein.« Als eine boshafte Besprechung seiner *Hours of Idleness* in der *Edinburgh Review* erschien, schrieb Byron an Henry Drury: »Das Mittelmeer und der Atlantische Ozean schwappen zwischen mir und der Kritik, und das Unwetter der *Edinburgh Review* wird übertönt durch das Brausen des Hellespont.« In Persien, versprach er, würde er sich mit dem Artikel die Pfeife anzünden – die relativierende Wirkung der räumlichen Distanz. Elf Jahre später, als er in Ravenna lebte, bat er seinen Verleger John Murray, ihm keine Zeitungsartikel, keinen einzigen Kommentar seines Werkes mehr zuzusenden – er blieb lieber außer Reichweite der Tentakel des literarischen England.

Matzneff sieht in ihm jemanden, der ewig auf der Suche

nach einem sicheren Ort ist, wo »Sorrow cannot reach«, einem Paradies, wo das Leben sorglos und sinnlich ist, die Liebe frei. Wo konnte das anders sein als im mediterranen Orient, inmitten der Griechen, Römer und Türken, über die er als Junge seinen Phantasien nachgehangen hatte? An den Küsten des Mare Nostrum, zu dem seine warmblütige, leidenschaftliche Art eher paßte als zu dem feuchtkühlen, nüchternen Inglaterra? Eigentlich hatten sein Hang zum Süden und seine Entfremdung vom Vaterland schon begonnen, als er noch kurze Hosen trug und atemlos die Geschichte der Römer und der Türken las. Nicht von ungefähr verkleidete er sich als türkischer Junge, als sich die Gelegenheit ergab. Lange vor seiner Abreise war die Sehnsucht bereits vorhanden. Robert Eisner: »Denn wenn man sich zu Hause als Fremder fühlt, dann ist das Ausland, wo Fremdheit von selbst legitim ist, ein viel komfortablerer Ort für Ferien, sogar um dort zu leben und zu arbeiten.« Durch Byrons »Grand Tour« war diese Entfremdung nur noch größer geworden: Als er nach England zurückgekehrt war, wollte er eigentlich sofort wieder weg.

Und warum muß ich regelmäßig reisen? Um mir selbst zu entfliehen, glaube ich, und meiner alltäglichen Umgebung, die Teil meiner Geschichte ist. Ich reise dem Unbekannten entgegen, um, befreit von Vergangenheit und Zukunft, jemand anders zu werden, aufgeschlossen für das, was kommt: Ich werde ein Schwamm, der Eindrücke aufsaugt. Unter dem Einfluß der Situationen, die sich unterwegs ergeben, und der Menschen, denen ich begegne, verändere ich mich, auch wenn ich hin und wieder – vor allem bei

Entbehrungen – schonungslos auf mein altes Ich stoße, das ich sicher zu Hause wähnte.

Meine Reise ist auch eine Flucht aus dem Schnellkochtopf der modernen Zeit. Ich kann das Tempo nicht mehr halten, die Spannung nicht ertragen. Die Gegenwart macht zuviel Lärm. Wo ist die Stille geblieben, hat ein anderer Prometheus sie gestohlen? Fieberhaft bahne ich mir einen Weg in die Vergangenheit – ich suche ein Haus, das noch ein Haus ist, wie ein Kind es zeichnet, mit einer Rauchwolke über dem Schornstein und einem Baum im Garten. Ich bin zu alt, oder zu altmodisch, für die moderne Zeit.

Im Grunde reise ich, um die Kontrolle über mein Leben zu verlieren und jener einen Wahrheit näher zu kommen: daß Leben gefährlich und veränderlich ist und ich mein Schicksal nicht kenne. Seltsamerweise kann ich dabei freier atmen.

Obwohl der Ton der Briefe, die Byron während der ersten Reise schrieb, überaus vergnügt, manchmal sogar euphorisch ist (»ich bin so glücklich wie ein Kind«), zeugt die Bilanz, die er unterwegs »nach Hause« zieht, von einem reichlichen Maß an Melancholie:

»[›VIER ODER FÜNF GRÜNDE FÜR EINEN WECHSEL‹]
B. Malta, 22ster Mai 1811

1tens: Mit dreiundzwanzig ist das Beste im Leben vorbei und seine Bitterkeit verdoppelt.
2tens: Ich habe die Menschheit in verschiedenen Ländern

kennengelernt und finde sie überall gleich verachtenswert, ein Vergleich fällt eher zugunsten der Türken aus.
3tens: Mein Herz ist krank.

›Me jam nec faemina . . .
Nec Spes animi credula mutui
Ned certare juvat Mero.‹*

4tens: Ein Mann, der ein lahmes Bein hat, ist in einem Zustand körperlicher Minderwertigkeit, die mit den Jahren zunimmt und sein Alter viel grämlicher & unerträglich machen muß. Außerdem erwarte ich in einem anderen Leben, *zwei*, wenn nicht *vier* Beine zum Ausgleich zu haben.
5tens: Ich werde selbstsüchtig & misanthropisch, ähnlich wie der ›lustige Müller‹: ›Ich kümmere mich um niemand, nein, und niemand kümmert sich um mich.‹
6tens: Meine Angelegenheiten daheim und im Ausland sind trübe genug.
7tens: Ich habe alle meine Begierden und die meisten meiner Eitelkeiten überlebt, ja sogar die der Autorschaft.«

An Henry Drury schrieb er: »Ich gedenke bei meiner Rückkehr jede Verbindung mit vielen meiner vermeintlichen

* Byron zitierte aus dem Gedächtnis und daher nicht ganz korrekt aus Horaz' Erster Ode des Vierten Buches (»An Venus«):
Mich freut kein Mädchen, auch die Jugend nicht,
Kein schöner Liebestraum, auch nicht die Stunden
Des Weingelages, und auch nicht,
Wenn mir die Stirn mit Blüten frisch umwunden.
[Anm. d. Byron-Übersetzers Tommy Jacobsen]

Freunde abzubrechen und mein ganzes Leben lang bissig zu sein, mit Ihnen aber hoffe ich, noch einmal von ganzem Herzen zu lachen und Dwyer zu umarmen und Hodgson zuzutrinken, bevor ich mich dem Zynismus verschreibe.«
Hier überwiegt bereits der launenhafte, gelegentlich auch grimmig melancholische Humor, der viele seiner späteren Briefe kennzeichnet, mit Einsprengseln zu Selbstironie ausartender Selbsterkenntnis. Dies ist der Ton, der mich für ihn einnimmt und davon zeugt, daß er in seinen Briefen, und wahrscheinlich auch im täglichen Leben, kaum der Romantiker war, den man so gern in ihm sieht, sondern vielmehr ein Realist mit scharfem Blick auf sich und die Menschheit.

10

Mein werter Freund, Daniël, der wahre Reisende von uns beiden, stand ausgeruht auf. Er hatte sich durch nichts beeinträchtigen lassen. Die Gastgeberin brachte uns Brot, Ziegenkäse und Bergtee – ich trank nur Tee, um das Rumoren in meinem Magen zu beschwichtigen.

Dann begann das Warten auf den Mercedes, der uns nach Peshkopi zurückbringen sollte. Wir schlenderten um das Haus. So weit das Auge reichte, sah ich schattenspendende Gärten mit Obstbäumen und pralle Heuschober. Mit kräftigen illyrischen Schreien trieb die Bürgermeistersfrau zwei schläfrige Kühe auf die Weide. Wir trommelten die ganze Familie vor dem Haus für ein Gruppenfoto zusammen – nur die steinalte Großmutter, die gerade erst zu leben angefangen hatte, schaffte es nicht, so früh schon zu posieren.

Mühsames Getucker und Geklapper kündigte den Mercedes an, der sich den steilen Hang hinaufquälte. Abschied, Versprechen. Versuche, meine Dankbarkeit zum Ausdruck zu bringen für all die Mühe, die sie auf sich genommen hatten, um uns so einen großartigen Empfang zu bereiten, verflüchtigten sich zu Gestammel, das für Karagjozi kaum übersetzbar war. Während wir hinabfuhren, sah ich in der Tiefe wieder das Meer. Wir fuhren an einer Gruppe Schulkinder mit Ranzen auf dem Rücken vorbei. Der Bürgermeister wurde im Zentrum von Libohova abgesetzt, und Ilyás, der die offizielle Erlaubnis hatte, auch an diesem Morgen unser Führer zu sein, stieg ein.

In Peshkopi setzten wir die am Vortag begonnene Reise fort. Der Pfad verlief weiterhin über die Gebirgsflanke, linker Hand die Aussicht auf das Tal des Drino und jenseits davon kahle graue Berge mit kräftigen Wölbungen, über die Flecken von Sonnenlicht zogen. Ab und zu begegnete uns ein Einheimischer. Manche hatten einen schwerbeladenen Esel bei sich, andere gingen unter einem Bündel Reisig gebeugt. Wenn wir über den Grund unserer Anwesenheit in diesem entlegenen Winkel Auskunft gaben, nickten sie, ohne sich erstaunt zu zeigen. Frauen gingen nie ohne Kopftuch aus dem Haus; war das ein Überbleibsel des Islam, oder hatte es praktische Gründe? Sie musterten mich mitleidig oder drückten ermutigend meinen Arm. Warum ist sie nicht zu Hause bei Mann und Kindern, sah ich sie denken.

Mein Magen meldete sich wieder. Hartnäckig widmete ich meine Aufmerksamkeit der Außenwelt – die veränderte bei jedem Schritt, bergauf, bergab, ihr Gesicht. In einem Dorf sah ich einen Kastanienbaum, der mehrere hundert Jahre alt sein mußte. Wen hatte er nicht kommen und gehen sehen? Ali Pascha, König Zog, die Italiener, die Deutschen, Enver Hodscha. Soldaten und Kaufleute waren vorbeigezogen, in die Sklaverei verschleppte Dorfbewohner, Sänften mit Haremsdamen, Wegelagerer in Schafsfellen, neugierige Reisende wie Ihr – und auch wir. Es war verlockend, dem Baum Eigenschaften wie Weisheit und Abgeklärtheit zuzusprechen.

»Auf den Hügeln, an denen wir entlangzogen, waren viele

Dörfer«, konstatierte Hobhouse. Das war noch immer so. Nur war der Gebrauch des Wortes Hügel in diesem Fall ein gewaltiges Understatement. Ich gebe zu, daß wir als Holländer geneigt sind, jede Erhebung in der Landschaft als Berg zu bezeichnen, aber die Hänge, die wir hinauf- und hinabstiegen, gehörten zu einem Buckel von 1762 Meter Höhe.

In den Dörfern schlängelte sich unser Pfad zwischen ummauerten Gärten hindurch. Während das Anwesen innerhalb dieser Mauern meist sauber und aufgeräumt aussah, mußten wir auf dem Pfad zwischen schlammigen Pfützen, Geröll, Kot von Pferden und Eseln und Müllsäcken, die über die Mauern geworfen worden waren, vorsichtig lavieren. Armut? Wie arm man auch war, man könnte diese Säcke doch außerhalb des Dorfes sammeln und verbrennen, dachte ich als Passantin. In meinem Land hatten wir für diese Art Probleme schon vor langer Zeit kollektive Lösungen bedacht, die allgemeine Zustimmung fanden. Aber im postkommunistischen Albanien, hatte ich gestern abend am Tisch begriffen, herrschte eine rebellische Atmosphäre des Widerstands gegen fünfzig Jahre kollektiver Lösungen, die so gut wie niemand gewollt hatte.

»Wir bekamen Gesellschaft von einem Grüppchen Türken zu Pferd. Einer von ihnen deutete auf einen Hügel zur Linken, in geringer Entfernung von der Schnupftabakfabrik, auf dem, so sagte er, die Reste alter Mauern stünden, und ein Stück weiter zur Rechten auch einige Reste in einem Wäldchen. Ich ging dorthin, und nach der Größe der Steine zu urteilen, würde ich sagen, daß sie antik sind, sie lagen zuhauf herum.«

»Die Reste alter Mauern«, links vom Weg, waren noch da. Mit Kennerblick stellte Daniël fest, daß es Überbleibsel einer illyrisch-hellenistischen Siedlung waren. Die Illyrer waren nach Ansicht der Albaner, die behaupten, direkt von diesem Volk abzustammen, das erste Volk, das diese Gebiete bewohnte, noch vor den Griechen und Römern. Sie waren aus dem Osten gekommen und hatten ihre eigene Sprache mitgebracht. Eigentlich seid Ihr mit beschränktem Blickfeld durch dieses Gebiet gereist – Ihr hattet nur ein Auge für griechische oder römische Ruinen und habt versucht, als literarische Fährtensucher Städte, Flüsse, Berge und Schlachtfelder aus der Mythologie wiederzufinden. Eine ältere Kultur, wie die illyrische, oder eine jüngere, wie die byzantinische, war für Euch nicht interessant.

Darum habt Ihr der Moschee neben den »Resten alter Mauern in einem Wäldchen« keine einzige Zeile gewidmet. Sie stand, und steht noch immer, auf einem Hügel am Ende einer von uralten Zypressen gesäumten Auffahrt. Die Bäume warfen dunkle Schatten auf den Pfad, wie Schildwachen mit der Geduld von Jahrhunderten. Man hätte von dem einen Schatten in den anderen springen können. Von der Moschee am Ende des grünen Säulengangs ging eine große Anziehungskraft aus. Büschel von Glockenblumen hingen aus den Mauerritzen. In dem verwilderten Garten stand, direkt gegenüber dem Eingang, ein kleines, kuppelförmiges Grabmal. Ein alter Mann kam angeschlurft, erfreut über die unverhoffte menschliche Anwesenheit. In dem Grabmal, erzählte er, lägen die sterblichen Überreste des Bektashi-Priesters, der hier sein Leben lang gewohnt und gearbeitet habe. Er selbst war der letzte Veteran, der hier noch die Stellung hielt, in einem unermüdlichen Kampf gegen den Verfall. Wir lugten in das Grabmal. Der Sarg stand in der Mitte auf dem Fußboden, der Tote konnte am Jüngsten Tag so heraussteigen.

Der Mann führte uns durch die Moschee. Von den ursprünglichen Fresken waren nur noch Fragmente vorhanden. Wir konnten nicht in Erfahrung bringen, ob sie, wie Karagjozi gleich meinte, auf Befehl Hodschas zerstört worden waren oder durch die Zeit. Manche Arabesken leuchteten im Halbdunkel, um dort, wo sie sich ursprünglich fortgesetzt hatten, in einem Kalknebel zu verschwinden. Hier war die Vergangenheit noch nicht wegrestauriert worden, sie existierte noch in der unermeßlichen Stille zwischen den hohen Mauern und Pfeilern – vom zwanzigsten Jahrhundert unberührt. Es herrschte eine absolute Verlassenheit, vielleicht abgesehen von den umherirrenden Seelen einiger Derwische, die nicht Abschied nehmen konnten. Unser Reden ging von selbst in ehrfürchtiges Flüstern über. Gegerbte Schaffelle hingen heidnisch zwischen den Fresken zum Trocknen; auf dem Boden lagen Feigen und Silberzwiebeln statt Gläubiger mit dem Kopf in Richtung Mekka.

Im ersten Stock war das Wohnzimmer des Priesters aus Respekt intakt gelassen worden. Es war ein harmonischer Raum mit Holzschnitzereien an der Decke und an drei Seiten Bogenfenstern mit weißen Vorhängen, auf die arabische Schriftzeichen gestickt waren – ein orientalisches Zimmer mit bunten Teppichen auf dem Boden und rundherum Polstern, auf denen man sitzen und liegen konnte. Die Sonne schien in den Raum, als versuche sie, die Szenen, die einst hier zu sehen gewesen waren, zum Leben zu erwekken.

»Hier empfing er seine Gemeindemitglieder«, sagte Karagjozi. In seinen Worten klangen sowohl Ehrfurcht als auch Groll an.

Nach der Besichtigung fotografierte ich ihn und Ilyás auf der halbmondförmigen Treppe vor dem Eingang. Der Professor machte einen Versuch zu lächeln, aber der besorgte Ausdruck in seinem Gesicht ließ sich anscheinend nicht mehr glätten. Ilyás, der eigens zu diesem Anlaß ein bunt gemustertes Hemd angezogen hatte, lächelte leicht ironisch, was nicht verwunderlich war für einen Polizisten, der unerwartet mit einem spleenigen Trüppchen literarischer Pilger der Spur von jemandem folgen mußte, der schon fast zwei Jahrhunderte tot ist.

Während ich auf den Auslöser drückte, wünschte ich, ich säße selbst auf den Treppenstufen, denn mein Magen meldete sich mit solcher Heftigkeit, daß ich am liebsten den Rest des Tages, den Kopf zwischen den Knien, sitzen geblieben wäre. Ich hatte mir vorgenommen, die Sache in diesem Reisebericht nicht zu erwähnen, aber da das Thema nun doch zur Sprache kommt, kann ich mich dafür nur entschuldigen, indem ich auf Deine Gewohnheit hinweise, in Briefen und Tagebüchern ganze Seiten mit den gräßlichsten Details Deiner Indigestionen zu füllen. Sogar in Deinem literarischen Werk fandest Du eine Form, dieser Obsession Ausdruck zu verleihen. So sprichst Du in *Don Juan* von jenen, »die wissen, was eine Indigestion ist – diese innere Marter, die den Styx zwingt, durch eine arme, kleine Leber zu strömen«.

Aber ich hielt mich mit bemühtem Lächeln aufrecht. Allerdings schien es mir ratsam, meinen Reisegefährten zu erzählen, daß die Mahlzeit des Vorabends mir nicht so gut bekommen war.

Wir zogen weiter, vorbei an Wiesen mit Heuschobern, in denen Gnome lebten, und Feldern mit Tabakpflanzen. Wenn die anderen hinter der nächsten Bergflanke verschwanden, wartete Ilyás geduldig auf mich, bis sich Karagjozi langsam Sorgen machte über mein abnehmendes Tempo und sich veranlaßt sah, mir gut zuzureden: »Die Leute hier halten dich alle für eine tapfere Frau, also sei tapfer.« Du müßtest einmal wissen, wie tapfer ich bin, dachte ich zähneknirschend. Ich kenne Männer, die sich in meinem Fall zusammengekrümmt unter eine Platane legen und Schreie ausstoßen würden wie: »Ich sterbe, ich sterbe!«

Als der Pfad eine scharfe Kurve machte, stießen wir fast mit einer alten Frau in einer schwarzen Flauschjacke zusammen. Dünn wie ein Anbrennholz ging sie strickend von A nach B, ohne auf Löcher oder im Weg liegende Steine zu achten – als ob das Eins-rechts-eins-links sie unverletzbar machte. Während sie uns zum Gruß freundlich zunickte, klapperten die Stricknadeln unermüdlich weiter. Vielleicht hatte sie einen Pakt mit dem Teufel: Solange sie nur weiterstrickte, konnte er sie nicht holen.

Direkt unter dem Rand einer Schlucht, an einem unmöglichen Ort, leuchtete ein Busch gelber Herbstzeitloser in der Sonne. Ich fragte Karagjozi nach dem albanischen Namen der Pflanze. Den kannte er nicht, aber ehe ich mich's versah, kniete er in selbstmörderischer Weise vor dem Rand und streckte seine Hand in die Tiefe. Er vergaß, daß er jemand war, der sein Leben am Studiertisch verbrachte. »Ich wollte doch nur wissen, wie sie heißen!« rief ich matt, aber er hörte nichts.

»Am Rand des Abgrunds hielt ich mich am Semikolon fest«, schriebst Du in *Venus und Junon*, aber ich bezweifelte, ob der Professor so sein Leben hätte retten können.

Er beugte sich immer tiefer vor, um auch noch diese eine unmögliche Blüte... Dann richtete er sich mit bravourösem Lächeln auf. Meine Einwände schob er unbekümmert beiseite und drückte mir ein Blumenbukett in die Hände.

»A flower for a flower«, sagte er ritterlich.

So kamen wir nach Libohova, ich mit meinem Strauß, der Professor mit stolz erhobenem Haupt. Plötzlich sprang er mit jugendlichem Elan über einen Zaun. In einem verwahrlosten Garten hatte sein Adlerblick wilde Zyklamen entdeckt. Er schreckte nun vor nichts mehr zurück und rupfte in *no time* einen zweiten Strauß zusammen. Das »laß wachsen, was wächst« erstarb mir auf den Lippen. Die Zyklamen dufteten nach Frühling. Mit meinem doppelten Strauß kam ich auf den Platz, wo der Professor und der Pferdemann am Vortag Frieden geschlossen hatten. Wir gingen in ein Haus im kommunistischen Stil, das man bei uns als »multifunktionell« bezeichnen würde.

Es war Restaurant, Klubhaus und Herberge zugleich, mit einer Toilette ausgestattet, über die man sich hocken mußte, und einer mit eiskaltem Wasser gefüllten Waschschüssel. Fleisch mit *pilaf* wurde aufgetischt. Ich blieb bei meinem Bergtee. Weil die Kellnerin uns so barsch und abweisend bediente, schlug ich Karagjozi vor, ihr die Blumen zu schenken – was sollte ich auf dem Pferd damit. Sie nahm sie ergeben an; offenbar bekam sie nie Blumen geschenkt und wußte nicht, wie sie sich beim Empfang des Straußes verhalten sollte. Wie die Blumen hießen, wußte sie auch nicht. Die übrigen Anwesenden wurden konsultiert, aber niemand im Eßsaal kannte die Namen der Pflanzen, die in der Umgebung des Dorfes wuchsen. Dafür kannten sie, viel besser als ich, die Namen holländischer Fußballspieler.

Der Mercedes, der gekommen war, um unser Gepäck zu bringen und Ilyás abzuholen, beförderte uns zum letzten Mal. Nun zum nördlichen Rand des Dorfes, wo, wir erschraken fast darüber, der Pferdemann mit drei Reittieren auf uns wartete. Das vierte Pferd sei untauglich gewesen, murmelte er, er habe es zurückgebracht. Eine blonde Stute war dabei, die mich fragend ansah. Ich war sofort hingerissen von diesem Schwesterchen von Bukephalos; sie sollte mir helfen, die Berge zu bezwingen. Ein Pferd wurde für die Rucksäcke reserviert. Das dritte, ein rotbrauner Hengst mit offenbar feurigerem Temperament als die beiden anderen, sollte Karagjozi und Daniël abwechselnd als Reittier dienen. Die beiden waren mit dem Kompromiß zufrieden; ich glaube, insgeheim waren sie alles andere als begeistert gewesen, den ganzen Weg auf dem Pferderücken zu sitzen.

Unser Begleiter, dessen Namen wir nicht erfuhren, so daß er für uns immer »der Pferdemann« bleiben wird, bemühte sich ziemlich unbeholfen, die Rucksäcke mit Gurten auf dem Packsattel festzuzurren. Nachdem Daniël ihn eine Weile beobachtet hatte, mischte er sich vorsichtig ein und schlug vor, das Gewicht besser zu verteilen und die Gurte so zu spannen, daß sie nicht in die Haut des Pferdes einschnitten und die Last nicht hinabrutschen konnte.

Damals auf Samos hatte er selbst einen Esel als Lasttier benutzt. Aber der Pferdemann ignorierte seine Ratschläge. Auf Anweisungen eines Ausländers könne er verzichten, signalisierten seine zusammengepreßten Kiefer. Daniël lächelte skeptisch. War das überhaupt ein Pferdemann? Der Bürgermeister von Libohova hatte bei dieser Wahl vermittelt – wir wußten nichts über seine Qualifikation. Meiner Ansicht nach ist er ein Wlach, brummte Daniël. Ich wußte nicht, was das war, aber es klang wie ein Fluch.

Unsere Aufmerksamkeit wurde abgelenkt. Über die Motorhaube des Mercedes bestieg Professor Karagjozi den rotbraunen Hengst. Es war eine unorthodoxe Manier – seine Ahnen, die Skipetaren, sprangen vom Boden aus direkt in den Sattel –, aber das Ergebnis war dasselbe. Der Professor saß oben, wenn auch eher widerwillig. Es war ein komischer Anblick, der kleine Stubengelehrte mit mißtrauisch gerunzelter Stirn hoch auf dem streitbaren Roß. Ich benutzte einen Felsbrocken als Aufstiegshilfe und ließ mich mit einem Seufzer der Erleichterung im Sattel nieder – nun brauchte ich keinen Schritt mehr zu machen. Ilyás winkte uns mit sorgenvollem Gesicht hinterher.

»Am 17. Oktober verließen wir Libokavo und stiegen in die Ebene hinab. Bevor wir wieder nach Norden konnten, mußten wir zuerst über eine Reihe breiter, tiefer Furchen, die den Zweck hatten, die tiefer gelegenen Ländereien zu dränieren. Nachdem wir wieder 1 halbe Stunde auf unserer Route waren, standen wir plötzlich vor einem schnellströmenden Fluß, der aus einem Tal zwischen den Bergen kam und in Richtung Osten strömte, eine Biegung gen Westen machte, aber schließlich nach Norden abbog. Weil wir die Nacht in einem Bergdorf an der rechten Seite unseres Weges verbringen mußten, waren wir gezwungen, den Fluß zu überqueren, was nur mit größter Mühe gelang... Danach ritten wir über tief gepflügtes Land. Drei Stunden von Libokavo entfernt begannen wir die Hügel in nordwestlicher Richtung zu besteigen.«

Mit dieser Beschreibung, die sich durch Vagheit und Widersprüche auszeichnet, mußten wir uns behelfen. Was sollten wir mit einem »schnellströmenden Fluß, der in Richtung Osten strömte, eine Biegung gen Westen machte, aber schließlich nach Norden abbog« anfangen? Der Pferdemann kannte den Weg, hatte man Karagjozi versichert. Zuerst ritten wir durch ein Tal, soweit stimmte es. Aber schon bald wurde das Gelände hügelig. Das verwirrte uns, denn wo war der schnell strömende Fluß, der ständig die Richtung wechselte? Am Fuß eines Berges, auf dem vage die Konturen einer Ruine zu sehen waren – der Karte nach die der noch nicht ausgegrabenen Stadt Antigonaea –, gabelte sich der Weg.

Der Professor war sich sicher, daß wir nach links mußten, der Pferdemann war mit ebenso großer Gewißheit vom Gegenteil überzeugt. Der eine verteidigte seinen Standpunkt mit Verve, der andere auch. Karagjozi ereiferte sich so, daß er vom Pferd rutschte. Als er auf dem Boden stand, konnte er sich besser konzentrieren. Was folgte, hörte sich so an wie ein Schlagabtausch albanischer Kraftausdrücke.

»Was sagt er?« rief ich ab und zu dazwischen.

Aber Karagjozi erlegte mir Schweigen auf mit einem: »Let me handle this.«

Ich stieg ab und setzte mich ins Gras, um schicksalsergeben abzuwarten. Aus dem Nichts erschien ein junger Polizist. Kam er aus dem nächstgelegenen Dorf, weil ihnen die Sache doch nicht geheuer war? Auch er sah bald ein, daß man sich am besten erst einmal hinsetzte. Karagjozi schwenkte seine Baseballmütze, die ihm zu Pferd ein martialisches Aussehen verliehen hatte, drohend in Richtung Westen, während der Pferdemann, der wegen des grauen Himmels einen Schirm dabeihatte, ständig damit in Richtung Osten in die Luft stach.

Ich habe ein Foto gemacht, in dem Augenblick, als der Streit ausbrach. Man sieht Daniël zwischen den beiden Parteien stehen, ein ungläubiges Lächeln auf dem Gesicht, noch nicht ahnend, daß ihm das Lachen bald vergehen sollte.

Wenn albanische Männer verschiedener Meinung sind, schreien sie sich an, begriffen wir. Sie tun ihr Möglichstes, ihre Stimme maskulin klingen zu lassen, schauen einander abwechselnd grimmig und verächtlich an, voller Verzweiflung über die Dummheit des anderen, laufen wütend weg und kommen dann wieder. Eine alte Tradition gegenseitiger Einschüchterung, die vor noch nicht allzulanger Zeit mit dem Dolch oder mit der Kapitulation einer der Parteien bereinigt wurde.

Nun war es der Professor, der zornig weglief – jedoch ohne zurückzukommen. »Follow me...!« rief er uns über die Schulter herrisch zu. Aber wir entfalteten die Karte und versuchten von neuem, Eure Route nachzuvollziehen. Wir hatten das Gefühl, daß der Pferdemann recht hatte und wir nach rechts in die Berge mußten, um dann nordwärts in

Richtung Qesarat abzubiegen, das Dorf, in dem wir übernachten wollten.

Die Gestalt des Professors wurde immer winziger. Er marschierte resolut weiter, gefolgt von dem unsicheren Polizisten. »Follow me . . .«, hörten wir noch einmal von weitem, aber wir ließen ihn ruhigen Gewissens ziehen, er war ja in guter Gesellschaft. Gern wären wir nach Antigonaea hinaufgestiegen, aber dafür war keine Zeit. Es war zu ungewiß, wie lange wir für die Strecke brauchen würden. Wir stiegen auf die Pferde und schlugen einen breiten Weg ein, der ein Stück weiter an einem kleinen Fluß entlangführte. Der von Hobhouse erwähnte Fluß? Auch hier war ein Waldbrand gewesen.

»Die Hirten legen die Brände«, sagte Daniël, »sie glauben, das ist gut für den Boden.«

Reiten ist entschieden von höherer Ordnung als Wandern. Der Fußgänger, in schweren Wanderstiefeln, die den Namen berüchtigter Gipfel tragen, muß unablässig den Zustand des Pfades im Auge behalten. Ein loser Stein, ein falsch eingeschätzter Sprung, ein rutschiger Abhang – vom Grund einer Schlucht ist die Aussicht miserabel. Schon am zweiten Tag spürt er den Muskelkater in den Waden von all dem Aufsteigen, und die Bauchmuskeln schmerzen vom Absteigen.

Wie anders ist die Situation zu Pferd. Man braucht nur zu sitzen. Es ist genau die Höhe, um – in aller Ruhe – das umgebende Panorama in sich aufzunehmen. Man schaukelt durch die Landschaft und überläßt den Zustand des Pfades dem Pferd, das jeden Huf sorgfältig setzt. Auf dem warmen Rücken eines lebendigen Wesens zu sitzen, in der

Geschichte der Menschheit lange Zeit die einzige Art und Weise, längere Strecken zurückzulegen, kam mir vertraut vor. Es würde mich nicht wundern, wenn irgendwo in unserer Hirnrinde noch ein Rudiment aus der Zeit ferner, über die Steppen trabender Ahnen vorhanden wäre.

Nutzte mir nun der Unterricht in englischem Trab und Galopp, den ich vor langer Zeit in einem Brabanter Kiefernwald genossen hatte? Kaum, denn es ging Huf für Huf voran. Aber einmal, auf einer kleinen Wiese bei einem Bach, wurde das Pferd von einem gewissen Übermut erfaßt, und es brach in einen unbeholfenen Trab aus. In dem hölzernen Packsattel, der für den Transport von Jutesäcken und Weidenkörben bestimmt war, wurde ich hin und hergeworfen. Dies war ein Berg-, kein Rennpferd. Ein Pferd mit Pfoten statt Beinen. Ein Pferd, von dem man nicht herabfallen durfte, das war alles. Aber lieb! Die weiche blonde Mähne, der pulsierende Muskel am Hals, die Fügsamkeit, mit der die Stute auf einen sanften Ruck an den Zügeln reagierte, die Selbstverständlichkeit, mit der sie über meine Sicherheit wachte. Es heißt, daß ein Pferd vorn nicht weiß, daß es hinten auch existiert. Das ist ein Märchen. Meine Stute wußte sehr gut, wo sie und ich anfingen und endeten.

Es war beunruhigend, daß Weg und Fluß plötzlich nach rechts bogen, während wir, um den richtigen Kurs einzuhalten, nach links mußten, den Berg hinauf. Der Pfad endete hier. Wir bahnten uns einen Weg zwischen Dornensträuchern und tiefhängenden Zweigen – ich mußte ständig haltmachen, um meine Haare daraus zu zupfen.

Daniël war aus Sorge, ob wir auf dem richtigen Weg

waren, nicht mehr zu bremsen und verschwand aus dem Blickfeld. Vor mir, auf dem Pferd mit dem Gepäck, ritt nun nur noch der Pferdemann, auf seinem Rücken hing der schwarze Schirm wie eine Fledermaus an seinem Mantelkragen. Hin und wieder hielt er sein Pferd an, um mir einen wurmstichigen Apfel oder eine schimmlige Walnuß zuzustecken. Er sagte dabei Dinge, die ich nicht verstand, begleitet von Gebärden, die in jedem Land eine andere Bedeutung haben. So drückte er mit dem Mittelfinger auf eine Stelle direkt unter seinem Auge, dann unter seinem anderen Auge, und sah mich dabei unverwandt an. Oder er deutete mit der Hand auf die Mitte seines Oberschenkels. Bedeutete das: Die anderen sind verrückt, laß sie nur? Oder war es ein unsittlicher Antrag? Daniëls Bemerkung, wahrscheinlich sei er ein Wlach, geriet in obskures Licht. Was war das nur, ein Wlach? Er hatte ein Stoppelfeld auf Kinn und Wangen. Ich schätzte ihn auf etwa fünfzig, aber er konnte auch viel jünger oder älter sein – welchen Einfluß hatte die prickelnde albanische Bergluft auf das Äußere? Er tat so, als ob wir zusammen ein Geheimnis hätten. Das gefiel mir überhaupt nicht. Mit verschlossener Miene klopfte ich auf meine Armbanduhr, um ihm damit zu sagen: Keine Fisimatenten, wir müssen uns beeilen. »Der Professor . . .?« fragte er. Der Professor, nickte ich.

War er beleidigt? Unerwartet schoß er los, hinter Daniël her, dessen Silhouette in der Ferne wieder zu sehen war. Plötzlich schien er Gefallen daran zu finden, Daniël mit rauhem Befehlston anzutreiben, nach links, nach rechts. Der wurde davon sehr nervös und blieb mit den Kleidern in Ästen und Dornen hängen. Was für einem Idioten waren wir ausgeliefert? Einem Führer, der kein Führer war, einem Pferdemann, der kein Pferdemann war? Er hatte keine Ahnung, welchen Weg wir nehmen mußten, das war deutlich. »Don't shout at me!« schrie Daniël. Er wurde schon ein richtiger Albaner.

Der Hang wurde immer steiler, es schien, als ob sich die Erde unter mir zurückzuziehen drohte. Rechts von uns, in gähnender Tiefe, schlängelte sich das Flüßchen, unser einziger Orientierungspunkt. Ein leiser Zweifel an der Unfehlbarkeit meiner braven Stute beschlich mich. Hin und wieder schrammten ihre Hufe an einem Fels entlang, es war zu spüren, wie jeder Muskel ihres Körpers ein neues Gleichgewicht suchte. Ich war bereit, abzuspringen. An den gefährlichsten Stellen blieb sie stehen, um mit Todesverachtung ein schmackhaftes Kraut zu genießen. Der Pferdemann hatte mir einen Zweig gegeben, um sie zu schlagen, aber den hätte ich noch eher als Zahnstocher denn als Peitsche benutzt.

Während das Pferd kleine Büschel Grünzeug abrupfte und hinunterschlang, blickte ich mich um. Wir hatten eine beträchtliche Höhe erreicht, hinter unserem Rücken hatte sich die Kulisse verändert. Der Große Regisseur hatte mit hellblauem Pinselstrich in der Tiefe einen See angebracht, noch tiefer mit Grün das Tal des Drino und dahinter in verschwommenem Graublau die Berge an der gegenüberliegenden Seite. Die Wolken hatte er beiseite geschoben, damit die beängstigend schnell untergehende Nachmittagssonne über die Falten der Berge streichen konnte. Die Konturen von Antigonaea hoben sich scharf vor dem Himmel ab, um Publikum anzulocken für den antiken Chor, der bei Einbruch der Dunkelheit einen himmlischen Gesang anstimmen würde.

In einem Brief an Deinen Freund Henry Drury schriebst Du: »Von Albanien habe ich allerdings mehr gesehen als irgendein Engländer..., denn es ist ein Land, das wegen des wilden Charakters seiner Eingeborenen selten besucht wird, obgleich es an Naturschönheiten reicher ist als die klassischen Gegenden Griechenlands, die freilich noch immer außergewöhnlich schön sind, vor allem Delphi und das Kap Colonna in Attika. – Und doch sind diese nichts gegenüber Teilen von Illyrien und Epirus, wo Orte ohne Namen und Flüsse, die nicht in Karten verzeichnet sind, eines Tages, wenn man sie besser kennt, mit Recht als erhabenere Gegenstände für den Zeichenstift und die Feder geschätzt werden dürften als der trockene Graben des Illyssus und die Sümpfe Bœtiens.«

Du hattest recht, diese Landschaft war ein »erhabener Gegenstand für die Feder«. Dennoch ließ sich ihre Schönheit schwer in Worte fassen. Darum machte ich ein Foto, eine Alternative, die Dir noch nicht zur Verfügung stand, wenn Worte versagten. Obwohl ich schräg und fast rücklings auf meinem Pferd hing, entpuppte sich diese Momentaufnahme später als eines der schönsten Fotos, die ich je gemacht habe. Daß sich die Fotografin verirrt hatte und ihr der Magen zu schaffen machte, ist unsichtbar, obwohl indirekt vielleicht in dem rembrandtesken Lichteinfall wiederzufinden – ein großer Kontrast zwischen Licht und Dunkelheit.

Unerwartet ließ der Pferdemann seine Stimme erschallen. Er rief den Professor, und tatsächlich kam eine Antwort. Aber von wo? Durch den Echoeffekt zwischen den Bergwänden schien der Ruf aus allen Himmelsrichtungen zugleich zu kommen. War Karagjozi wie Gott allgegenwärtig geworden? Der Pferdemann sah mich mit hochgezogenen Augenbrauen an, dann deutete er mit dem Schirm in Richtung Antigonaea. Seiner Ansicht nach kam die Stimme des Professors von dort, warum nicht einmal nachschauen? Ich schüttelte den Kopf und zeigte auf die Sonne. Es wäre absurd, zurückzugehen, noch weiter nach oben, um zu schauen, ob es wirklich der Professor war, der rief.

Wir plagten uns weiter ab, bis wir auf eine Art Pfad stießen. *Der* Pfad? Wir wußten es nicht mehr und wollten nur noch eines: vor Einbruch der Dunkelheit ankommen. Der Pferdemann war immer noch ungemein erfinderisch, wenn es darum ging, Verwirrung zu stiften. Nun blieb er andauernd stehen, um den Professor zu rufen. Vielleicht beschlichen ihn Zweifel hinsichtlich der Frage, wer von uns eigentlich sein Auftraggeber oder Brotherr war. Wieder erklang die Stimme, plötzlich aus viel größerer Nähe. Ein Zweifel war nicht mehr möglich, es war die Stimme des Professors. Wir durchquerten ein Gelände mit kleinen Steinhaufen, die sich in gleichen Abständen voneinander befanden. Ein magisches Feld, wo bei Vollmond illyrische Riten vollzogen wurden? Auf der anderen Seite wartete Karagjozi auf uns und schaute unwirsch in die niedrigstehende Sonne.

»Thies is the wurst day of my hool life«, sagte er und griff sich dabei an die Brust. Seit fünfzehn Jahren habe er seine Herztabletten nicht mehr nötig gehabt, aber nun habe er doch eine nehmen müssen. »Why did you follow him, not me?« fragte er mit verhaltener Wut.

Weil wir der Ansicht waren, daß wir rechts um Antigonaea herum mußten, sagten wir schüchtern.

»Mein Weg war der richtige«, sagte Karagjozi, »und in Antigonaea war ich auch noch. Seit einer Ewigkeit warte ich hier auf euch. Dieser Idiot hat keine Ahnung. Er ist entlassen, ich will ihn nicht mehr sehen.«

Später, als wir uns die Karten noch einmal genau ansahen, erkannten wir, daß wir beide vom richtigen Weg abgeirrt waren. Ihr seid damals länger in der Ebene geblieben und später als wir in die Berge gegangen, links um Antigonaea herum, dessen Existenz ihr vermutet habt: »Nach Dr. Pouqueville ist es [der Drino] der alte Celydnus, vielleicht auch ein Nebenfluß davon. Aufgrund dieser Annahme wäre der Reisende geneigt, nach Überbleibseln von Hadrianopolis, An(m)antia und Antigonaea auszuschauen, Städten, die unter den Römern in Blüte standen, irgendwo in der Gegend, die vom Celydnus bewässert wird.«

Während wir über unsere Sünden nachdachten, ritten wir durch einen Hohlweg, der von knorrigen Bäumen gesäumt war. Dies war Dein Pfad, das spürte man sofort. Hier trafen wir wieder zusammen, einträchtig näherten wir uns Qesarat. Kupferfarbenes Licht lag über der Landschaft. Vor uns, an einer Straßenkreuzung am Dorfeingang, kam Professor Karagjozi mit ein paar Dorfbewohnern und zwei Polizisten ins Gespräch, die aus dem Hauptquartier gesandt worden waren, um zu kontrollieren, ob die Fremden den Ritt durch das Niemandsland überlebt hatten. Die Polizisten ähnelten sich so sehr, daß ich dachte: Ich sehe vor lauter Müdigkeit doppelt.

Ein gutaussehender junger Mann – einer, den Du sicherlich als Page in Dienst genommen hättest – sprach uns an. Sein Fuß war gebrochen und eingegipst, auf seinem schwarzen T-Shirt war ein großes, geflügeltes A abgebildet. Das A von Antigonaea? Von Albanien?

»Wie gefällt Ihnen mein Land?« fragte er in überraschend gutem Englisch.

»Es ist wunderbar«, sagte ich verblüfft, »die Natur ist beeindruckend.«

»So wunderbar ist es nicht«, widersprach er. »Wir sind schrecklich arm.«

»Ihr habt doch fruchtbaren Boden. Ihr könntet die Landwirtschaft und den Tourismus entwickeln«, schlug ich vor. Es hatte etwas Überhebliches, so vom Pferd herab mit ihm zu sprechen.

»Nein, nein«, er lehnte alles ab, »es ist völlig aussichtslos, hier etwas anzufangen, was man auch versucht, es ist unmöglich.«

Der Professor fühlte sich berufen, dem Jungen väterlich zuzureden: »Albanien ist ein reiches Land«, erklärte er mit gewissem Stolz, »reich an Möglichkeiten, vorausgesetzt, die Menschen nutzen sie, entfalten Initiative.« Mit ausholenden Gesten beschrieb er die potentiellen Möglichkeiten, und der Tenor lautete: wenn die Leute nur wollten. Er nahm seine Baseballkappe ab, um sich den Schweiß von der Stirn zu wischen. Welche Heimsuchungen an einem einzigen Tag! Nun mußte er auch noch der jüngeren Generation ermutigend zureden.

Der Junge schüttelte nur immer wieder den Kopf. Er arbeitete in Griechenland. Leider hatte er sich den Fuß gebrochen und war vorübergehend arbeitsunfähig, aber sobald er genesen war, würde er wieder zurückgehen. Karagjozi warf ihm Eskapismus vor: Hier müsse etwas aufgebaut werden. Was solle aus Albanien werden, wenn die jungen Leute das Land verließen? »Please«, unterbrach ihn der Junge verärgert, »I am talking to the lady.«

Ob ich nicht einmal wiederkommen könne, fragte er mich, dem Professor den Rücken zukehrend. Er wolle mir gern eine jahrhundertealte Kirche zeigen und eine Höhle – dies sei ein besonderes Dorf. »Ich heiße Alexander«, sagte er stolz, »wie Alexander der Große.« Ach so, das A von Alexander!

»Mirupafshim!« erklang es um uns herum. Ich hatte die ganze Zeit erleichtert angenommen, wir hätten unser Ziel erreicht, aber nein, dies war erst Saraginishta. Eine schreckliche Müdigkeit überkam mich. Noch weiter? Das konnte doch nicht wahr sein. Mit vagen Versprechungen verabschiedete ich mich von dem geflügelten A.

Ein paar Dorfbewohner, die besser zu Fuß waren als er, begleiteten uns ein Stück, kehrten jedoch um, als vor uns eine tiefe Schlucht mit besonders steilen Hängen klaffte. Mußten wir hier etwa durch? Ja. So wie Du auch, dies war genau die Strecke, der Ihr damals gefolgt seid, darüber waren sich zur Abwechslung alle einig. Und ja, mit Schrecken erinnerte ich mich an die betreffende Passage im Bericht von Hobhouse: »Es war schon sehr spät, als wir die Reise fortsetzten, so daß es, nachdem wir eine Stunde in den Hügeln gewesen waren, dunkel wurde. Wir nahmen den falschen Pfad, die Pferde, die das Gepäck trugen, drohten zu stürzen, und mitten am Hang mußten wir anhalten, weil wir uns im Wald verirrt hatten. Wir wußten nicht mehr, wo wir uns befanden. Zwei oder drei von uns beschlossen jedoch, ins nächste Dorf zu gehen und einen Führer zu suchen. Wir waren nämlich eine Zeitlang über unregelmäßige Steilhänge bergauf und bergab gegangen, ohne unserem Ziel näher zu kommen.«

Ich hielt den Atem an und schaute in die Schlucht. Eine idyllische Vegetation mit Perückensträuchern, zwischen denen sich Ziegenpfade schlängelten. Schön waren sie in der Tat, die roten Abhänge, aber unter diesen Umständen hatte unser Vorhaben etwas von einem Abstieg ins Fegefeuer. Der Weg war so steil, daß wir absteigen mußten; der Pferdemann kümmerte sich um unsere Reittiere.

Ich ging als erste hinunter, von nur einem Gedanken besessen: die andere Seite zu erreichen, ehe es dunkel war. Nachdem die Sonne hinter den Bergen verschwunden war, verlor alles schnell an Farbe. Menschen, Tiere und Dinge würden zuerst grau und dann so schwarz sein, daß man sie nicht mehr voneinander unterscheiden könnte. Hilflos würde ich in einer undurchdringlichen, erstickenden Dunkelheit herumtasten.

Deshalb schoß ich wie ein Hase vor den anderen her in die Schlucht – hier und da rutschte ich mit Schotter und Geröll von allein ein Stück weiter. Hinter mir hörte ich die Pferde vor Anstrengung schnauben – »die Pferde, die das Gepäck trugen, drohten zu stürzen«. Wenn uns die Nacht unten in der Schlucht überfällt, dachte ich außer Atem, können wir uns nicht mehr von der Stelle rühren. Bei jedem Schritt auf schmalen Felsvorsprüngen benötigt man Licht. Dann stecken wir alle miteinander schön im Schlamassel – eine explosive Gesellschaft voller schwelender gegenseitiger Vorwürfe, die in der Dunkelheit auffunken. Ich kann nicht einmal meine Kontaktlinsen herausnehmen, denn der Behälter und die Aufbewahrungslösung sind sorgfältig in den allertiefsten Regionen meines Rucksacks verstaut, der mit tausend Knoten auf dem Pferderücken festgezurrt ist. Dann muß ich die ganze Nacht die Augen offenhalten, ohne etwas zu sehen.

So sinnierte ich, während ich mir schwitzend einen Weg durch den Wald aus Perückensträuchern bahnte. Daß Ihr Euch dort verirrt hattet, tröstete mich nicht. Man sollte die Analogie nicht übertreiben. Wenn man damit anfing, wüßte ich auch noch eine andere: »In der Mitte unseres Lebensweges befand ich mich in einem dunklen Wald, weil ich vom rechten Weg abgeirrt war. Ach, wie schwer ist es, in Worte zu fassen, wie wüst und rauh und unwegsam dieser Wald war...« Die Mitte meines Lebensweges hatte ich bereits hinter mir. Vielleicht war sogar das Ende nah, ich wäre nicht die erste Reisende, von der man nie wieder etwas gehört hat.

Vor mir erhob sich eine Bergwand. Die andere Seite des Tals hatte ich erreicht, nun noch nach oben. Ein kaum sichtbarer Pfad (oder war es kein Pfad?) schimmerte zwischen den Felsen. Ich begann den Aufstieg und zog mich an Sträuchern und Felsvorsprüngen hoch. Das Blut pochte mir in den Schläfen, die Magenschmerzen kehrten mit aller Heftigkeit zurück. Berge auf einer Landkarte sind anders als Berge in der Realität. Ausgebreitet auf dem Tisch sehen sie täuschend harmlos aus – feine Schraffuren in einer dunkleren Farbe, daneben der Name in Buchstaben, die Höhe in Ziffern. In Wirklichkeit sind sie eine monströse steinerne

Ausstülpung der Erde, ob vulkanischen Ursprungs oder nicht. Bei ihrer Entstehung wurde keine Rücksicht auf eine eventuelle Begehbarkeit genommen. Der Berg ist unverrückbar. Er gibt nicht nach. Ob man von ihm herabfällt, ist ihm egal. Du bist sterblich, er nicht. Die arrogante Gleichgültigkeit des Berges, den ich gerade bestieg, spürte ich bei jedem Meter, den ich gewann.

In dem Augenblick, als ich oben ankam, war es in der Schlucht vollkommen dunkel geworden. Hätte ich fünf Minuten mehr gebraucht, dann hätte ein langer Arm mich zurück in den Hades gezogen. Auch hier oben war die Nacht hereingebrochen, aber man sah wenigstens noch die Konturen der Häuser und Bäume. Unter mir hörte ich an dem Rollen von Steinchen, daß die anderen sich näherten. Im Kopf nur noch das Traumbild eines frisch bezogenen Bettes mit glatten Laken stolperte ich, ohne auf sie zu warten, in das Dorf. Eine dunkle Gestalt mit einer Herde Schafe ging schweigend vorbei. Ich drückte mich an eine Mauer, um der träge schaukelnden Herde Platz zu machen – etwas Beruhigendes ging von ihr aus.

Ich kam an einem Haus vorbei, dessen Garten ein Stück oberhalb des Weges lag. Ein paar Kinder, die noch draußen spielten, sahen mich vorbeitrotten und brachen in schrilles Gekreische aus. Weinend rannten sie ins Haus, um ihren Vater und ihren großen Bruder zu holen. Wutschnaubend kamen die beiden Männer durch den Garten auf mich zu. Mach, daß du fortkommst, scher dich weg, was fällt dir ein, unseren Kindern Angst einzujagen – so interpretierte ich den Lärm, der aus ihrem Mund kam. Ich ergriff die Flucht und lief in die Richtung, aus der ich gekommen war. Erschrocken, aber auch empört – ich konnte mich nicht erinnern, daß schon einmal irgend jemand Angst vor mir gehabt hatte. Es fehlte noch, daß sie mit Steinen geworfen hätten. Ihre Kraftausdrücke klangen wie ein sich entfernendes Gewitter im Hintergrund. Aber vor mir waren nun auch Stimmen zu hören. Rief da nicht jemand meinen Namen?

Es waren die anderen, den Göttern sei Dank. Auch sie waren wütend, sie hatten schon eine Zeitlang vergeblich nach mir gerufen. Mir zitterten die Beine, vor Schreck, Zorn und Müdigkeit. Wie Schiffbrüchige zogen wir auf einem anderen Pfad gemeinsam ins Dorf. Ich erzählte Karagjozi, was mir soeben widerfahren war. Er war nicht im geringsten überrascht.

»Sie glauben, du hast den bösen Blick«, sagte er lakonisch. »Weil du eine Wildfremde bist, mit hellem Haar und hellen Augen, die im Dunkeln aus dem Nichts auftaucht.«

Der böse Blick? Eine Abgesandte des Teufels? Hätte man mich in alten Zeiten vielleicht gelyncht? Das war zuviel der Ehre. Ich brach in Gelächter aus – wurde ich jetzt verrückt?

»Was ist daran lächerlich«, sagte der Professor verstört. »Ich finde es ziemlich rückständig.«

Unser Pfad führte zu einem Haus, das sich, soweit im Dunkeln erkennbar, in einem weit fortgeschrittenen Stadium des Verfalls befand. Davor lag ein altes Auto auf der Seite. Im Scheinwerferlicht eines anderen klapprigen Autos stieß die männliche Dorfjugend das Auto hin und her, bis es auf vier Rädern stand, und tanzte dann triumphierend darauf herum. Weil es in den Dörfern nirgends eine Straßenbeleuchtung gab und die Häuser wie in Kriegszeiten verdunkelt schienen, bot das Ganze einen düsteren Anblick.

Während wir die Szene aus einiger Entfernung beobachteten, versammelten sich immer mehr neugierige Männer (immer Männer) um uns, erkennbar am glühenden Ende ihrer Zigarette. Jemand wurde losgeschickt, unseren Gastgeber zu suchen, und kam kurz darauf mit der Nachricht zurück, dieser sei wegen Krankheit daran gehindert, uns zu empfangen.

Auch das noch! Das war entschieden zuviel. Mein Magen reagierte sofort auf diese Nachricht. Ich setzte mich dabei auf einen Felsblock. »Don't worry«, sagte der Professor. »Let me handle this.« Über meinem Kopf wurde in einer knorrigen Sprache beratschlagt. Es schien Stunden zu dauern. Alle mischten sich ein, und keiner hatte es eilig. Was wurde da ausgeheckt? Mußten wir im Heu schlafen, ausgerechnet hier, wo ich als Abgesandte des Teufels angesehen wurde? Auf diesem Dorf ruhte kein Segen. Jenseits des Tals sah ich, verlockend, die Lichter von Gjirokastra. Ein sauberes Hotelzimmer, mit einen Bett und einem Bad, ganz für mich allein – dem Anschein nach in der Nähe, aber unerreichbar.

Ich zupfte Karagjozi am Ärmel: »Warum nehmen wir nicht ein Taxi nach Gjirokastra und schlafen einfach eine Nacht in einem Hotel, nach einem Tag wie diesem?«

»No, no«, lehnte er meinen Vorschlag ab. »I'll handle this, don't worry.«

Ich brauchte bessere Argumente, sonst würden wir noch um Mitternacht hier stehen.

»Hören Sie«, drängte ich und stand auf. »Ich muß in eine Apotheke, ich brauche ein Medikament für meinen Magen. Die Schmerzen werden langsam unerträglich.«

Er zögerte. Die Dorfbewohner redeten immer weiter, für sie waren wir das Ereignis des Abends.

»Okay, okay, we do that«, sagte der Professor plötzlich. Es klang sogar so, als sei er erleichtert.

Wieder wurde beratschlagt. Jemand hatte ein Auto und würde uns hinbringen, falls wir uns über den Preis einigen könnten. Der war nicht von Pappe, aber wir waren nachgiebig – wenn wir nur aus diesem unseligen Dorf fortkamen. Wieder erschienen zwei Polizisten. Wie? Ich werde es nie erfahren. Ohne Auto jedenfalls, denn sie fuhren gern mit uns nach Gjirokastra.

Nun mußten wir uns noch des Pferdemanns entledigen. Karagjozi hatte ein für allemal genug von ihm. Er wollte diesen Mann nie mehr – *in my hool life* – sehen. Über Geld war bisher noch nicht gesprochen worden. Weil der Bürgermeister den Mann empfohlen hatte, war der Professor blind davon ausgegangen, daß er uns einen fairen Preis machen würde.

Von einer Sekunde zur anderen änderte sich die knorrige Sprache über meinem Kopf in das Donnern rostiger Kanonen. Der Professor und der Pferdemann gingen fast aufeinander los, und alle mischten sich ein.

»What is the problem?« rief ich.

Ich hätte es mir denken können. »Let me handle this«, rief er mir aus dem Kampfgetümmel zu.

Ächzend sank ich auf meinen Stein.

Ich glaube, jeder der Dorfbewohner vertrat in diesem Streit einen eigenen Standpunkt. Einer nach dem anderen erhob die Stimme, drohend oder gekränkt. Ich weiß nicht, auf wessen Seite sie waren. Ein großes Knäuel dunkler

Gestalten dehnte sich aus und schrumpfte wie ein riesiger Oktopus.

»Worum geht es denn?« rief ich immer wieder nach oben. Als meine Frage in einen kurzen Moment der Stille platzte, erhielt ich eine Antwort.

»Money«, rief der Professor heiser. »Was der Mann verlangt, ist ja lachhaft.«

»Wieviel denn?« drängte ich, aber es wurde schon wieder geschubst und geschrien. War dies erst mein zweiter Abend in Albanien? Ein Gefühl von Machtlosigkeit, von Handlungsunfähigkeit ergriff allmählich von mir Besitz. War dies vielleicht das albanische Lebensgefühl, das auf mich übergesprungen war? Oder war es das der Frauen hier: geduldig abwarten, was andere für einen beschlossen?

»Wieviel denn?« rief ich immer wieder matt.

In einer Atempause erhielt ich Antwort. »Vierhundert Dollar.«

Mir fiel die Kinnlade herunter. Für diesen Betrag, wußte ich, mußte der Professor drei Monate lang Seminare abhalten. Ich hörte Daniël im Hintergrund höhnisch lachen. Was dachte sich der Stoppelbart mit den faulen Äpfeln eigentlich? Daß er den Märchenauftrag seines Lebens ergattert hatte? Betrieb er eine moderne Form der Wegelagerei? Spekulierte er auf die Schuldgefühle des reichen Westeuropäers? Wußte er nicht, daß viele Leute im Westen mit diesem Betrag einen halben Monat auskommen mußten? Betrachtete er es als Abfindung, weil der Professor »never wanted to see him again in his hool life«? Oder war er nicht von dieser Welt; fand er einfach, daß sich der Betrag schön anhörte? War es Übermut oder Dummheit? Ich neigte zu letzterem. In diesem Fall hätte es keinen Sinn, mit ihm zu diskutieren.

»Laßt uns morgen früh weiterreden«, rief ich und stand auf, »und jetzt hier verschwinden!«

Karagjozi, wahrscheinlich einer geistigen Erschöpfung nahe, nickte. Das Auto, das uns aus diesem trübseligen Nest bringen sollte, stand schon seit einer Weile mit einladend leuchtenden Scheinwerfern bereit. Der Professor gab die Anweisung, das Gepäck von den Pferden zu holen und ins Auto zu laden. Neues Gezänk entbrannte. Der Pferdemann glaubte, wir wollten uns ohne zu bezahlen davonstehlen. Ich suchte meinen Stein, fand ihn aber nicht mehr.

Dieses Dorf hatte ich mir nach der Lektüre des Berichts von Hobhouse ganz anders vorgestellt: »Um uns nicht wieder in ein anderes Abenteuer zu stürzen, fanden wir vor 7 Uhr alle eine Herberge, nachdem wir von Libokavo aus 5 Stunden gereist waren – eine Entfernung von nicht mehr als 9 Meilen. Schon beim Dorfeingang wurden wir angenehm überrascht durch ein gediegenes, komfortables Cottage, und ein albanischer Gutsherr, der mit dem Signor Sekretär persönlich befreundet war, bereitete uns einen herzlichen Empfang. Der Name des Dorfes lautete Cesarades, und es war bis auf wenige Häuser nur von Christen bewohnt. Alles war hier von ganz anderer Art als in den griechischen Dörfern. Unser Gastgeber ließ uns viel Freundlichkeit und Aufmerksamkeit zuteil werden ... Es war komfortabel, und wir hatten dort die beste Nacht seit unserer Abreise aus Janina.«

Das Wortgefecht nahm kein Ende, es war wie eine Naturgewalt, der der Mensch hilflos gegenüberstand.

»Laßt uns einfach gehen.« Meine Stimme war in dem Lärm kaum zu hören. Demonstrativ öffnete ich eine Autotür.

»Ja ...«, seufzte Karagjozi und löste sich aus dem Knäuel, »wir fahren jetzt einfach.«

»Wo schläft er heute nacht?« Ich zeigte auf unseren Quälgeist.

Karagjozi zuckte die Schultern. »Der? Der findet schon was.«

Das Auto setzte sich ruckelnd in Bewegung, verfolgt von einem brüllenden Pferdemann. Im roten Schein unserer Rücklichter sahen wir sein verzweifeltes Gesicht – er begriff überhaupt nichts mehr.

Mich überkam ein hinderliches und unangebrachtes Gefühl, Mitleid. »Halten Sie ... bitte halten Sie kurz an ...«, bedeutete ich dem Fahrer. Er stoppte, ich kurbelte mein Fenster herunter. Sofort erschien dort das verstörte Gesicht unseres Verfolgers. Ich ergriff seine Hand. »Wir kommen wieder, morgen!« Mir fiel nichts Besseres ein, als eine Dollarnote hervorzuziehen, um ihm zu zeigen, daß er auf jeden Fall für seine Dienste entlohnt werden würde: »Morgen!« Er beruhigte sich einigermaßen. Der Fahrer gab Gas, und wir verschwanden in der Nacht, über einen Sandweg voller Schlaglöcher. Die Polizisten saßen vorn, wir drei schweigend auf dem Rücksitz. Ich dachte an nichts mehr. Ich war Abwarten geworden, bis dieser Tag enden würde. Wir fuhren durch in Dunkelheit gehüllte Dörfer, unsere Scheinwerfer beleuchteten Männer, die vor einer Haustür beisammensaßen. In einem großen Bogen durchfuhren wir danach das Tal, quer durch ein ausgetrocknetes Flußbett.

Irgendwann nach unendlich langer Zeit kamen wir in Gjirokastra an. Einer der Polizisten kannte ein gutes Hotel. »Es muß aber billig sein«, sagte Daniël. »Ich habe keine Lust, mich schröpfen zu lassen. Die glauben hier wohl, alle Ausländer schwimmen im Geld.«

Heimgesucht von Visionen gemütlicher Betten und schäumender Badewannen war ich insgeheim bereit, jeden Preis zu zahlen. Wir hielten vor einem vielversprechenden, modernen Hotel mit einem hell erleuchteten Restaurant. Daß elektrisches Licht so einladend sein konnte. Jemand stieg aus, um sich nach dem Preis zu erkundigen. Er war im Nu zurück. Alles voll, gab er uns zu verstehen. Wieviel konnte ein Mensch an einem Tag ertragen?

Mehr, als man glaubt, denn es ging einfach weiter.

»Listen«, sagte Karagjozi, »ich habe hier eine Cousine, eine Witwe, sie wohnt in einem sehr guten Haus mit einem wunderschönen Badezimmer – einem westeuropäischen Badezimmer. Soll ich sie anrufen?«

»Ich möchte niemand zur Last fallen«, sagte ich nicht sehr überzeugend.

Er tat diesen Einwand mit einer Handbewegung ab und stieg aus, um irgendwo zu telefonieren. Daniël und ich warteten apathisch, von den Ereignissen zermürbt. Es dauerte nicht lange, und der Professor kam wieder. Sein federnder Schritt verriet gute Neuigkeiten – er mußte über geheime Energievorräte verfügen. Ja, wir könnten bei seiner Cousine unterkommen.

»Es war dies eine seltsame Stadt, die anmutete, als sei

sie in einer Winternacht wie ein vorzeitliches Wesen plötzlich im Tal aufgetaucht und habe dann, unter großen Mühen emporklimmend, sich an den Abhang des Berges geschmiegt. Alles an dieser Stadt war alt und steinern, die Straßen und Brunnen ebenso wie die Dächer ihrer mächtigen jahrhundertealten Häuser, die mit grauen, riesigen Schuppen gleichenden Steinplatten gedeckt waren. Schwer zu glauben, daß sich unter diesen festen Panzern das weiche Fleisch des Lebens regte und erneuerte.

In jedem Reisenden, der sie zum ersten Mal erblickte, weckte die Stadt sofort das Verlangen, Vergleiche anzustellen. Doch kaum war ihr der Reisende in die Falle gegangen, machte die Stadt den Vergleich zunichte, denn sie war eine Stadt, die nichts anderem glich.« So beschreibt Ismail Kadaré, der berühmteste albanische Schriftsteller, seinen Geburtsort in dem Roman *Chronik in Stein*.

Zwischen dicht zusammenstehenden Häusern fuhren wir über steile, gepflasterte Straßen den Berg hinauf. Das Auto manövrierte in eine Seitenstraße und stoppte - das letzte Stück mußten wir laufen. Die Cousine hielt schon nach uns Ausschau, schwarz gekleidet, freundlich, geduldig und sehr blaß. Wir kamen in ein tadelloses, städtisch wirkendes Haus. Als wir das Wohnzimmer betraten, wurde der Fernseher eingeschaltet. Wie beim Bürgermeister von Libohova dominierte auch hier eine gewaltige Schrankwand, in der Tassen und Gläser in mathematisch exakt gleichem Abstand voneinander standen. Die Wände waren kahl, bis auf das Foto eines Enkelkindes. In der Mitte des Raums hing eine Lampe von der Decke, die ein klinisch weißes Licht verbreitete, das die Witwe noch blasser erscheinen ließ.

Karagjozi und Daniël aßen, den Teller auf dem Schoß, eine improvisierte warme Mahlzeit. Ich tat Buße für meine Gier am Vorabend und bat nur um ein wenig Brot. Die Hände übereinandergelegt schaute die Witwe zu. Es oblag nun mir, fühlte ich, mich nach der Familie zu erkundigen.

War der Tod ihres Mannes schon lange her?

»Zwei Jahre«, nickte sie traurig.

Hatte sie Kinder?

Dicke Fotoalben wurden mir auf den Schoß gelegt, voller Bilder von der Hochzeit ihrer Tochter, auf denen er auch noch zu sehen war. Der Professor schlich sich in Richtung Badezimmer davon. Ich fiel vor Müdigkeit fast vom Sofa. Mein Problem ist, daß ich freundlich und interessiert bleibe, bis ich tot umfalle – noch in meinem *rigor mortis* werde ich höflich lächeln. Was brauchte Karagjozi doch lange.

Der älteste Sohn kam nach Hause. Nach kurzer Begrüßung ließ er sich aufs Sofa fallen, griff zur Fernbedienung und begann zu zappen. Ein moderner Junge, das Gegenteil der Albaner, denen wir auf dem Bergpfad begegnet waren und deren Interesse für unser Wohl und Wehe keine Grenzen kannte.

Endlich war ich an der Reihe, in dem Badezimmer, das die Söhne ihrer Mutter geschenkt hatten, wie ich vom Professor wußte, als Trost für den Verlust ihres Mannes. »Ein für Albanien einmaliges Badezimmer«, hatte Karagjozi gemeint, »so etwas werde ich mir in meinem ganzen Leben nicht leisten können.« Der Raum war klein, aber mit soliden sanitären Anlagen von unalbanischer Qualität ausgestattet. Der Raum reichte nur für eine Sitzbadewanne – ich knautschte mich hinein. Ah, das verschaffte dem Magen Erleichterung. Eine Weile saß ich so, das Kinn auf den Knien, und sann über die Verletzlichkeit des menschlichen Körpers nach. Wie oft hatte ich nicht das zwanzigste Jahrhundert verflucht und mich nach einer primitiveren Vergangenheit zurückgesehnt, die mir farbiger und authentischer vorkam. Aber nun saß ich hier, von warmen Dämpfen umhüllt, voller Dankbarkeit gegenüber dem vierrädrigen Motorfahrzeug, das uns quer durch ein Flußbett zum modernen Komfort zurückgebracht hatte. Allerdings war ich eine Deserteurin. Ich war meiner eigenen Reise entflohen, ich war nicht in Eurer Spur geblieben. Aber ich beschwichtigte mein Gewissen mit dem Argument, daß Ihr, wenn die Umstände es erlaubt hätten, sicherlich auch nach Gjirokastra geritten wärt. Hobhouse fand es schade, daß dies unmöglich war: »Aber ich bedaure es, daß die Situation, in der sich das Land befindet, und unsere Position als Freunde Alis, es uns nicht gestatteten, die Stadt zu besuchen und uns selbst ein Bild zu machen.«

Die von ihm erwähnte Situation hatte er kurz zuvor beschrieben: »Über Argyro-Castro, das 9 Meilen westlich sehr gut zu sehen ist, erfuhr ich, daß diese Stadt 20 000 Einwohner haben soll, hauptsächlich Türken, und die Hauptstadt eines Paschalik ist, zu dem zwei ererbte Gebiete gehören sowie ein sehr dicht bevölkerter Distrikt, der im Osten und Nordosten an das Land der Chimerioten grenzt. Als wir dort weilten, gehörte es nicht zu Alis Herrschaftsbereich, sondern zu jenem Ibrahims, des Paschas von Vallona, ein Fürst, mit dem Ali Krieg führte.«

11

Mit meinen Magenschmerzen befand ich mich in guter Gesellschaft. In Patras litt Byron an einer schweren Indigestion; die Klistiere und Brechmittel, die er auf Anraten eines ihm vom englischen Konsul empfohlenen Arztes anwandte, wurden ihm fast zum Verhängnis. Seiner Schwester Augusta schrieb er, er habe sich schließlich mit einer Diät aus Reis und Essig selbst geheilt.

So rückte meine Kost aus Bergtee und einem Stückchen Brot in ein anderes Licht. Byron war schon seit seiner Jugend an lange Zeiten des Fastens gewöhnt, vor allem, um seine Neigung zur Korpulenz zu bekämpfen. Mit achtzehn wog er hundert Kilogramm, bei einer Größe von nur einem Meter siebzig. Gabriël Matzneff beschreibt unerbittlich und geistreich, jedoch mit einem Unterton von Bewunderung, wie sich Byrons Silhouette in den sechsunddreißig Jahren seines Lebens ständig ausdehnte und wieder zusammenzog. Elisabeth Pigot, eine gute Freundin des jungen Byron, nannte ihn »a fat bashful boy«. Matzneff: »Um seinen Altersgenossen und sich selbst zu gefallen, um sich mühelos bewegen zu können und seinen Körper umzugestalten, nahm Byron den Kampf gegen seine Fettsucht auf, mit Hilfe heißer Bäder, durch Boxen, Fechten und vor allem Schwimmen und Reiten, zwei Sportarten, bei denen er sein Gebrechen vergaß – und schließlich durch eine extrem strenge

Diät, die er, außer wenn er einen Anfall von Euphorie oder Angst hatte, mit nicht nachlassendem Eifer äußerst pedantisch einhielt.«

Stolz hielt er seine alten Schulfreunde brieflich über seine Fortschritte auf dem laufenden. »Ihr werdet mich nicht wiedererkennen!« Binnen weniger Monate verlor er dreißig Kilo, und tatsächlich, niemand erkannte ihn wieder, nicht einmal der Chorknabe John Edleston, auf dessen Urteil er in diesem Augenblick vielleicht den größten Wert legte. Einem seiner Freunde schrieb er, ein frühes Beispiel für eitles Interesse an seinem Äußeren, daß sein schwarzes Haar einen kastanienbraunen Glanz bekommen habe.

Als er im Juni 1811 von seiner ersten »Grand Tour« zurückkehrte, schrieb er seiner Mutter, er sei Vegetarier geworden: Er esse nur noch Grünzeug, Kartoffeln und Biskuits und verzichte auf Wein. Kurz nach der Veröffentlichung von *Childe Harold* fand ein Versöhnungsdiner zu Ehren des Dichters Thomas Moore statt, den Byron in *English Bards and Scottish Reviewers* nicht geschont hatte. Byron brachte alle in Verlegenheit, indem er ausschließlich Zwieback und Mineralwasser verlangte, das einzige, was nicht im Haus war. Schließlich gab er sich mit in Essig gekochten Kartoffeln zufrieden.

Auch später im Leben fühlte er sich zu einer spartanischen Alltagsroutine hingezogen: morgens eine Tasse starker grüner Tee, ohne Milch oder Zucker, und ein rohes, geschlagenes Ei; mittags ein paar Stücke Zwieback, abends gekochtes Gemüse, dazu – das allerdings – zwei Flaschen Bordeaux. Fleisch, fand er, sei »Futter für Boxer«.

Aber er wäre nicht der Mann der Gegensätze, der er war,

wenn diese selbst auferlegte Disziplin nicht zu bestimmten Zeiten nach dem Gegenteil geschrien hätte. Thomas Moore, mit dem er inzwischen befreundet war, schrieb er 1814 nicht ohne Selbstironie, als Vegetarier habe er es sich zum Ziel gesetzt, nur Fleisch zu essen, wenn er der einzige sei: »Ich habe mich letztens fast tot gegessen an einer Roulade aus Kalbfleisch ... zu Ehren der Fastenzeit.«

Während der ersten zwei Jahre seines Aufenthalts in Venedig, von 1816 bis 1818, gab er sich nicht nur in der sinnlichen Liebe Ausschweifungen hin (die Geliebten begegneten einander auf der Treppe seines Hauses), sondern auch beim Essen und Trinken. Ein Besucher aus England bemerkt über ihn: »Er konnte nicht älter als 30 sein, aber er sah aus wie 40. Sein Gesicht war blaß, aufgedunsen, fahl. Er war sehr dick geworden, die Schultern breit und rund, und die Knöchel seiner Hand verloren sich im Fett.« Thomas Moore, der ihn in jener Zeit besuchte, besaß eine subtilere Beobachtungsgabe: »Er hatte zugenommen, sowohl am Körper als auch im Gesicht, und letzteres hatte unter der Veränderung am meisten gelitten – durch die Gewichtszunahme hatten seine Züge etwas von jener verfeinerten und spirituellen Ausstrahlung verloren, die es, in anderen Zeiten, gekennzeichnet hatte.« Aber er fügt hinzu: »Trotzdem sah er immer noch ausgesprochen gut aus; und als Ersatz für das, was seine Gesichtszüge vielleicht von ihrem sehr romantischen Charakter verloren hatten, besaßen sie nun mehr den Ausdruck einer schalkhaften, verschmitzten Weisheit, eines epikuräischen Gefühls für Humor ...«

Einige Jahre später motivierte seine etwas dauerhaftere Liebe zu Gräfin Teresa Guiccioli ihn erneut zum Fasten.

Shelley, den er damals regelmäßig traf, schrieb 1821 seiner Frau Mary: »Er hat seine Gesundheit vollkommen zurückgewonnen, und er führt ein Leben, das dem in Venedig vollkommen entgegengesetzt ist.« Als eine gewisse Lady Blessington, die er in Genua kennenlernte, ihm riet, zu einer etwas nahrhafteren Diät überzugehen, war sein Kommentar: »Wenn ich Ihrem Rat folgen würde, würde ich dick und dumm werden: die Freiheit meines Geistes, mein Denkvermögen hängen von der Diät ab, die ich befolge.« Nicht nur die Eitelkeit war also sein Antrieb, sondern auch die Überzeugung, daß seine Geisteskraft und Intelligenz unter der Fettsucht litten.

Mit einem selbst auferlegten Alkoholverbot hatten diese Diäten nichts zu tun. »Gut, ich trinke zwei Flaschen Wein zum Diner«, gibt er zu. »Trotzdem ist es eine pflanzliche Diät.« 1814 schrieb er an Thomas Moore: »Ich habe auch wieder mit dem Trinken angefangen, und einmal habe ich mit drei Freunden im Coco von sechs Uhr bis vier Uhr, ja sogar bis fünf Uhr am Morgen getrunken. Wir tranken Bordeaux und Champagner – bis zwei Uhr, danach soupierten wir und nahmen zum Abschluß eine Art Punsch ... bestehend aus Madeira, Brandy und grünem Tee, in dem Wasser nichts zu suchen hatte ... Kurzum, ich bin sehr gesund, obwohl behauptet wird, letztendlich würde ich mit dieser Diät meine Gesundheit ruinieren.«

Nach Thomas Medwin, einem Cousin Shelleys, trank Byron in Italien auf ärztliche Verordnung ein Gemisch aus Alkohol und Wasser als Medizin gegen Nierensteine, eine Krankheit, an der er 1812 gelitten hatte. Byron neckte Medwin gern: »Medwin, warum trinken Sie nicht? Mit Wasser verdünnter Genever ist die Quelle all meiner Inspiration. Wenn Sie soviel trinken würden wie ich, würden Sie genauso gute Verse schreiben: Glauben Sie mir, es ist wirklich ein Mittel des Hippokrates.«

Alkohol als Muse und Selbstmedikation. Wahrscheinlich nahm der Alkohol den Hunger; mit demselben Effekt kaute er auch Tabak und rauchte Pfeife. Am liebsten aß er allein, außer Reichweite von Kommentaren zu seiner Diät. Manchmal nahm die Entschlossenheit, mit der er auf Nahrung verzichtete, anorexiehafte Dimensionen an. 1813 schrieb er in sein Tagebuch: »Ich wünschte, ich könnte mit dem Essen ganz aufhören.« Mißachtung für Essen klingt in der wie ein Credo klingenden Äußerung an: »... und ich will nicht der Sklave irgendeines Appetits sein.«

Er ertrug es nicht, wenn Frauen in seiner Gegenwart etwas anderes tranken als Champagner und etwas anderes aßen als Hummersalat, während er selbst von Champagner Kopfschmerzen bekam. Er litt an unmäßigem Durst. In einer Nacht konnte er fünfzehn Flaschen Sodawasser trinken; er behauptet, daß er sich nicht einmal die Zeit nahm, sie zu entkorken – er brach einfach den Flaschenhals.

Nicht nur seine Aversion gegen Fettsucht und die Angst vor geistiger Abstumpfung trieben ihn zu seinen extremen Eßgewohnheiten – eine weitere Ursache war seine Hypochondrie. Er fühlte sich oft unwohl, beim geringsten Anlaß schlug er Alarm. Nie reiste er ohne Arzt, und immer hatte er einen beeindruckenden Vorrat Pillen und Tränke bei sich. Er war süchtig nach Laudanum, einem schmerzstillenden und beruhigenden Mittel. Schon als Student in Cambridge, zwei Jahre vor seiner großen Reise, schrieb er einem Freund, er halte sich, während er seine Gedichte ausarbeite, mit medizinischen Tränken und Frauen auf den Beinen: »Die letzten beiden Sorten Ablenkung zeitigten keine gute Wirkung: meine Aufmerksamkeit ist geteilt zwischen so viel schönen Mädchen, und ich schlucke solche verschiedenartige Medikamente, daß ich zwischen Venus und Äskulap zu sterben drohe.«

Offenbar verfügte er über eine bärenstarke Konstitution. Stundenlang schwamm er in Gewässern, die wegen ihrer Strömungen berüchtigt waren, und er konnte endlos reiten. In der Liebe schien er unermüdlich, vor allem in seinen venezianischen Jahren. Er war ein Nachtmensch. Wenn ihn die Arbeitswut packte, konnte er in kurzer Zeit, vorzugsweise nachts, sehr produktiv sein. Aus all dem ergibt sich das Bild eines Sanguinikers, dessen unbändiger Lebenshunger, je weiter sein Leben voranschritt, immer häufiger von einem mindestens so heftigen Lebensüberdruß – einer tiefen Niedergeschlagenheit, einem unerträglichen Ennui – gedämpft wurde. So taumelte er ständig von Euphorie zu Melancholie.

Es ist kein Wunder, daß sein Körper diesem Auf und Ab folgte. Mit seinen Diäten und seinen Medikamenten, die den Zweck hatten, seine Lebensqualität auf hohem Niveau zu halten, machte er sich selbst krank – vielleicht ein unbewußtes Zugeständnis an seinen Lebensüberdruß. Er verschaffte sich selbst ein chronisches Verdauungsproblem – nicht verwunderlich bei einer täglichen Kost, die so viel Hefe und Kohlensäure, aber kaum nahrhafte Bestandteile enthielt. Bei einer Autopsie nach seinem Tod im Alter von sechsunddreißig stellten die Ärzte fest, daß er die Knochen eines Achtzigjährigen hatte. Osteoporose, würden wir heute sagen, infolge eines schwerwiegenden Mangels an Kalk und Mineralstoffen. Er hat ausschweifend gelebt, lautete damals die Diagnose, und man schauderte vor Bewunderung.

12

Werter Freund, ein archaisches Geräusch, tripp-trapp, tripp-trapp, drang in meinen Schlaf. Der Pferdemann! Ich fuhr hoch, lief durchs Zimmer und öffnete das Fenster. Die schmale Straße unten war mit Naturstein in einem grau-weiß gestreiften Muster gepflastert. In gemächlichem Tempo zog eine Reihe Maultiere vorbei. Mit gesenktem Kopf trotteten sie bergan. Zwei von ihnen schleppten einen Reiter mit sich – diese beiden sahen so aus, als könnten sie jeden Augenblick eindösen, so träge und mit offenen Augen träumend ließen sie sich reiten.

Noch eine Ebene tiefer, auf einem Flachdach, war eine Frau in einer Kittelschürze, wie sie in allen südlichen Ländern beliebt sind, damit beschäftigt, die Wolle von einem Schaffell zu scheren. Sie sah und hörte nichts, so sehr ging sie in ihrer Arbeit auf. Während ich auf die Landschaft von Dächern hinabblickte, die mit flachen Steinen in Farbschattierungen zwischen rosa, grau und sandfarben bedeckt waren, fuhr mir ein Fragment aus *Chronik in Stein* durch den Kopf: »... und gewiß war dies der einzige Ort auf der Welt, wo jemand, der am Straßenrand ausglitt, nicht in den Graben stürzte, sondern womöglich auf das Dach eines hohen Hauses.« Und: »Man konnte auf einer Straße gehen und, wenn man wollte, den Arm ein wenig ausstrecken, um seine Mütze über die Spitze eines Minaretts zu stülpen.«

Wir frühstückten im Wohnzimmer, unter dem Porträt des Enkelkinds. Ich fühlte mich erquickt und war zufrieden, daß das Schicksal uns nach Gjirokastra geführt hatte, in den Geburtsort von Enver Hodscha, Ismail Kadaré und Afrim Karagjozi. Der Professor war 1941 hier geboren, als Sproß einer ursprünglich aus Suli stammenden Familie. Sein Großvater war Großgrundbesitzer gewesen. Riesige Schafherden beweideten sein Land, und er wohnte in einem der größten Häuser Gjirokastras.

»Eine Familie, die Patrioten und Intellektuelle hervorgebracht hat.« Karagjozi sagte es mit stolzgeschwellter Brust, aber zugleich wurde die Denkfurche an seiner Nasenwurzel tiefer.

Zu Ali Paschas Zeiten waren zwei Brüder Karagjozi die Stammväter der Familie gewesen. Einem von ihnen verlieh Ali aufgrund von dessen Tapferkeit den Beinamen Topi, Der Große Kanun. Aus Stolz auf dieses selbstverdiente Epitheton nannte er seine ganze Familie so. Dieser Zweig, die Topulli, sollte noch mehr mutige Kämpfer hervorbringen, unter anderem Cerçiz und Bajo Tópulli, die 1908 einen Aufstand gegen die Türken anführten.

Quemal Karagjozi, Afrims Vater, wurde 1912 geboren. Er besuchte das französische Gymnasium in Korça und ging mit zwanzig nach Paris, um an der Sorbonne zu studieren. Schon bald wurde er Mitglied der Albanischen Patriotischen Gesellschaft, die hauptsächlich aus Studenten und Arbeitern bestand. Sieben Jahre später kehrte er in sein Vaterland zurück, weil es von den Italienern besetzt war. Sofort schloß er sich der albanischen Befreiungsbewegung an. Er wurde einer der wichtigsten Bezirksleiter der kommunistischen Partei, die im Widerstand aktiv war. Dem Anschein nach besaß er alles: eine hervorragende Ausbildung, ein umfassendes kulturelles Wissen, er sprach fließend Französisch, Deutsch und Italienisch und war ein begabter Redner. Dabei war er ein Idealist reinsten Wassers: Albanien sollte »ein blühendes Land für jedermann« werden, lautete seine Devise.

Als der Professor an diesem Punkt der Geschichte seines Vaters angelangt war, wurde sein Gesicht, das vor Verehrung und Zuneigung gestrahlt hatte, angespannt. »Den Grund hat er nie erfahren«, sagt Karagjozi, »aber 1943 hat man ihn aus der Partei ausgeschlossen.«

Sein Vater war zwar ein Freund des vier Jahre jüngeren Hodscha, aber dieser schreckte nicht davor zurück, Freunde und Parteigenossen zu liquidieren, weil er »the one and only« sein wollte. Er duldete keine fähigen Leute in seiner Umgebung, weil er in ihnen nur eine potentielle Bedrohung sah.

Wie bei vielen Albanern in jener unruhigen Zeit fiel ein Schatten über das Leben Quemal Karagjozis. Das Haus seiner Vorfahren war bei einem Bombardement im Jahr 1942 zerstört worden, weil es ein kommunistisches Zentrum war, in dem viele Versammlungen stattgefunden hatten. Nach dem Krieg war er arbeitslos; die Familie zog nach Tirana, weil es dort bessere Chancen gab, Arbeit zu bekommen. Schließlich wurde er wegen eines Herzleidens für arbeitsunfähig erklärt, und er und seine Familie mußten mit einer winzigen Rente auskommen. Zeitlebens hatte er an dem ungerechten und unbegreiflichen Ausschluß schwer zu tragen – daß Willkür und offensichtliche Ungereimtheiten nicht nur das Regime Hodschas kennzeichneten, sondern auch dem System in allen kommunistischen Ländern inhärent waren, wußte er nicht.

»Trotzdem blieb er ein Optimist«, sagte der Professor seufzend. »Er hat immer gesagt: Es wird etwas Gutes kommen für Albanien.«

Gjirokastra ist viel älter als die byzantinischen Chroniken aus dem vierzehnten Jahrhundert, in denen die Stadt zum ersten Mal erwähnt wird. Etymologisch hängt der Name wahrscheinlich mit dem des illyrischen Stamms der Argyrer zusammen. Der älteste Teil ist eine massive Burg auf einem vorspringenden Felsen hoch über der Stadt. Von ihrem Turm wehten die unterschiedlichsten Banner. Nach der byzantinischen Herrschaft wehte fünf Jahrhunderte lang die türkische Fahne. Wenn Ihr zwei Jahre später durch dieses Gebiet gereist wärt, hättet Ihr freien Zugang zu der Stadt gehabt, denn 1811 gelang es Ali Pascha nach langer Belagerung schließlich, die Stadt einzunehmen. Welches Schicksal Ibrahim Pascha ereilte, konnte ich nicht herausfinden – über Verlierer war man nicht so mitteilsam.

Kadaré erzählt: »Es war nicht leicht, in dieser Stadt Kind zu sein.« Durch die Augen dieses Kindes, eines kleinen Jungen noch, als der Zweite Weltkrieg beginnt, sieht der Leser seines Buchs, wie die Italiener, gefolgt von den Deutschen, Gjirokastra in Besitz nehmen: »Wieder zogen die Italiener in die Stadt ein. Eines Morgens war die Landstraße voll von Maultieren, Soldatenkarawanen und Kanonen. ... Gleich nach der Armee trafen nacheinander die Luftschutzsirene, der Scheinwerfer, die Flugabwehrbatterie, die Nonnen, die Mädchen aus dem öffentlichen Haus ein.« Einige Jahre später: »Als die Abenddämmerung herabsank, beschloß die Stadt, die zeitweilig in den Karten des römischen Imperiums, der Normannen, von Byzanz, des Osmanischen Reichs, des Königreichs Griechenland und des Königreichs Italien verzeichnet gewesen war, ihren Tag im Deutschen Reich. Müde und verstört vom Gefecht, gab sie kein Lebenszeichen mehr von sich.«

Die Einwohner selbst waren auch uneinig. Am Ende des Krieges exekutierten junge Partisanen auf eigene Faust Monarchisten und Nationalisten, sogar Kampfgefährten, die sie vage derartiger Sympathien verdächtigten.

Nach dem Frühstück gingen wir durch »die Stadt mit den tausend Treppen«, um eine Apotheke zu suchen und Dollarnoten zu wechseln.

Überall waren improvisierte Marktstände. Wer etwas zu verkaufen hatte, breitete es auf einem Tuch oder einem Klapptisch aus. Stilleben von Jopie Huisman: ein Paar lange Zeit benutzte Schuhe auf einem schmuddeligen Tuch, eine Uhr ohne Uhrwerk, unbestimmte Kleidungsstücke von noch unbestimmterer Herkunft – der amateurhafte Anfang einer freien Marktwirtschaft. Auf einer Steintreppe saß eine Verkäuferin mit einem so verzweifelten Zug um den Mund, daß ich ihr ein Bündel Bananen abkaufte. Es war das einzige Obst in ihrem Vorrat – dabei hatte ich unweit der Stadt Bäume voller Granatäpfel gesehen und Gemüsegärten, in denen überreife Melonen und Kürbisse förmlich danach schrien, geerntet zu werden. Ihr dekorativ ausgelegtes Angebot bestand ferner aus einem Sammelsurium von Waren wie Kaugummi, Seife, Obstsaft und Waschpulver. Wahrscheinlich träumte sie davon, einen gutsortierten Supermarkt zu besitzen, und ihre unübersehbare Hoffnungslosigkeit entsprang dem Abstand zwischen Traum und Realität.

In der Apotheke ergriff Karagjozi das Wort und deutete auf meine gequälte Magengegend. Interessiert richtete die Verkäuferin ihren Blick auf meinen Magen. Sie murmelte eine Diagnose und gab mir einen Streifen undefinierbarer Pillen, von denen ich in blindem Vertrauen gleich eine nahm. Nun noch die Dollars. Man hatte uns den Tip gegeben, auf dem freien Markt zu wechseln, aber weil keiner von uns den Kurs kannte, suchten wir doch eine Bank auf. Ringsum sah ich viele junge Leute in der ewigen, für heilig erklärten Jeans. Je weiter man nach Osteuropa gelangt, je dichter man sich dem Grab von Stalin, Ceauçescu oder Hodscha nähert, um so mehr beherrschen Nietenhosen das Straßenbild. *East meets West*, in Form einer (imitierten) Levi's. Plötzlich hielt ich ein Bündel Lek in den Händen, manche mit dem ehrwürdigen Konterfei von Kemal Bey Ismail, der 1912 Staatspräsident in der ersten bürgerlich demokratischen Regierung Albaniens wurde. Und auf jedem Geldschein war selbstverständlich der Adler mit den zwei Köpfen abgebildet.

Vor dem Haus von Karagjozis Cousine warteten die Polizisten vom Vorabend auf uns. Wir kannten einander nur als dunkle Schatten. Nun konnten wir einander sehen, also stellten wir uns vor. Roberto und Hadji. Sie hatten einen VW-Bus mit Fahrer mitgebracht und würden uns heute begleiten, so war es abgemacht – wahrscheinlich auf Initiative des Professors, um die Gefahr eines dritten Unglückstags abzuwenden.

Wir fuhren in das unselige Qesarat zurück. Das Auto war wie ein Wohnzimmer eingerichtet, an den Seitenfenstern Vorhänge mit Ajourstickerei, die Windschutzscheibe mit Fransen, Ketten und einer kleinen Plastikhand geschmückt, die ein Bündel imitierter Geldscheine umklammerte. Aus dem Radio erschallte ein seltsamer polyphoner Gesang von Männerstimmen, von dem eine hypnotische Wirkung ausging, während sich der Bus wie ein Schiff auf Rädern durch das Flußbett arbeitete.

»Hirtengesang aus der Urzeit«, sagte Karagjozi. »Der Text widerspiegelt die menschliche Problematik um Geburt, Heirat, Tod, Ernte. Es ist typisch für diese Gegend, die besten Sänger kommen aus Gjirokastra.« Nur, wer sehr jung damit anfing, konnte es lernen, so verflixt schwierig war die Mehrstimmigkeit ohne Instrumentalbegleitung. Am auffälligsten war, daß die Sequenzen abrupt endeten, als würde ein Erzähler mitten in seiner Geschichte zum Schweigen gebracht: ein Messer zwischen den Rippen, den Mund für immer aufgesperrt, ohne jemals noch einen Laut hervorzubringen – doch von der Blutrache eingeholt.

Der Bus holperte über einen breiten Weg bergauf, bis wir, noch bestimmt eine Viertelstunde von Qesarat entfernt, den Pferdemann erblickten, der uns aus Sorge um sein Geld schon entgegengekommen war. Inzwischen milder gestimmt, hatten wir – mangels Alternative – beschlossen, seine Dienste doch noch in Anspruch zu nehmen, falls wir zu einem finanziellen Kompromiß gelangen könnten und er sich nicht allzu unfair verhielt. Sogar beim Professor war, nach einer komfortabel verbrachten Nacht, so etwas wie Versöhnlichkeit zu bemerken.

Wir stiegen aus, der Professor und der Pferdemann setzten sich brüderlich ins Gras – auch letzterer, mit einem Grashalm im Mund, machte einen ruhigen, geläuterten Eindruck. Er schien sich rasiert zu haben. Ohne Bartstoppeln sah er zivilisierter aus. Er machte sich tatsächlich die Mühe, uns zu erklären, wie alles zusammenhing. Der Besitzer der Pferde verlangte zwanzig Dollar pro Tag und Pferd. Er überließ es uns, zu entscheiden, was er selbst bekommen sollte, aber diese sechzig Dollar pro Tag müsse er bereits bezahlen.

»Aber das ist doch absurd!« rief Daniël aus. »Ein Arbeiter verdient hier acht Dollar am Tag, und ein Pferd soll zwanzig verdienen?«

Roberto und Hadji pflichteten ihm bei. Ja, es war in der Tat so verrückt, daß einem die Worte fehlten. Als der Professor Daniëls Ausruf ins Albanische übersetzte, geriet der Pferdemann erneut in Wut. So erkannten wir ihn wieder, mit rollenden Augen und rotem Kopf, schon fast beruhigend. Wieder erhitzten sich die Gemüter, Roberto stürzte sich in den Kampf – sein Adlerprofil für den Angriff wie geschaffen. Daniël schleuderte eine Disqualifikation nach der anderen in Richtung des Pferdemanns. »Am ersten Tag hatten wir überhaupt nichts von ihm, und gestern haben wir uns unter seiner Obhut verirrt!«

Ich warf einen verstohlenen Blick auf meine Uhr. »Es ist jetzt zwölf«, sagte ich. »Ehe man sich's versieht, ist es eins oder zwei. Wir haben einen langen Weg vor uns, und um sieben wird es dunkel.«

»Wir müssen verhandeln«, meinte Daniël.

»Das machen wir schon seit gestern abend! Ich bin bereit,

alles zu bezahlen, was er verlangt, wenn wir nur endlich aufbrechen können, jetzt sofort, mit den Pferden.«

Mißbilligend schüttelte Daniël den Kopf. »Du verdirbst den Markt, wenn du ihnen gibst, was sie verlangen – sie haben überhaupt kein Gespür mehr für Relationen.«

Ich sah, wie sich der Professor ans Herz griff. Am vorigen Abend, bevor jeder von uns in sein Schlafzimmer verschwand, hatte er mir im Halbdunkeln zugeflüstert: »Weißt du, der Pferdemann … er hat gedroht, er würde mich erwürgen.« Womöglich würden ihn diese aussichtslosen Verhandlungen noch das Leben kosten. Unser Widerwillen gegen den Pferdemann wuchs von Minute zu Minute. Dagegen hatte der letzte Rest opportunistischer Nachgiebigkeit, den ich noch aufbringen konnte, keine Chance. Mit etwas Wehmut schaute ich auf meine Blondine. Alle wollten von diesem geborenen Querulanten erlöst sein. Jetzt. Sofort.

»Geben wir ihm die Hälfte«, kapitulierte ich. »Zweihundert Dollar für die geleisteten Dienste, und dann soll er nach Hause gehen.«

Daniël zuckte die Schultern. Er fand es noch viel zuviel, aber sei's drum. Der Pferdemann war jedoch nicht einverstanden. Nun geriet er erst wirklich in Rage. Als würde ein Psychotiker den Verkehr regeln, begann er wild herumzufuchteln – Schaum stand ihm auf den Lippen, Drohungen und Verwünschungen flatterten wie aufgeschreckte Stare aus seinem Mund.

»Er ist tatsächlich verrückt«, stellten wir verblüfft fest. Ich beschloß, ihn zu bezahlen, ob er wollte oder nicht. Aber als es darauf ankam, wollte er doch. Er hielt die Hand auf und bekam beim Mitzählen Stielaugen. Zwanzig Scheine, eine stattliche Abfindung, hielt er schließlich in der Hand.

Der Fahrer gab sehr nachdrücklich Gas, wir wußten gar nicht so schnell ins Auto zu kommen. Wir warfen einen letzten Blick auf diese Katastrophenfigur, diesen Maestro im Stiften von Verwirrung und Streit. Er saß am Straßenrand und steckte sich eine Zigarette an. Offenbar grummelte er leise vor sich hin.

»So«, sagte Karagjozi, »wir haben es wieder selbst in der Hand. Der Mann hat mir die Reise ziemlich verleidet.«

»Vergiß ihn«, sagte ich und erinnerte ihn daran, daß die Beschaffung ordentlicher Reittiere auch für Hobhouse und Dich eine täglich wiederkehrende Heimsuchung gewesen war.

Wir überlegten, wie wir den Tag ohne Pferdemann gestalten sollten. Uns blieb nichts anderes übrig, als die für diesen Tag geplante Strecke, für die man zu Fuß nur etwa vier Stunden benötigte, per pedes zurückzulegen. Roberto und Hadji kannten den Weg. Das Gepäck konnte mit dem Bus zum vorletzten Dorf, Erind, gebracht werden. Der Fahrer war damit einverstanden, jedoch nur unter der Bedingung, daß der Professor bei ihm bliebe, um als Mitverantwortlicher für die Sicherheit unserer Rucksäcke Sorge zu tragen.

Karagjozi protestierte nicht. Ich hatte das Gefühl, daß sein Herz und er insgeheim einen Tag Ruhe brauchten. In Erind, meinte er, könne er die Zeit gut nutzen, um Pferde für unsere letzte Etappe nach Tepelena aufzutreiben. Ihr habt damals, wie Hobhouse berichtet, sieben Stunden dafür benötigt.

»Was ist eigentlich ein Wlach?« fragte ich Daniël.

»Ein Volk, das einer rumänischen Theorie zufolge ursprünglich aus der Walachei kommt«, sagte er. »Heute gehört es zu Rumänien – das Wlachische wäre dann ein rumänischer Dialekt. Aber die Griechen behaupten, die Wlachen seien Einheimische, die – wie, wissen sie selbst auch nicht – unter Einfluß der Römer einen lateinischen Dialekt angenommen hätten, der mit dem Rumänischen verwandt sei. Einst sind die Wlachen als Hirten und Karawanenführer ausgeschwärmt, vor allem zum Pindos um Metsovo und nach Südalbanien. Ihre Sprache droht auszusterben, weil sie in den Schulen nicht unterrichtet wird und weil sie immer häufiger Mischehen eingehen. Sie sind nicht so dunkel wie die Griechen, haben oft blaue Augen, helleres Haar und quadratische Gesichter.«

»Und warum sollte unser Pferdemann ein Wlach sein?«

»Weil er so aussieht.«

Vergebens versuchte ich mich an die Farbe seiner Augen zu erinnern. Nur deren Glut war mir noch im Gedächtnis. Sie konnten plötzlich entflammen, unvorhergesehen und willkürlich, und wen er in diesem Augenblick ansah, den überkam eine seltsame Mischung aus Verwirrung, Angst und Wut.

In Qesarat füllte ein kleiner Junge meine Feldflasche am Dorfbrunnen. Es war bewölkt, aber trocken, und die Medizin von unbestimmter Herkunft wirkte. Die Reise begann von neuem, in anderer Besetzung. Roberto war der Inbegriff des Albaners, wie ich sie von Gravüren und Fotos kannte: schmächtig, mit bronzefarbener Haut, schwarzen Augen und Brauen und einer gebogenen Nase in einem schmalen, feingezeichneten Gesicht. In seiner Uniform sah er aus wie »die Polizei, dein Freund und Helfer«, aber in der klassischen Aufmachung eines Räubers mit dem Messer zwischen den Zähnen hätte ich nicht den Mut gehabt, ihn als Dragoman in Dienst zu nehmen. Hadji, der kräftiger gebaut war, hatte eine Boxernase und erinnerte im Profil an Jean-Paul Belmondo.

Während Daniël und Roberto – letzterer sprach passabel Griechisch – vorgingen und manchmal durch einen Berg oder ein Wäldchen unseren Blicken entzogen wurden, wich Hadji nicht von meiner Seite. Er mochte sich nicht damit abfinden, daß wir uns nur in der Gebärdensprache miteinander verständigen konnten. Auf den nächsten Berg deutend, sagte er nachdrücklich: »Mali.« Ich wiederholte: »Mali.« »Ruge: Pfad«, machte er weiter. »Kokí: Kopf. Kaputzet: Fuß.« Im Takt unseres Wanderschritts wiederholten wir Wörter. Als ich sie fehlerfrei aussprechen konnte, sagte er: »Hrodone«, was okay bedeutet. Albanien war nicht Albanien, sondern Shkiparië – das sollte ich mir vor allem gut merken. Und ich hatte endlich jemanden gefunden, der die Bezeichnungen der Bäume und Pflanzen kannte. Hadji hatte eine kindliche Freude daran, in Wald und Flur alles zu benennen, auf das sein Auge fiel – unsere Wanderung wurde zu einer wundersamen Demonstration von sprachlichem Zeichen und Bezeichnetem.

Noch immer verlief unser Pfad entlang der Flanken der Lunxhëria-Bergkette, zur Linken das Tal des Drino. Je weiter wir vorankamen, um so mehr war unsere Wanderung ein ständiges Abschiednehmen von Bildern, die ich am liebsten für immer auf meiner Netzhaut bewahrt hätte. Wasser hatten wir nicht mitzunehmen brauchen. Es »wuchs einfach am Weg«, in klaren Bächen, die sich in eigenwillige Felsformationen eingeschliffen hatten, und in dunklen Grotten, in denen die Oreaden leben, Bergnymphen, die Reisende sicher über die Felsen geleiten. Nach vorn gebeugt trank ich aus der Schale meiner Hand und bat sie im stillen um Beistand, obwohl ich in Hadji eigentlich schon eine phantastische Bergnymphe hatte. Ab und zu fiel ein Oktoberschauer, der sich wie Mairegen anfühlte. Unsere Dragomanen hatten ihre Uniformjacken zwanglos aufgeknöpft; die rotbetreßten Mützen mit dem goldenen Emblem behielten sie auf, um sie nicht in der Hand tragen zu müssen.

Im ersten Dorf auf unserer Strecke, Dhoksat, lebte eine Cousine Robertos. Spontan schlug er vor, ihr einen Besuch abzustatten. Warum nicht? Als Reaktion auf den Vortag waren wir in ausgelassener Stimmung. Uns konnte nichts mehr passieren, plötzlich hatten wir Zeit im Überfluß. Durch einen gepflegten Garten, der seltsam mit der Wildheit der Natur ringsum kontrastierte, gingen wir in ein altes, aber gut in Schuß gehaltenes Haus. Unsere Schuhe zogen wir aus und stellten sie am Eingang ab, als ob wir eine Moschee beträten. Ich warf einen verstohlenen Blick auf meine Socken, um zu überprüfen, ob sie Löcher hatten. Zum Sockenstopfen habe ich nie Lust, Socken wegzuwerfen, weil sie ein Loch haben, finde ich zu schade – voilá, das große Dilemma der westeuropäischen Frau am Ende des zwanzigsten Jahrhunderts. Zum Glück trug ich ein Paar, für das ich mich nicht zu schämen brauchte.

Wir kamen in ein Zimmer mit einer niedrigen Decke und setzten uns auf eines der Sofas vor der Wand. Neugierige, kichernde Mädchen drängten sich in der Tür, um uns zu betrachten. Robertos Cousine, vom untersetzten und immer fröhlichen Typ, schüttelte uns die Hand. Zwei ihrer Töchter, zwölf und vierzehn Jahre alt, die schon ein wenig Englisch sprachen, wurden unter Sträuben zu uns geschubst. Die Ältere hatte ein archetypisch klassisches, von schwarzen Locken umrahmtes Gesicht, während die Jüngere dem Porträt ihrer Mutter, das hinter einem gesprungenen Glas über dem Sofa hing, täuschend ähnlich sah – die Mutter selbst ähnelte dem Bild nicht mehr. Die Ältere erzählte in sorgfältig gebauten Sätzen, sie wolle später aus Albanien weggehen. Nach Italien. Schon der Gedanke daran ließ sie strahlen.

Die Männer bekamen Kaffee und Raki, für mich wurde Bergtee zubereitet. Die Gastgeberin verschwand wieder in ihrer Domäne und überließ die Konversation mit den Gästen ihren verlegenen Töchtern. Dann kam ihr Mann nach Hause. Mit seiner schweren, sartreschen Brillenfassung sah er aus wie ein abgeklärter, nach innen gewandter Intellektueller. Er war Lehrer für Geschichte – wo in diesem Nest, so weit weg von der Welt, blieb ein Rätsel.

Das Gespräch drehte sich um Dich.

Anscheinend fand er unsere Mission uninteressant und überflüssig – sicherlich war er einer dieser Historiker, die meinen, die Vergangenheit sei dazu da, an einem Schreibtisch studiert, statt von neuem erlebt zu werden. Mit hochgezogenen Augenbrauen bat er um unsere Aufmerksamkeit für einen anderen Helden, einen wirklichen, aus der albanischen Geschichte. Er erhob sich von seinem Stuhl und holte ein Buch aus dem Schrank, mit dem er seinem niederländischen Kollegen imponieren wollte, aber weil er sich nur auf albanisch verständigen konnte und Roberto seine Ausführungen in mangelhaftes Griechisch übersetzte, gelang es dem Lehrer nicht, seine Begeisterung auf Daniël zu übertragen.

Müde von der Sprachverwirrung brachen wir auf. Der Raki blieb nicht ohne Wirkung, meine Reisegefährten waren noch vergnügter als vorher. Ich fotografierte einen Einheimischen, der einen mit Ästen beladenen Esel an einem Strick mit sich führte. Im Hintergrund sieht man Roberto und Daniël schallend lachen. Ersterer kippte fast vor Vergnügen in den Abgrund.

Als wir uns dem nächsten Dorf näherten, das der Karte zufolge Qestorat hieß, sahen wir am Wegrand ein Ehepaar, das kirschgroße Früchte von einem Baum erntete. Es fiel auf, daß beide blond waren, außergewöhnlich in dieser Gegend, und ihre drei Kinder, die um den Baum wuselten, waren ebenso blond wie die Eltern. Sie ließen uns kosten – die Früchte bestanden fast ausschließlich aus Kernen, sie schienen mir die ganze Mühe der Ernte nicht wert. Die Eheleute ließen ihre Arbeit sofort im Stich: Sie bestanden darauf, daß wir mit zu ihnen kamen und etwas tranken.

»Es wäre unhöflich, abzulehnen«, sagte Roberto – in seinen Augen glitzerte die Aussicht auf noch mehr Raki.

Durch die gewundenen Gäßchen ging die Familie voran. Wir überquerten einen kahlen Platz, der von leerstehenden Häusern umgeben war, die einst wohlhabenden Bürgern gehört haben mußten. Die Verketzerung der Bourgeoisie war auch eine Kriegserklärung an Schönheit, Stil und Eleganz. Die Familie wohnte gegenüber einer byzantinischen Kirche, die anscheinend noch benutzt wurde. Über eine

Treppe, die in den ersten Stock des Hauses führte, betraten wir ein Wohnzimmer, in dem der abscheulichste Wandteppich dominierte, den ich jemals gesehen habe. Er enthielt einen fliehenden Hirsch in einer Alpenlandschaft, alles in fetten, schwarzen Konturen und schreienden Farben – wahrscheinlich der Stolz der Familie.

Der Tisch wurde mit Cola, Bier, Raki, Limonade, Keksen, Nüssen und türkischem Honig beladen. Daß ich nur Bergtee wollte, war eine große Enttäuschung. Ich zeigte auf meinen Magen. Ah, *stomaaki*! Die Familie sah mich besorgt an. Noch seltsamer fanden sie es, daß ich zum Tee keinen Zucker nahm. Die Bewohner dieser Gegend bedienten sich offenbar – ein Erbe der türkischen Besatzung? – reichlich des »süßen Gifts«: Noch nie hatte ich so viele schlechte Gebisse gesehen, auch bei den Kindern.

Es wurde voll im Wohnzimmer. Der Nachbar erschien mit seiner Frau, die ein blasses Baby auf dem Arm trug. Dann kam die Großmutter herein. Sie umarmte mich innig, als wäre ich ihre verloren geglaubte Tochter. Es hätte sein können, äußerlich ähnelte ich ihrer Tochter, die mich die ganze Zeit verwundert anlächelte und sich förmlich verrenkte, um es mir recht zu machen – in anderen Zeiten, in einem anderen Leben, hätte ich ihre Schwester sein können.

Sie wollten alles von uns wissen. Wie alt war Daniël, wie alt war ich? Waren wir verheiratet, wie viele Kinder hatten wir? Als sie mein Alter erfuhren, zeigten sie verblüfft auf meine Zähne: Waren das alles eigene? Wie war das möglich! Gute Zahnärzte in den Niederlanden, sagte Daniël nüchtern. Das Baby der Nachbarin wurde mir auf den

Schoß gesetzt; ich unterhielt mich mit ihm in einer Sprache, die alle Babys auf der ganzen Welt verstehen und zu schätzen wissen, vor allem, wenn man sie dabei am Bauch kitzelt. Zum ersten Mal blieben die Frauen einfach dabei. Weil dies eine ursprünglich christliche Familie war? Ich dachte an Hobhouse, der manchmal von Dörfern sprach, die hauptsächlich von Christen bewohnt waren.

Es wurde noch mehr Bier auf den Tisch gestellt. Roberto war so ausgelassen, daß er Funken sprühte. Was sollten wir nachher mit einem betrunkenen Dragoman? Vielleicht fragte Daniël sich das heimlich auch, denn er entfaltete die Landkarte und beugte sich mit dem Gastgeber über die Strecke, die wir noch vor uns hatten.

Ich huschte hinaus, um mir die Kirche anzusehen. Die Frau mit dem Baby ging hinter mir her. Sie nickte mir zu: Die Tür stand immer offen. Als ich mich an das Halbdunkel gewöhnt hatte, sah ich ein Gewimmel von Fresken. Von einem Kuppelgewölbe schauten die zwölf Apostel in einem Kreis auf uns herab, umgeben von biblischen Darstellungen. Ein anderer Daniel stand in der Löwengrube, die Hände ein klein wenig zu elegant gen Himmel erhoben. Schweigend erzählten sie ihre Geschichte, eine nachdrückliche Stille schaffend, aber wenn man die Augen schloß, konnte man das Rauschen der fein ziselierten Engelsflügel hören. Auf einer Holztäfelung zu beiden Seiten des Altars waren Muscheln und Blumen in Vasen abgebildet – hier und da lag eine geknickte Nelke auf einem Sims. Generationen von Öllampen und Kerzen hatten Fettspuren hinterlassen. Auf dem Altar selbst standen frisch gepflückte Blumen, dahinter war ein erbarmungswürdig leerer Tabernakel, aus dem das Allerheiligste schon vor langer Zeit geraubt worden sein mußte.

Ich hörte Schritte und drehte mich um. Eine Frau in Schwarz, ein Tuch straff um den Kopf gebunden, auf einen Stock gestützt, beobachtete mich mit leeren Augen. Eine der Schicksalsgöttinnen Michelangelos. War sie die Dorfälteste, die Urmutter von Qestorat? Stammte sie noch aus Byzanz und hatte Türken und Kommunisten überlebt? Als wir die Kirche verließen, verschwand sie zwischen den mit Flechten bewachsenen Grabplatten des angrenzenden Friedhofs, als ob irgendwo ein Grab war, wo sie nach Belieben ein- und aussteigen konnte.

Im Haus traf ich die ganze Gesellschaft noch genauso an, wie ich sie verlassen hatte. Aber im nächsten Dorf wartete ein Professor auf uns, wahrscheinlich mit einer tiefen Furche über der Nasenwurzel. Wir mußten weiter.

Ziemlich beschwipst verließen die Männer das Haus. Wir wurden umständlich hinausgeleitet. Die Großmutter drückte mich an die Brust, und meine geträumte Schwester rannte mir mit zwei Büscheln Bergtee hinterher, für meinen *stomaaki.* Während uns die Dorfbewohner nachstarrten, setzten wir unsere Wanderung fort. Von einer Dachterrasse, zwischen dionysischen, dunkelvioletten Trauben, schauten zwei pausbäckige Cupidos auf uns herab. In der Tür eines alten, soliden Steinhauses stand eine Frau in meinem Alter. Obwohl sie noch kein Fältchen im Gesicht hatte, war ihr Rücken von einer Form der Arthrose angegriffen, die ihren Oberkörper langsam nach vorn beugte. Ohne medizinische Hilfe würde dieser Prozeß weitergehen, bis ihre Nase den Boden berührte. Solche gekrümmten Wesen sind auch auf römischen Vasen und Reliefs abgebildet. Die Krankheit hat es schon immer gegeben, könnte man sagen, und sie galt als so ehrfurchtgebietend, daß man sie in Abbildungen verewigte. Ein Trost ist das nicht, nur ein Beispiel der Plagen, die einen Menschen auf Erden treffen können und die es zu allen Zeiten gegeben hat.

Am Straßenrand stand ein gewaltiger Nußbaum. Ein Baum, der so dick ist, daß mindestens vier Menschen nötig sind, um ihn zu umarmen, flößt mir ebensoviel Ehrfurcht ein wie eine Kathedrale. Aber nicht alles grünte und blühte hier wie von allein. Ich sah auch verwahrloste Weingärten; zwischen knorrigen Stämmen mit halbverdorrtem Laub schoß das Unkraut empor. Es schien mir ein schlechtes Zeichen, wenn ein Land seine Weingärten nicht pflegte – es verlor seinen Esprit.

Wir erreichten das Dorf Mingul-Nikova. Auf einem unbefestigten Platz wurde Fußball gespielt, Dorfbewohner standen schwatzend drumherum. War dies so ein Dorf, wo jeder von selbst jeden traf? Wo noch keine Terminkalender konsultiert wurden? War in diesem Land, obgleich von allen möglichen Formen des Terrors heimgesucht, vielleicht mehr vom Leben, »wie es gemeint ist«, bewahrt geblieben als bei uns im Westen?

Um halb vier kamst Du mit Deinem Gefolge in Erind an, wir drei Stunden später. Ihr wart ja unterwegs auch nirgendwo eingeladen, Ihr habt nicht Bier und Raki getrunken. Die Sonne war bereits untergegangen, aber hinterließ eine diesig rosa Atmosphäre, die dem Dorf ein warmes und gastfreundliches Aussehen gab. In einem Gemüsegarten, in dem monströse orangefarbene Kürbisse *out of space* gefallen zu sein schienen, arbeitete eine Frau vor dem Hintergrund von Heuschobern und blauen Bergen. Auf einem kleinen Hügel neben dem Pfad saßen Großväter, Söhne und Enkelsöhne beieinander. Niemals würde ich erfahren, worüber sie redeten – oder lag die Erfüllung in einem schweigenden Beisammensein? Foto, Foto ... riefen sie, also machte ich ein Foto. Ein Foto von einer Szene, die, wie die Fußballspieler auf dem Platz, Wehmut bei mir wachrief. Wer bin ich, woher komme ich, wohin gehe ich – ob sie sich das manchmal fragten?

Alle wirkten auf dem Foto gut gelaunt und entspannt, wie sich später zeigte. Stehend, hockend ... Was macht man in Albanien mit den Armen, wenn man fotografiert wird? Man legt sie um die Schultern des Nachbarn.

Nach dieser Momentaufnahme wurden wir von einer stetig anwachsenden Horde Kinder verfolgt, die alle die Art Plastiksandalen trugen, die ich vor fast einem halben Jahrhundert auf Geheiß meines Vaters tragen mußte, wenn wir am Meer waren – um nicht in Glasscherben oder Muscheln zu treten. Für sie waren wir eine ebenso große Sehenswürdigkeit wie sie für uns. »Marsmenschen sind wir«, sagte Daniël und ging lakonisch weiter. Auf einem kleinen Mäuerchen saßen die Urgroßväter mit Mützen auf dem Kopf und einer Gebetskette zwischen den Fingern.

Da erschien auch Afrim Karagjozi. Er kam uns mit einem besorgten »Are you all right?« entgegen. Und ob, es war eine herrliche Wanderung gewesen, schade, daß er nicht dabei war. Ihm sei langweilig gewesen, gab er zu, nachdem der Fahrer fort war. Aber: Er hatte einen anderen Pferdemann gefunden.

In diesem Dorf übernachteten wir bei einem pensionierten Lehrerehepaar. »Unsere Unterkunft war ausgezeichnet«, hätte Hobhouse gesagt. Der Lehrer, ein gutaussehender, hochgewachsener Mann, hatte eine sorgenvoll aussehende Frau, die ständig betriebsam hin und her lief, als ob unser Besuch das Äußerste ihrer Improvisationsfähigkeit verlangte.

Als erstes wollte ich mich erfrischen und umziehen – nachdem die Sonne untergegangen war, wurde es plötzlich kalt. Ich fragte nach der Toilette. Die Lehrerin bedeutete mir, mit nach draußen zu kommen. Wir gingen über einen schlammigen Hof. Immer wieder drehte sie sich um – folgte ich ihr auch? Verlegen zeigte sie auf einen Schuppen hinten im Garten, neben dem Hühnerstall. Ich nickte und zog die quietschende Tür auf. Ein Hock-WC, jawohl, und von unbeschreiblicher Schmutzigkeit. So etwas hatte ich erst einmal im Leben gesehen, in der Dordogne, vor ungefähr dreißig Jahren. In einer Ecke stand ein unwirklicher weißer Treteimer, und wenn man sich in zweifelhafter Balance über das Loch hockte, hing in Augenhöhe eine Rolle Toilettenpapier. Man wußte nicht, wohin man seine Füße stellen sollte. Ich versuchte, mich vor dem allgegenwärtigen Geruch menschlicher Exkremente und der Hühnerkacke aus dem angrenzenden Stall zu verschließen und nahm mir vor, einmal bei Hobhouse nachzulesen, wie man diese Dinge zu Eurer Zeit geregelt hatte. Der Lehrer war wohl kein Heimwerker, sonst hätte er längst eine anständige Toilette gezimmert. Als ich herauskam, wartete die Gastgeberin mit besorgter Miene auf mich. Sie machte eine Geste, die »Hände waschen« bedeuten sollte, und zeigte auf einen Hahn in einer Außenmauer, unter dem ein Plastikeimer stand – das Spülbecken und der Waschtisch des Hauses. Ich hielt die Hände unter einen dünnen, ab und zu aussetzenden Wasserstrahl; sie stand mit feierlichem Gesicht wartend neben mir, ein blitzsauberes Handtuch über dem Arm. Der reinste Slapstick, wenn es nicht so rührend gewesen wäre.

Wir gingen ins Haus, ich zog einen dicken Pullover an und faßte mir ein Herz, um zu fragen, ob ich zwei Kleidungsstücke waschen könnte. Wieder ging es nach draußen, nun, um einen Bottich mit Wasser zu füllen. Mindestens zehn Minuten starrten wir mit höflichem Schweigen auf den dünnen Strahl, und wenn sich unsere Blicke zufällig trafen, lächelten wir. Ohne Karagjozi konnten wir kein Wort wechseln. Zwischendurch verschwand sie, um mit einem Päckchen Dixan zurückzukommen. Nachdem ich meine Kleider gewaschen hatte, hing ich sie zum Trocknen auf eine Leine zwischen zwei Apfelsinenbäumen.

Ich ging ins Wohnzimmer. Roberto und Hadji, in Gesellschaft des Fahrers aus Gjirokastra, waren schon wieder mit alkoholischen Getränken versorgt. Der neue Pferdemann war gerade angekommen, um sich vorzustellen. Er war klein und wettergebräunt, und seine Falten saßen an der richtigen Stelle in Form eines Lächelns, das sich rings um seinen Mund und seine Augen eingekerbt hatte. Während der Professor von unseren Erfahrungen mit dem ersten Pferdemann berichtete, setzte sich der Gastgeber amüsiert dazu. Seine Frau fragte, was wir essen wollten. Ich erzählte, warum ich zwei Tage gefastet hatte. Sie riet mir, Kartoffeln mit einem gekochten Ei zu versuchen, worauf sich alle Anwesenden mit der Frage beschäftigten, was nun eigentlich besser sei für den Magen: ein hart- oder ein weichgekochtes Ei.

Manche waren felsenfest davon überzeugt, das Ei müsse hart sein, damit eventuelle Bakterien eliminiert würden, andere wußten mit ebensogroßer Überzeugung, ein weiches Ei sei besser verdaulich. Die Gesellschaft spaltete sich in zwei Lager, wie die »Big-Endians« und die »Small-Endians« in *Gulliver's Travels*, die sich miteinander im Kriegszustand befanden wegen der Frage, ob die Schale eines Eis an der Spitze oder an der breiteren Unterseite aufgebrochen werden müsse. Nach heftiger Debatte gelangten wir zu dem Kompromiß »medium«, und die Lehrerin verschwand in einem Raum unter der Treppe, um zu kochen. Könnten nur alle Balkankriege so geschlichtet werden, das würde eine Menge Kummer und Blauhelme ersparen.

Nun begannen die Verhandlungen über die Pferde für den nächsten Tag. Ein Pferd besaß unser Mann selbst, das andere mußte bei jemandem im Dorf gemietet werden. Er verlangte dreißig Dollar pro Pferd. Karagjozi fiel vor Bestürzung fast vom Sofa. Der andere erklärte, ein Pferd verdiene für einen Tag Arbeit normalerweise dreißig Dollar. Roberto und Hadji feixten, die Diskussion, die nun einsetzte, kam ihnen bekannt vor. Wieder dasselbe Argument: Ein Pferd konnte an einem Tag doch nicht mehr verdienen als ein Professor an der Universität! Der neue Pferdemann regte sich nicht auf. Er hörte aufmerksam zu, aufgeschlossen für die Berechtigung dieses Arguments. Welch ein Glück, dachte ich, daß Autovermietungen Tabellen mit festen Tarifen haben. Man stelle sich nur vor, über die Vermietung eines Autos müsse so endlos gefeilscht werden.

Der Pferdemann gab ein Stück nach. Der Professor auch. Sie gelangten tatsächlich zu einer Einigung, mit der alle zufrieden sein konnten. Außerdem wurde beschlossen, die Pferde nur bis zur Brücke über den Drino zu nehmen, danach verschwand der ursprüngliche Pfad nach Tepelena jenseits des Flusses unter einer elf Kilometer langen, asphaltierten Straße. Unser Fahrer aus Gjirokastra würde in seinem fahrenden Wohnzimmer bei der Brücke auf uns warten. Wir stießen darauf an, und die heitere Stimmung kehrte zurück.

Sentimental verabschiedeten wir uns von unseren Dragomanen, die in ihre steinerne Stadt zurückkehrten. Roberto würde uns am nächsten Tag wieder begleiten. Der Tisch wurde gedeckt, Schüsseln mit Feta, gekochten Eiern, Fleisch und dampfenden Kartoffeln wurden aufgetragen. Nach all dem Bergtee war ich ausgehungert, aber der Professor war in ein angeregtes Gespräch mit dem Lehrer verwickelt und schien nicht das geringste Interesse an dem zu haben, was auf dem Tisch stand. Seine Frau blieb vorerst unsichtbar. Wartete sie höflich bis zum Ende des Gesprächs oder handelte sie entsprechend einer Auffassung, über die ich etwas bei einem englischen Reisenden aus dem neunzehnten Jahrhundert gelesen hatte? Als dieser in Griechenland endlich Hummer essen konnte, ließ die Gastgeberin alles kalt werden, denn »das sei besser für den Magen«.

Das Gespräch stockte, und wie auf ein unsichtbares Zeichen begannen alle zu essen. Ißt Ihre Frau nicht mit? fragte ich. Ja, ja... desinteressiertes Nicken. Erst mitten in der Mahlzeit setzte sie sich unbemerkt dazu. Noch nie habe ich mit soviel Appetit Kartoffeln gegessen, und das Ei, ja, das Ei war der vollkommene Kompromiß. Karagjozi, inspiriert durch meine Art, es in kleinen Stückchen zu genießen, erzählte, nach der Entlassung seines Vaters seien seine Eltern so arm gewesen, daß zu Ostern für die ganze Familie nur ein Ei gekauft werden konnte. Nachdem sie es gekocht hatte, teilte seine Mutter es sorgfältig in drei Stücke und verzierte es mit dem, was vorhanden war – es wurde wie Kaviar aufgetragen. *Nouvelle cuisine avant la lettre*, aber von großer Traurigkeit.

An meine Eindrücke auf unserer Wanderung zurückdenkend, fragte ich, warum die Weingärten so verwahrlost seien. Das habe mehrere Gründe, meinte der Lehrer. Die jungen Leute, die den Weinbau wieder hätten neu beleben können, seien ins Ausland gegangen. Ferner benötige man viel Geld für die Anschaffung von landwirtschaftlichen Maschinen, Pestiziden, Kunstdünger, Transportmitteln. Woher sollte das kommen? Das Ausland wage keine Investitionen. Dieses Problem existiere im weiteren Sinne für die gesamte Landwirtschaft und den Obstanbau. Außerdem seien viele Wirtschaftsgebäude ehemaliger Agrargenossenschaften nach dem Fall des Kommunismus von den ehemaligen Arbeitnehmern aus aufgestauter Frustration zerstört worden. Seither lägen viele Felder brach.

»Eigentlich ist dies ein reiches Land«, seufzte Karagjozi, »aber es müßte auch bewirtschaftet werden.«

Mit Wehmut dachte er an die Zeit Anfang der siebziger Jahre zurück, als er mit seinen Gymnasiasten an der Südwestküste Albaniens Terrassen an den Berghängen angelegt und diese mit Oliven- und Apfelsinenbäumen bepflanzt hatte. Es war ein landesweiter Pflichteinsatz im Rahmen von Hodschas Landwirtschaftskampagne »Macht die Hügel und Berge so fruchtbar wie die Ebenen«. Nun verkümmerten all diese Bäume, wußte er, es gab niemanden, der sie beschnitt oder aberntete.

Wir konnten uns nun auch denken, woher der betrübte Ausdruck im Gesicht unserer Gastgeberin kam: Ihre drei Töchter lebten mit Mann und Kindern in Griechenland, erzählte sie, weil es dort Arbeit gab und hier nicht. Die alten Familienverbände, die hier in den Bergen noch lange fortbestanden hatten, zerbrachen durch den Exodus jüngerer Generationen.

Mit einem Gefühl des Unbehagens ging ich zu Bett. Fort war der Rausch dieses Nachmittags, als ich mich, mit meinem Hintergrund des westlichen Wohlstandes, schamlos der Romantisierung des Lebens in den Dörfern, durch die wir kamen, hingegeben hatte. Etwas von der Trostlosigkeit, der Hoffnungslosigkeit Albaniens war auf mich übergesprungen. In diesem Land waren anscheinend alle Versuche weiterzukommen zum Scheitern verurteilt – ein Umstand, der in Anbetracht der Geschichte Albaniens schon sehr lange andauerte, wenngleich stets in anderer Form. Jemand kann im falschen Augenblick am falschen Ort geboren werden. In Albanien, so schien es, wurde man immer im falschen Augenblick geboren. Daß dieser Fleck »mehr Naturschönheiten besitzt als die klassischen Gegenden Griechenlands« vermochte das nicht aufzuwiegen. *Erst kommt das Fressen, dann die Schönheit der Natur.*

13

Von Qesarat nach Erind zu Fuß zu gehen, so wie wir, wäre für Lord Byron unmöglich gewesen.

»Fort, Buckliger!«

»So brachtst du mich zur Welt, Mutter!«

So beginnt das Drama *The Deformed Transformed* (Der umgestaltete Mißgestaltete). Zwei vielsagende Sätze, die das Verhältnis zwischen Byron, als Kind, und seiner Mutter sinnfällig wiedergeben. Wenn die von ihren Gefühlen beherrschte, impulsive Frau schlechte Laune hatte, warf sie ihm sein Gebrechen vor. Er wiederum gab ihr zeitlebens die Schuld daran. Nach seiner Überzeugung kam es davon, daß sie während der Schwangerschaft ein Korsett getragen hatte oder durch ihre Überempfindlichkeit bei der Geburt.

Es existieren verschiedene medizinische Theorien, was ihm nun eigentlich fehlte. Hatte er einen echten Klumpfuß? War es eine erbliche Mißbildung, war es eine Folge von Kinderlähmung, oder war bei der Geburt etwas schiefgegangen?

Byrons Freund Trelawney, ein Opfer seiner eigenen überschäumenden Phantasie, hat versucht, den Fuß nach Byrons Tod in einem Gruselkabinett beizusetzen. Nachdem er Fletcher mit der Bitte, ihm ein Glas Wasser zu holen, hinausgeschickt hatte, soll er den aufgebahrten Körper einer näheren Inspektion unterzogen haben, um das Geheimnis ein für allemal zu lüften. Er hob das Laken, das den Toten bedeckte, und entdeckte zu seiner Bestürzung, daß sein Freund tatsächlich zwei Klumpfüße hatte und die Unterschenkel bis zu den Knien atrophiert waren. »Das Profil und die Gesichtszüge eines Apollo«, schrieb der Sensationssüchtige, »mit den Füßen und Beinen eines Satyrs aus dem Wald.« Und das, obwohl sie unzählige Male miteinander schwimmen waren!

Thomas Medwin, mit dem Byron in Italien eine Zeitlang Umgang pflegte, gibt in aller Unschuld ein glaubwürdigeres Bild: »Ich erwartete zu entdecken, daß er einen Klumpfuß hatte, vielleicht einen Bocksfuß; aber es war schwierig, einen Unterschied zwischen dem einen und dem anderen Fuß zu entdecken, weder was den Umfang, noch was die Form betraf.«

Byrons Mutter selbst hat, als ihr Sohn gerade laufen gelernt hatte, genau beschrieben, was das Problem war. In einem Brief an seine Tante, Mrs. Leigh, bittet sie um Hilfe für die Anschaffung eines speziellen Schuhs: »Georges Fuß dreht sich nach innen, und es ist der rechte Fuß; er läuft vollkommen auf der Außenseite seines Fußes.«

Auch in der Schule, in Harrow, wurde er in den ersten Monaten schmerzlich auf seine Behinderung hingewiesen. Wenn er morgens aufwachte, lag sein Fuß manchmal in einer Schüssel mit Wasser – eine Überraschung seiner Zimmerkameraden. Um sich zu behaupten, lernte er seine Fäuste zu gebrauchen. Anfangs haßte er die Schule, aber im Laufe der Zeit gelang es ihm, sich einen Platz zu erobern und Freunde zu gewinnen. Man hatte einen Schuh mit einem Riemen um den Knöchel für ihn anfertigen lassen, aber er war nachlässig und vergaß, das Ding anzuziehen.

Er wollte einfach das können, was die anderen machten – mit immenser Willenskraft betrieb er verschiedene Sportarten und ignorierte dabei seine Behinderung. Als er elf war, wurde sein Fuß von einem Quacksalber massiert und maschinell gestreckt, was fürchterlich schmerzte und nichts bewirkte. Danach erhielt er einen »orthopädischen« Stiefel.

Als er fünfzehn war, kam die Qual aus einer anderen Richtung. Byron lernte seine Cousine Mary Chaworth näher kennen, die auf einem Landgut in der Nähe von Newstead wohnte. Sie war ein paar Jahre älter als er, und obgleich sie verlobt war und »not to have«, verliebte er sich hoffnungslos in sie. Sie flirtete gern und ließ sich die abgöttische Verehrung des aufgeschwemmten Schuljungen amüsiert gefallen. Krank vor unerfüllbarer Liebe weigerte er sich im September, zur Schule zurückzugehen. Er lungerte nur noch in ihrem Haus herum und ging ihr allmählich auf die Nerven. Die quälende Idylle fand ein abruptes Ende, als er hörte, wie ihr einem Dienstmädchen gegenüber entfuhr: »Was? Ich soll mir etwas aus dem Hinkefuß machen?« Schockiert und wütend verschwand er. Seine Verliebtheit kühlte ab, aber Mary Chaworth blieb sein ganzes Leben für ihn das Urbild der idealen Frau.

Die Mißbildung seines Fußes hat ihn immer mit Rebellion erfüllt. In einem Brief an seinen literarischen Freund Francis Hodgson vom 13. September 1811, in dem er wegen dessen Frömmigkeit heftig gegen das Christentum vom Leder zieht, flammt auch Selbstmitleid auf, humoristisch verpackt: »Und unsere Leichname, die wieder auferstehen sollen, sind sie das Auferstehen wert? Ich hoffe, falls meiner es ist, daß ich ein besseres *Paar Beine* bekommen werde als die, auf denen ich mich in den letzten zweiundzwanzig Jahren bewegt habe, da ich ansonsten arg zurückbleibe bei dem Gedränge ins Paradies.«

Die körperliche Abweichung war ein Anschlag auf seine Eitelkeit und gleichermaßen auf sein Temperament, weil er dadurch an vielen Aktivitäten gehindert wurde. Obwohl der Fuß im nachhinein betrachtet in literar- und kulturhistorischer Hinsicht durchaus als *le défaut de sa qualité* bezeichnet werden kann, war es dem Dichter selbst niemals möglich, ihn zu akzeptieren, höchstens zu kompensieren. Arnolds Credo in *The Deformed Transformed* lautet: »Ich bin schön, und man wird mich lieben.« Gabriël Matzneff suggeriert, Byrons turbulentes Liebesleben sei eine ständige Kompensation gewesen, weil er sich wegen seines Gebrechens ungeliebt fühlte – als Kind zweifelte er an der Liebe seiner Mutter, später mangelte es ihm an Eigenliebe.

Der Sport war ein anderer Ausweg: Fechten, Boxen, Schießen, aber vor allem fanatisch Schwimmen und Reiten. Als Junge hatte er in Schottland schwimmen gelernt, im Dee und im Don; im Wasser bereitete ihm seine Behinderung keine Probleme. Er wurde ein unermüdlicher Schwimmer, der Freund und Feind mit seiner Unerschrockenheit und Ausdauer verblüffte. In Portugal durchschwamm er den Tajo, der, so nah an der Mündung, wegen seiner Strudel und Strömungen berüchtigt war. In der Türkei überquerte er in Gesellschaft eines englischen Leutnants schwimmend den Hellespont, in der Nachfolge des mythischen Leander, der jede Nacht heimlich seine Geliebte Hero in ihrem Turm am Meer besuchte – eine Gewohnheit, die Leander in einer Sturmnacht mit dem

Leben bezahlen mußte. Hobhouse notierte das Ereignis begeistert in sein Tagebuch: Heute hatte er den Mythos mit eigenen Augen vor sich gesehen! Byron selbst, obwohl stolz auf seine Leistung, schreibt trocken: »Die gesamte Entfernung, die E & ich schwammen, betrug mehr als 4 Meilen, die Strömung war stark und kalt... wir waren nicht müde, nur ein wenig abgekühlt; es bereitete mir wenig Mühe.« Sechs Tage später hielt er die Begebenheit in einem ungezwungenen Vers fest: »Geschrieben nach einer Schwimmtour von Sestos nach Abydos«. Zahlreiche Schwimmer haben seitdem die – dank Byron romantisch-heroisch verklärte – Durchquerung des Hellespont gewagt.

Jahre später, nachdem Shelley beim Segeln ertrunken war und Byron dessen angeschwemmte Leiche identifizieren mußte, schwamm er vier Stunden lang im Meer, fassungslos über das Ereignis und schockiert durch die Tatsache, daß Shelleys Taschentuch vom Wasser unangetastet geblieben war, während man den Ertrunkenen nur noch an seinen Zähnen erkennen konnte. Er holte sich dabei eine Erkältung, und seine Schultern verbrannten so stark, daß Teresa Guiccioli eine Woche später die Hautfetzen abziehen konnte.

Lord Byron ist schon lange nicht mehr, die Hautfetzen aber existieren noch. Eines Tages bin ich auf die Suche danach gegangen. Obwohl ich die ganze Idee lächerlich fand, wollte ich sie doch sehen.

An einem herbstlichen Montagmorgen besuchte ich in Ravenna die Biblioteca Classensa, eine jahrhundertealte, in einem ehemaligen Kapuzinerkloster untergebrachte Bibliothek. Als ich sagte, ich würde gern Byrons Hautfetzen sehen, erschien die Dame vom Archiv mit einem riesigen Schlüsselbund, wie aus dem Schloß von Blaubart. Mit klackenden Stöckelabsätzen ging sie vor, durch langgestreckte Säle mit Büchern in zwei Etagen. Kein Mensch war zu sehen. Wie in allen alten Bibliotheken schien es hier nur indirekt um die Bücher zu gehen; das Gebäude mit den kunstvoll geschnitzten Balustraden und den barocken Deckengemälden war ein Kunstwerk an sich. Wir stiegen ein Stockwerk höher und wurden, nachdem wir noch einmal viele Säle durchquert hatten, endlich ins Allerheiligste eingelassen, das durch eine Büste von Byrons Geliebter, Teresa Guiccioli, gleichsam angekündigt wurde.

Hier war das Reich eines hageren, weißbehandschuhten Männchens, eines Schemens fast, dessen einzige Aufgabe offenbar darin bestand, die Hautfetzen zu bewachen. Mit rasselndem Schlüsselbund öffnete er einen Tresor. Es herrschte Schweigen. Das Warten war auf eine herrliche Art unerträglich – mich beschlich kurz das Gefühl, der Große Schwimmer könnte jeden Augenblick hinter einem Vorhang hervortreten. »Was ist dies für ein lächerliches Schauspiel«, würde er sagen. »Das einzig Gute am Leben ist das Ende, finde dich doch damit ab.« Pappkartons wurden auf den Tisch gestellt und mit unendlicher Ehrfurcht von den Handschuhen geöffnet. Nun mußte ich mich beherrschen. Mit höflichem Interesse, wissenschaftliche Distanz vortäuschend, betrachtete ich die Gegenstände. Aus einer rostigen Dose kam ein in violetten Samt gebundenes Büchlein aus dem achtzehnten Jahrhundert zum Vorschein, dessen erstes Kapitel über den Vesuv und das flache Land um Neapel ging. Auf ein leeres Blatt hinten im Buch hatte

Byron einen Brief an Teresa geschrieben, datiert auf den 29. August 1819. Ich durfte das Büchlein in die Hand nehmen und darin blättern.

Byron entschuldigt sich dafür, daß er auf englisch schreibt: »... aber Du wirst die Handschrift dessen erkennen, der Dich leidenschaftlich liebt...«

Es war eine seltsame, unbeschreibliche Empfindung, seine originale Handschrift zu sehen und zu berühren. Meine Begleiterin saß wie eine Anstandsdame dabei und verfolgte alle meine Handlungen. Dann wurde ein Karton nach vorn geschoben, der von Byrons Briefen an Teresa überquoll; die Blätter waren auf beiden Seiten beschrieben, wodurch der Text, auf italienisch und in seiner verschnörkelten Handschrift, schwer zu lesen war. Die Zeit reichte nicht, sie alle zu entziffern, aber in der Eile sah ich, daß einer der Briefe jungenhaft endete: »Ich gebe Dir 10 000 000 Küsse« – ich habe die Nullen gezählt.

Noch immer keine Hautfetzen. Aber nun kam eine Sammlung Gegenstände, jeder mit einer handschriftlichen Erklärung Teresas versehen. Als sie eine Dame mittleren Alters war, hat sie alles, was an ihren berühmten Liebhaber erinnerte, geordnet, katalogisiert und romantisiert. Auf einem der Zettel stand zum Beispiel: »Tapete aus dem Zimmer in meinem Elternhaus in Ravenna, in dem ich gewöhnlich Lord Byron empfing.« Aus Seidenpapier kamen kleine Stücke Tapete zum Vorschein, mit einem Muster aus breiten Streifen in ekrü und kirschrot, dazwischen ein schmalerer schwarzer Streifen, aus Seide und in noch sehr frischen Farben. Diese Tapete, nicht mehr als ein Stückchen Stoff, hatte mehr gesehen als ich. In einem anderen

Seidenpapier lag ein ekrüfarbenes Taschentuch, Plissee, zu dem Teresa geschrieben hatte: »Dieses Taschentuch gehörte Lord Byron und hat mich nie verlassen während der Krankheit, die mich als Folge des Kummers traf, weil ich Lord Byron in Venedig verlassen mußte.«

Nun erschien ein Doppelporträt von Byron und Teresa in einem dunkelroten, flachen Kästchen. Ihr Gesicht war ausradiert. Die Bibliothekarin bekam eine Stimme, als sie meine Verwunderung bemerkte. »Es war eine Frage von Ambiguität«, meinte sie. »Wahrscheinlich hat sie es in der Zeit gemacht, als ihr Mann sehr eifersüchtig war – um nicht zusammen mit Byron erkannt zu werden, während sie dessen Porträt unbedingt aufbewahren wollte.« Es folgten eine Karikatur des jungen Byron, auf der er aussah wie ein Ferkel, und ein Emaillemedaillon von Byron in Venedig. Haarlocken gab es selbstverständlich auch, eine rotbraune von Teresa und drei dunkelbraune von Byron, vier Jahre vor seinem Tod abgeschnitten und aufbewahrt.

Und endlich, ja endlich, die Stückchen Haut in einer kleinen Dose. Pergamentfarbene, hauchdünne Fetzen, die vielleicht ja das notwendige genetische Material enthalten, um ihn zur passenden Zeit klonen zu können. Ich wette, käme Byron noch einmal auf die Welt, würde er mit seinem Hang zum Epischen Romane statt Gedichte verfassen. Auf jeden Fall würde man für seinen Fuß schon früh eine gute orthopädische Lösung finden, so daß Byron nicht mehr Byron wäre.

Nach seinem Tod unternahm Teresa eine Pilgerfahrt nach Newstead Abbey, davon zeugte ein Kästchen mit Bucheckern und getrockneten Rosenblättern aus dem Park.

Ein wenig morbide waren sie schon, all diese Zeugnisse dessen, was zwar nicht vergessen, aber doch schon sehr tot war. Es stimmte einen traurig, daß von leidenschaftlichen Liebesnächten nichts übrigblieb als ein Stückchen Tapete. All diese Gegenstände waren »prepared by Savory, Moore and Davidson, Chemists of the Royal Family«. Das letzte, was ich durchblätterte, war ein umfangreiches, von Teresa auf französisch geschriebenes Manuskript über das Leben Byrons in Italien. Bis heute hat niemand das finanzielle Risiko einer Veröffentlichung gewagt. »Das Buch existiert auch auf Mikrofilm«, erzählte die Schatzhüterin. »Kürzlich hat sich jemand danach erkundigt, vielleicht besteht doch Interesse daran.«

Durchdrungen vom Gefühl meiner eigenen Sterblichkeit verließ ich das Museum. Von mir wird nicht einmal ein Stückchen Haut oder eine Haarlocke bewahrt bleiben, wir leben in nüchternen Zeiten.

Schwimmen war Byrons Passion. »Das Wasser, das ist die Freiheit«, philosophiert Matzneff. »Das Wasser reinigt und befruchtet; es macht uns unerreichbar.« Über die Jahre hin achtete Byron darauf, daß er in Form blieb. Als er in Athen lebte, schwamm er im Saronischen Golf bei Piräus – später, in seiner venezianischen Zeit, in der Adria und im Canal Grande. Gräfin Albrizzi erzählte mit Vergnügen, daß »man einmal beobachtet hatte, wie er einen Palast am Kanal verließ und, statt in seine Gondel zu steigen, ins Wasser sprang, in voller Kleidung, und nach Hause schwamm. Um den Rudern der Gondolieri auszuweichen, trug er, weil es Nacht war, eine Fackel in der linken Hand.«

Reiten, seine andere Leidenschaft, hatte er auch in jungen

Jahren gelernt. Sobald er auf dem Pferd saß, vergaß er, und vergaßen die anderen, seinen Fuß. Er hat sein Leben immer so eingerichtet, daß er täglich ausreiten konnte. Sein italienisches Tagebuch ist in dieser Hinsicht aufschlußreich. Am 15. Januar 1821 schrieb er: »Wetter schön. Erhielt Besuch. Ritt aus in den Wald – schoß mit den Pistolen.« Einen Tag, später: »Las – ritt – schoß mit Pistolen – kam zurück – aß zu Abend – schrieb – besuchte – hörte Musik – redete Unsinn – und ging heim.« Am 17. Januar: »Ritt in den Wald – schoß mit Pistolen – aß.« Wenn er einen Tag ausließ, fand er auch das erwähnenswert: »Ritt heute nicht aus, weil die Post spät kam.«

Bis vierzehn Tage vor seinem Tod in Missolunghi, am 19. April 1824, blieb er dieser Gewohnheit treu. Seine Gesundheit war damals schon schwer angegriffen. Er wollte unbedingt ausreiten, nachdem dies mehrere Tage wegen starker Regenfälle unmöglich gewesen war. Pietro Gamba, Teresas jüngerer Bruder, der ihm in Griechenland Gesellschaft leistete, berichtete später über den Ausritt: »Drei Meilen vor der Stadt wurden wir von heftigem Regen überfallen und kehrten durchnäßt in die Stadtmauern zurück, furchtbar transpirierend.« Für den Rückweg nahmen sie immer ein Boot; diesmal aber drängte Gamba darauf, nach Hause zu reiten, weil Byron sonst in seinen nassen Kleidern eine halbe Stunde lang hätte stillsitzen müssen, den Elementen ausgeliefert. Doch Byron lehnte den Vorschlag beleidigt ab: »Ich wäre ja ein schöner Soldat, wenn so eine Lappalie mir etwas machte.« »Zwei Stunden nach unserer Rückkehr begann er zu frösteln«, berichtet Gamba, ein ebenso pflichteifriger Buchhalter wie seine Schwester.

»Er klagte über Fieber und rheumatische Schmerzen. Um acht Uhr abends betrat ich sein Zimmer; er lag auf dem Diwan, ruhelos und melancholisch. Er sagte zu mir: ›Ich leide starke Schmerzen; der Tod macht mir nichts; aber diese Qualen kann ich nicht ertragen.‹«

Trotzdem saß er am nächsten Tag wieder auf seinem Pferd, mit Schmerzen in den Knochen und im Kopf. Gut gelaunt unternahm er mit Pietro und seiner Leibwache einen längeren Ausritt zwischen den Olivenbäumen. Bei seiner Rückkehr kanzelte er den Stallknecht ab, weil er ihn auf dem nassen Sattel vom Vortag hatte ausreiten lassen. Es war sein letzter Ausritt. Danach nahm die Krankheit an Heftigkeit zu, und Byron grübelte über eine Prophezeiung nach, die man ihm als Junge in Schottland gemacht hatte: »Nimm dich in deinem siebenunddreißigsten Lebensjahr in acht.« Auf den Vorwurf, er sei abergläubisch, verteidigte er sich mit den Worten: »Um ehrlich zu sein, ich finde es ziemlich schwierig, zu wissen, was man in dieser Welt glauben soll und was nicht.«

Wurde ihm der Ausritt im strömenden Regen zum Verhängnis? Es gibt viele Theorien über die Ursache seines Todes, wie Sumpffieber, Malaria, Erschöpfung. Die populärste lautet, seine Ärzte hätten ihn durch ein Übermaß an gutem Willen und Aderlässen umgebracht. Der Harnsäuregehalt in seinem Blut sei dadurch so hoch angestiegen, daß er eine schwere Vergiftung hervorgerufen habe.

An der Frage, ob er ein ebenso guter Reiter wie Schwimmer war, scheiden sich die Geister. Medwin bezeichnet ihn als einen »vortrefflichen Reiter«, während die Gräfin von Blessington, die er nicht lange vor seinem Tod in Genua traf, behauptet, er sei mittelmäßig und ein wenig furchtsam gewesen.

Eines ist sicher: Als er Albanien bereiste, saß er noch jung, gesund und munter auf dem Pferd. »Ich ritt auf den Pferden des Wesirs aus«, prahlte er gegenüber seiner Mutter. Er muß sich wie ein Held aus den Ritterromanen von Walter Scott gefühlt haben und wie ein kühner Entdeckungsreisender in der orientalischen Welt, von der er als Junge träumte: »Von Albanien habe ich allerdings mehr gesehen als irgendein Engländer von Adel...« Neue Horizonte, Abenteuer, Exotismus, Freiheit, ungezwungenere Sitten, die Gesellschaft junger Leute... alles war gut, wenn es nur die Erinnerung an England in den Hintergrund drängte.

Aus seinen Briefen spricht eine beträchtliche Portion jugendlicher Übermut: »...ich rauche, starre die Berge an und drehe meinen Schnurrbart in großer Unabhängigkeit, ich vermisse keinen Komfort...« Veli Pascha, Alis Sohn, dem er später begegnete, riet ihm, seinen »Albaniern die Köpfe abzuschlagen, wenn sie sich schlecht benehmen sollten.«

Er selbst verlor weder seinen Kopf noch seine Unschuld. Letztere besaß er übrigens schon lange nicht mehr.

14

Mein teurer Freund, ich wurde von aufdringlichen, amerikanisch klingenden Stimmen geweckt. Amerikanisch? In der Tat, vermischt mit Stakkato-Urlauten. Daniëls Bett war leer. Ich schlüpfte in meine Kleider und ging dem Lärm nach. Mit einem Auge sah ich Daniël, der mit dem Gastgeber brüderlich eine amerikanische Werbesendung anschaute, mit dem anderen Auge sah ich einen alten Radioapparat, aus dem polyphoner Hirtengesang aufstieg. Vielleicht las er in meinem Blick eine Kritik – als ich den Kopf um die Ecke streckte, stellte der Lehrer rasch das Radio ab.

Ich ging nach draußen. Mein Handtuch hing schon in dem Freiluftbadezimmer bereit. Die Gastgeberin deutete auf meine Hose, die ich am Vorabend gewaschen hatte. Sie nahm sie von der Leine und ging damit ins Haus, um sie auf einen Elektroradiator zu legen. Ihre Fürsorge war rührend. Mit stillem Lächeln blieb sie in meiner Nähe, um mir allen denkbaren Komfort zu bieten. Als ich bewundernd auf die Blüten eines Orangenbäumchens zeigte, brach sie den ganzen Zweig für mich ab. Ich war so unvorsichtig, auch noch auf einen Baum mit Mandarinen zu deuten – ich bekam soviel, wie ich tragen konnte. Danach traute ich mich nicht mehr, Gefallen an irgend etwas zu bekunden, sonst hätte sie mir Haus und Hof geschenkt. Voller Furcht dachte ich an die strengen Regeln des alten albanischen Gastrechts.

Wir frühstückten mit cremigem Joghurt und selbstgemachtem Pflaumenmus, während im Fernsehen ein Apparat angepriesen wurde, mit dem man seinen Körper dehnen konnte. Frauen im enganliegenden Fitneßdreß demonstrierten mit einem breiten Lächeln die außergewöhnlichen Vorteile des Marterwerkzeugs. Dann fand sich der Zuschauer unvermittelt in einer amerikanischen Küche wieder, wo jemand mit einer veredelten Reibe Gemüse zerkleinerte und in dünne Scheibchen schnipselte; als Krönung der Küchenakrobatik verwandelte er eine Mohrrübe in eine Spirale. Um acht Uhr morgens schaute der Lehrer zu, wie in unserer überdrehten Konsumgesellschaft überflüssige Bedürfnisse geweckt wurden.

Der Aufbruch ging wieder mit ausgiebigen Dankritualen einher. Ich wollte das Ehepaar auf der Veranda verewigen – ihnen ein Foto zu schicken, war wohl das mindeste, was ich tun konnte, um meine Dankbarkeit zu zeigen. Die Lehrerin blieb lange weg, um sich schönzumachen, kam aber dann, eine wahre Metamorphose, in einem schwarzen Kostüm mit weißen Noppen und auf hohen Absätzen nach draußen. »Elegante!« rief ich aus, sie lachte ungläubig. Schüchtern stellten sich die beiden in Pose. Dann zogen wir in einer Kolonne den holprigen Pfad hinunter, und die Gastgeberin, eine schwarze Tasche an sich klammernd, lavierte auf ihren Pumps über die Steine. Das Ehepaar konnte mit unserem Chauffeur nach Gjirokastra mitfahren und hatte beschlossen, die Gelegenheit zu einem Tagesausflug zu nutzen.

Der neue Pferdemann wartete mit einnehmendem Lächeln auf uns, neben ihm ein mürrisch wirkender, braungebrannter Junge in einem grobgestrickten Wollpullover, den er auch später, als es sehr warm wurde, nicht auszog. Der Vater des »Dragojungen«, den ich auf etwa vierzehn schätzte, war der Besitzer des zweiten Pferdes. Es war klares Wetter, alles hatte eine intensive Farbe und leuchtete in der Sonne. Ich erklomm, wie gewöhnlich vor einem Publikum aus Männern und Kindern, einen Schimmel, während Daniël das andere Pferd bestieg, dessen Fell rötlichbraun glänzte. Und so ritten wir wieder, diesmal sehr entspannt – es ging also auch anders.

Die Landschaft war nun nach allen Seiten offen, mit massiven Bergen ringsum – wir folgten nicht mehr der Gebirgsflanke. Hobhouses Bericht über diesen Teil der Reise war in geographischer Hinsicht wieder vielseitig interpretierbar: »Als wir am Morgen des 19. Ereeneed verließen, stiegen wir von den Hügeln ab und gelangten in die Ebene, durch die, nach Nordwesten, der Fluß strömte, den wir auf dem Weg von Libokavo nach Cesarades überquert hatten.« Er erweckt den Eindruck, als ob sie im Handumdrehen unten waren. Die Hochebene, die zuerst durchquert werden mußte, läßt er der Bequemlichkeit halber aus.

Mitten in dieser Ebene, wo nichts auf eine menschliche Besiedlung hindeutete, stand ein zimmerbreites orthodoxes Kirchlein, dem heiligen Georgios geweiht. Schon seit langem war es den Elementen überlassen, dem Dach nach zu urteilen, das halb eingestürzt war. Trotzdem hatte sich jemand die Mühe gemacht, im Schutz einer Nische eine Ikone des Heiligen und eine Madonna mit Kind aufzustellen und davor eine Kerze anzuzünden. Ein Hirte? Unterwegs hatten wir viele gesehen, mit Schaf- oder Ziegenherden – Joghurt und Käse waren entschieden die Rettung der Albaner.

Vor den Augen des heiligen Georgios stieg Daniël vom Pferd, um dem Professor Platz zu machen, der mit schroffer Ungeduld hinaufkletterte. Erst im letzten Augenblick, als man schon dachte, er würde an der anderen Seite wieder hinabrutschen, konnte er sich gerade noch im Sattel halten. Sein bevorzugtes Transportmittel würde es wohl nie werden. Bei mir machten sich übrigens auch die ersten Unannehmlichkeiten bemerkbar: Mir brannten die Kniekehlen und die Haut an der Innenseite der Oberschenkel. Daniël, der immer im Damensitz ritt – insgeheim fand ich den Anblick zickig –, riet mir, es ihm gleichzutun. Ich folgte seinem Rat, und tatsächlich, fast hatte ich das Gefühl, in einem Lehnstuhl zu sitzen. Unbewußt hatte ich immer die heroische Vorstellung über die Steppe galoppierender Mongolen vor Augen gehabt, während dies die Berge Albaniens waren und alle Leute, denen wir begegneten, im Damensitz ritten.

Als wir an einer flachen Wiese vorbeikamen, schlug Roberto vor, ein paar Schießübungen zu machen, ohne zu ahnen, daß er damit ganz in Deinem Geist handelte. In ehrfurchtgebietender Entfernung stellte er eine Coladose auf einen Baumstumpf im Gelände und zog seine Pistole aus dem Gürtel. Er zielte, schoß und traf daneben. Die Stimmung wurde ausgelassen – Karagjozi und Daniël wollten auch einmal eine Pistole in der Hand halten. Übermütig ließen sie sich von Roberto im Gebrauch der Schußwaffe instruieren. Da ja nun der bewaffnete Überfall ausblieb, den *Le Monde* versprochen hatte, mußten wir selbst für den nötigen Nervenkitzel sorgen. Afrim nahm eine martialische Haltung ein, der Humor verschwand, plötzlich schien die Sache voller Ernst. Er hielt den Lauf in Augenhöhe und konzentrierte sich. Die Coladose stand noch unversehrt auf ihrem Schafott und forderte ihn heraus. Mit einer Waffe in der Hand bot der Professor einen noch groteskeren Anblick als zu Pferd. Nicht jeder Albaner hatte die Wegelagerei im Blut. Er schoß, die Kugel verschwand, ohne die Dose zu berühren, im Unendlichen. Daniël ging es genauso.

Mein Ehrgeiz war angestachelt. Wenn ich nun, als einzige Frau ... Ich erinnerte mich, wie Du mit Deiner Treffsicherheit geprahlt hast: »Gutes Schießen – zerbrach vier der üblichen und ziemlich kleinen Flaschen in vier Schüssen, auf vierzehn Schritt, mit einem gewöhnlichen Paar Pistolen und nicht sonderlich gutem Pulver.« Ich tippte Roberto auf die Schulter. Als sei es das Normalste von der Welt, legte er mir die Pistole in die Hand – was für ein herrlich kühler und glatter Gegenstand. Er zeigte mir, wie ich sie mit gestrecktem Arm von mir weg halten und abdrücken mußte. Bilder aus Filmen und Fernsehserien schossen mir durch den Kopf. »Heilige Maria, Calamity Jane ...«, murmelte ich und schoß. Noch keine Sekunde später tanzte ich mit den Fingern in den Ohren wie ein Derwisch herum, schockiert durch den gewaltigen Knall und die Kraft, die dabei frei wurde. Um mich herum schadenfrohes Gelächter. Die Coladose war immer noch empörend unversehrt. Nun wollten wir alle gleichzeitig, aber Roberto hatte keine Patronen mehr. Ich hätte es gern noch einmal versucht, und noch einmal. Dieser eine Schuß genügte, um für Deinen geliebten Zeitvertreib, den ich immer recht bedenklich gefunden hatte, etwas mehr Verständnis aufzubringen.

Wir brachen wieder auf. Ich fand keinen geeigneten Stein, den ich zum Aufsitzen benutzen konnte. Roberto machte vor, wie man mit einem Sprung in den Damensitz kam. Durch das Schießen übermütig geworden, stieß ich mich vom Boden ab, und tatsächlich, ich saß oben. Ich stieg in seiner Achtung. »Du springst schon wie eine Skipetarin aufs Pferd«, lachte er.

Ich selbst hatte die Vorstellung, daß ich immer mehr einer »albanischen Jungfrau« glich. Innerhalb der traditionellen Clangesellschaft in den isolierten Teilen Albaniens waren Frauen immer als minderwertige Wesen angesehen worden. »Eine Frau muß härter arbeiten als ein Esel, denn ein Esel frißt Gras, aber eine Frau ißt Brot«, lautet ein Sprichwort. Mädchen wurden, sobald sie geschlechtsreif waren, von ihrer Familie verheiratet und verschleiert in das Haus der Familie des Bräutigams gebracht. Dort blieben sie – als Eigentum der Familie des Mannes – den Rest ihres Lebens, meist weit von ihrem Geburtsort entfernt. Zur Aussteuer gehörte eine Kugel, weil der Mann das Recht hatte, seine Frau zu töten, wenn sie ihm untreu war. Das Leben verheirateter Frauen bestand aus Arbeiten und Gebären, vorzugsweise Söhne – in der patriarchalischen Gesellschaft, in der alles über die männliche Linie verlief, war eine Familie, die ausschließlich Töchter hatte, nichts wert. Wollte eine Frau diesem Schicksal entgehen, gab es eine von allen respektierte Lösung: Mann werden. Die Frau mußte dann öffentlich geloben, nie zu heiraten und Jungfrau zu bleiben; fortan mußte sie sich wie ein Mann kleiden, Waffen tragen und eventuell auch Soldat werden. Wenn es keine anderen Männer in ihrer Familie gab, konnte sie sogar Familienoberhaupt werden und alle wichtigen Entscheidungen treffen. Die englische Zeichnerin Edith Durham, die Anfang dieses Jahrhunderts durch die unwegsamsten Gebirgsgegenden Albaniens reiste, berichtet in ihrem Buch *High Albania* von einer Frau, die diese Wahl getroffen hatte. »Hier [im Dorf Rapsha] fanden wir eine jener albanischen Jungfrauen, die Männerkleidung trugen. Während wir anhielten, um die Pferde trinken zu lassen, kam sie herbei: eine magere, sehnige, lebhafte Frau von 47 Jahren, in schäbigen Lumpen, mit Hose und Jacke. Sie fand es sehr amüsant, fotografiert zu werden, und die Männer neckten sie mit ihrer ›Schönheit‹. Bereits seit ihrer Kindheit trüge sie Männerkleidung, erzählte sie uns, weil ihr das besser gefallen habe, und ihr Vater habe sie gewähren lassen. Über die Ehe äußerte sie sich spöttisch: Alle ihre Schwestern seien verheiratet, aber sie würde sich hüten.«

Die Sonne brannte auf unsere Köpfe. Ich beneidete Afrim Karagjozi um seine Baseballkappe. Noch lieber hätte ich so ein weißes, kunstvoll zu einem Schirm gefaltetes Kopftuch gehabt, wie es die Frauen trugen, die auf dem Feld arbeiteten. Wir bewegten uns durch die Landschaft mit dem gemächlichen Tempo von vier Hufen, eine gute Lektion oder auch Medizin, wenn man so an Eile gewöhnt ist wie wir. Ich sah die Handelskarawanen vor mir, die von der albanischen Küste über die Via Egnatia nach Konstantinopel gezogen waren oder durch diese südlichen Berge nach Janina und Athen. Wie lange hatten sie dafür gebraucht? Was für ein Unterschied zu unseren Lastwagen, deren Fahrer »auf Provisionsbasis« über die Autobahnen rasen, um frische Schnittblumen oder Gemüse von der Versteigerung binnen vierundzwanzig Stunden nach Rom oder Madrid zu transportieren. Woran dachten Handelsreisende in all den Jahrhunderten während dieser langen Reise? Zeit und Stille zum Nachdenken im Überfluß während des gemächlichen Taktes durch stets wechselnde Landschaften. Zeit und Stille, die in Westeuropa am Ende des zwanzigsten Jahrhunderts anscheinend fehlen. In vollgepfropften Städten hocken wir dicht aufeinander und fürchten uns so vor der Zeit, daß wir sie nur noch totschlagen können.

Hobhouse hatte während der Reise von Erind nach Tepelena Phantasien über griechische und römische Heere, welche die von Flüssen ausgewaschenen Schluchten benutzt haben sollen, um durch schier undurchdringliche Gebirge ostwärts zu ziehen und Mazedonien zu erobern. Es war möglich, denn Pyrrhus hatte das auch getan, sogar mit Elefanten – im Jahr 288 vor Christus, um dem ehemaligen Reich von Alexander dem Großen neues Leben einzuhauchen.

Wir gelangten in ein Dorf mit dem bizarren Namen Hundëkuq. Eines der Vorgärtchen wurde von einem liebevoll mit Tüchern bedeckten Traktor ausgefüllt. An einem strategisch günstigen Punkt war unlängst ein Gasthaus errichtet worden, vor dessen Eingang ein neues Polizeiduo auf uns wartete. Wir hatten doch bereits Roberto, übertrieben sie nicht ein wenig? Aber sie wollten nur kontrollieren, ob wir nicht irgendwo in der Einöde verschwunden waren. Auf die Begegnung mußte natürlich getrunken werden. Drinnen roch es nach frischem Holz und Farbe. Zigaretten und holländisches Bier erschienen auf dem Tisch, Unbekannte setzten sich zu uns. Unser Reiseziel weckte allgemeines Befremden. Zuerst war noch ein Schwanken zwischen Spott und Respekt festzustellen, doch mit zunehmendem Bierkonsum überwog immer mehr der Spott.

Aber wir mußten weiter, das letzte Stück zu Pferd. Der Drino kam in Sicht, eine silbrige Schlange in der Landschaft. An den Ufern glitzerten die weißen Kiesel zwischen dem üppigen Grün von Platanen, Pappeln und Weiden. Weil sich der Pfad in die falsche Richtung fortsetzte, überquerten wir einen Rübenacker. Die Pferde durchpflügten mit ihren Hufen schwere Erdbrocken, Samen pickende Vögel flogen erschrocken auf. Auf der anderen Seite des Feldes hütete ein spindeldürres Weiblein mit einer schwarzen Haube ihre Truthähne, Federbüschel, die sie mit einer Gerte zusammentrieb. Durch die Bäume konnten wir nun in der Ferne die Brücke sehen.

An diesem Punkt angelangt, erwähnt Hobhouse eine besondere Begegnung: »Nachdem wir eine Stunde durch das Tal geritten waren, erblickten wir eine Brücke, über die gerade eine große Gruppe Soldaten zog, und einige Türken zu Pferde, die einen überdachten Sessel oder eine Sänfte begleiteten. Kurz darauf begegneten wir zu unserer großen Überraschung einer Kutsche, nicht schlecht gemacht, nach der deutschen Methode, mit einem Mann auf dem Bock, der die Zügel in einer Hand hielt, und zwei schmutzigen albanischen Soldaten, die hinter ihm auf dem Trittbrett standen. Die Pferde arbeiteten sich im Trab durch den Schlamm. Uns war vollkommen unverständlich, wie sie den Weg hatten zurücklegen können, den wir zu Fuß gegangen waren. Auf jeden Fall erhielt die Bevölkerung ganzer Dörfer den Auftrag, ihnen weiterzuhelfen, und wir hörten später, daß die Kutsche sicher in Libokavo angekommen war. Die Kutsche hatte, so hieß es, eine Dame aus dem Harem des Wesirs bis zur Brücke transportiert, wo ihr die Sänfte entgegenkam, in der sie auf Männerschultern nach Tepellenië getragen wurde.«

Ein *tableau vivant*, von dem eine große Anziehungskraft ausgeht. Aber es gibt keine Kutschen, keine Haremsdamen, keine Wesire mehr, und von der steinernen Bogenbrücke sind nur noch zwei Pfeiler und einige Bogen über den Ufern erhalten. Eine wenig idyllische, rostige Baileybrücke verbindet die Ufer heute miteinander. Ich mußte sehr intensiv an Dich denken, als ich mich der Brücke näherte. Hier folgte ich buchstäblich Deinen Spuren. Ihr mußtet absteigen, weil der Bogen der Brücke in der Mitte zu steil war, wir stiegen ab, weil es mit dem Reiten vorbei war. Motorisierte Pferdestärke würde uns am anderen Ufer weiterbefördern. Die Pferde wurden zum Grasen auf eine Wiese neben dem Bogen gestellt, und wir gingen alle zusammen über die Brücke – Schritt für Schritt, denn es fehlten Bohlen, während andere durchgebrochen oder zersplittert waren.

Auf der anderen Seite stand ein Gasthaus, eine flache Schachtel ohne jeden Charme. An diesem wichtigen Knotenpunkt hatte früher bestimmt ein altes »Han« gestanden. Manche Orte sind für Einkehr und Gebet geschaffen, dort steht eine Kirche – andere Orte sind schon seit Urzeiten für den Alkohol oder die Wasserpfeife bestimmt, dort steht eine Schenke. Wir begrüßten unseren Fahrer und Hadji, der mitgekommen war, und setzten uns auf die Terrasse. Dies war der Augenblick für einen letzten Umtrunk. Wir bildeten einen großen Kreis, der in Kürze auseinanderfallen würde. Die Begleiter der Pferde kehrten, ohne auch nur eine Brotdose bei sich zu haben, noch am selben Tag nach Erind zurück. Wir machten dem Pferdemann ein Kompliment, dankbar für den reibungslos verlaufenen Ritt – so ging es also auch. Er war zufrieden, die ungewöhnliche Mission war vollbracht.

Mit einem Prosit auf die Gesundheit aller nahmen wir Abschied. Schulterklopfen, Fotos und dann in den Bus mit den Vorhängen. Auf nach Tepelena.

»Danach mußten wir über einen Pfad am Rand eines steilen Hanges, unter uns der Fluß, der breit war (±70 Fuß), tief, und sehr schnell strömte.«

Dieser Pfad, über den Ihr damals balancieren mußtet, ist heute eine asphaltierte Straße. Nach der Stille in den Bergen war das Dröhnen von Motoren ein Anschlag auf die Seele, etwas von niederschmetternder Aggressivität. Wie konnten wir damit leben? Um welchen Preis? Viele Fahrzeuge der Marke Mercedes waren unterwegs, Lastwagen aus westlichen Ländern, Busse russischer und chinesischer Herkunft. Autos ohne Nummernschild oder mit zerbrochener Windschutzscheibe – alles war möglich in Albanien, ein TÜV war noch unbekannt. Daniël fragte sich, woher all die Autos plötzlich kamen. Als er vor vier Jahren in Tirana war, besaß noch niemand ein Auto. Am Straßenrand standen grabmalähnliche Bauwerke zur Erinnerung an tödliche Unfälle. Außerdem sahen wir viele ältere Denkmale für gefallene Partisanen; alles Wertvolle, wie Marmor- oder Bronzetafeln, war abmontiert – hatte niemand mehr Ehrfurcht vor den Helden? Sieben Kilometer vor Tepelena kamen wir an einer berühmten heilkräftigen Quelle vorbei; zu Hodschas Zeiten war hier zur Erholung der Arbeiter und ihrer Genossen eine Restauration errichtet worden.

Wegen der Geschwindigkeit, mit der wir uns fortbewegten, verlor ich Dich aus den Augen. Wir eilten vor Dir her und ließen dabei das neunzehnte Jahrhundert und sein noch menschliches Tempo hinter uns – dennoch hatte ich das Gefühl, Dich nicht einholen zu können. In Hobhouses Tagebuch ist noch die Rede davon, wie sich die Reisenden langsam der Stadt näherten, mit einem Gefühl der Erwartung und anhaltender Neugier: »Zwei Stunden von der Brücke entfernt wurde der Strom viel breiter, und ein Stück weiter vereinigte sich noch ein anderer, gar nicht so kleiner Fluß mit ihm, der aus einem schmalen Tal im Nordosten kam. Nicht lange nach dem Zusammenströmen der beiden Gewässer schien der ganze Fluß so breit wie die Themse bei der Westminsterbrücke, aber trotzdem sah er an vielen Stellen untief aus, mit Kieselstränden über dem Wasserspiegel. Kurz danach hatten wir Sicht auf Tepellenië, das Ziel unserer Reise, das am Fluß lag, und nach einer Dreiviertelstunde waren wir in Alis Geburtsort angelangt.«

Tepelena. Der Bus holperte über bröckelnden Asphalt in die Stadt. Ich schob die Vorhänge beiseite und sah Mietshäuser im Zustand fortgeschrittenen Verfalls – bröckelnder Putz, Betonrost, zerbrochene Scheiben und mit Brettern vernagelte Fenster, abblätternde Farbe, Schmutz. Hodscha hätte einmal die längerfristigen Folgen seiner Maßnahme sehen müssen, Mietshäuser von Anwohnern errichten zu lassen und von Intellektuellen, die einen Monat im Jahr zu körperlicher Arbeit verpflichtet waren. Ausgebildete Maurer, fand er, müßten sich »wichtigeren Projekten« widmen, wie Fabriken, Kulturzentren, Kinos.

Die Straßen in Tepelena waren von Baumstümpfen gesäumt. »Im Hungerwinter '91 abgehackt«, sagte Karagjozi lakonisch. Die Gehsteige waren ramponiert, alles war schlammig, hier und da standen Autowracks, Müll lag herum.

Vor dieser Kulisse herrschte ein furchtbares Gedränge. Da waren wieder die kleinen Verkaufsstände, die aus einem Stück Stoff mit zwei Stöcken, Pappkartons oder Apfelsinenkisten bestanden – irgendwo, sah ich im Vorübergehen, wurden nur Radkappen verkauft. Die Bewohner standen herum, manche apathisch, andere mit verhaltener Energie oder sogar angespannt. In einer Grünanlage, am Fuß dreier Büsten von Helden aus dem Zweiten Weltkrieg, saßen Männer auf verwildertem Rasen im Schneidersitz und spielten Karten. Ich sah auffallend viele Kinder. »Zwei von drei Albanern sind jünger als dreißig«, teilte mein Reiseführer mit. Vielleicht ein Überholmanöver, weil über die Jahrhunderte hin so viele Albaner fortgegangen waren: nach Griechenland und Italien und sogar über die Ozeane in die Vereinigten Staaten und nach Australien?

Vor dem Rathaus hielten wir an. Dort gebe es eine Dame, die über unser Kommen informiert sei, sagte Karagjozi. Weil das einzige offizielle Hotel in Tepelena Daniëls Reiseführer zufolge das schlechteste von ganz Albanien war, hatte Afrim dem Bürgermeister einen Brief geschrieben und durch dessen Vermittlung eine Unterkunft in einem ehemaligen Hotel für Parteibonzen organisiert, das sich an einem Berghang am Stadtrand befinden sollte. Der Bürgermeister, der an diesem Tag nicht anwesend sein konnte, würde sich von einer Dame vertreten lassen. Karagjozi verschwand im Rathaus. Nach langem Warten bekam er zu hören, die betreffende Dame sei an diesem Tag nicht hier, sondern in Gjirokastra. Es sah danach aus, daß wir uns selbst Zugang zu dem Ferienheiligtum verschaffen müßten.

Der Bus holperte bergan; wir ließen die Mietskasernen hinter uns und gelangten in eine angenehmere Gegend mit Gärten. Mehrere der hier vereinzelt stehenden Häuser kommunistischen Zuschnitts kamen als Parteihotel in Betracht. Wir setzten uns auf ein Steinmäuerchen im Schatten von Zypressen, und der Professor erkundete die Gegend. Während ich auf die heruntergekommene Stadt in der Tiefe starrte, versuchte ich, ein langsam aufkeimendes Gefühl von Niedergeschlagenheit zu unterdrücken. Ich las noch einmal Hobhouses Seite über Eure Ankunft in Tepelena: »Die Straßen der Stadt, durch die wir gingen, waren schmutzig, und die Bebauung ließ zu wünschen übrig.« Das war ein großer Trost – auch zu Eurer Zeit war Tepelena anscheinend ein trübseliger Ort. Die Überraschung kam erst, als Ihr das Reich von Ali Pascha betratet: »Aber alles, was danach unsere Aufmerksamkeit erheischte, war sofort vergessen, als wir das Tor in einem Turm durchschritten und auf den Innenplatz des Wesirpalastes gelangten.«

Ja, wo war der Palast? Ihr seid geradewegs in ein Märchen aus Tausendundeiner Nacht getrabt, wir saßen auf einem Mäuerchen und wußten nicht, wo unser Bett stehen würde. Ein blonder Mann von ungefähr fünfundzwanzig Jahren schlenderte heran, so »bright and shining« im Vergleich zu den Albanern, die wir gesehen hatten, daß er nur ein Nordamerikaner sein konnte – einer von denen, die man in Werbespots in der Brandung vor der Küste Kaliforniens surfen sieht.

»Hi...« Lässig hob er die Hand. Offenbar hatte er sofort

gemerkt, daß wir keine Skipetaren waren. Er blieb stehen, um mit uns zu plaudern. Wie es aussah, hatte er alle Zeit der Welt. Unsere Mission erregte nicht das geringste Erstaunen – ich muß zugeben, daß die seine im Vergleich dazu viel absurder war. Als Mitglied einer protestantischen Religionsgemeinschaft war er aus Vancouver gekommen, um in Tepelena Seelen zu gewinnen und sich als Sozialarbeiter zu betätigen.

»Welche Religion?« fragte ich.

»Keine bestimmte Richtung«, sagte er vage, »wir passen uns an, es muß eine echt albanische Variante werden, you know...« Seine Freundin war auch dabei, und daneben operierten verschiedene andere Mitglieder der Kirche in Tepelena und Umgebung. Nach vielen bürokratischen Hindernissen waren sie nun dabei, ein eigenes Gebäude herzurichten.

Später erzählte Karagjozi, religiöse Gruppierungen aus Ost und West würden in Anbetracht der durch den Kommunismus entstandenen Lücke versuchen, in Albanien Fuß zu fassen, ehe ihnen die Konkurrenz zuvorkam. Die Muslime waren am erfolgreichsten – im ganzen Land entstanden neue Moscheen, während man nur hin und wieder eine neue römisch-katholische oder griechisch-orthodoxe Kirche sah.

Albanien war ein frühchristliches Land. Nach dem Schisma im Christentum wurde der Norden katholisch und der Süden orthodox. Unter der türkischen Besatzung wurde das Land langsam islamisiert – nicht unter Zwang, sondern viel raffinierter. Man mußte schon einen felsenfesten Glauben haben, um nicht der Versuchung eines

Stückes Land oder eines beträchtlichen Steuernachlasses zu erliegen, jenen in Aussicht gestellt, die bereit waren, künftig mit dem Kopf in Richtung Mekka zu beten. Die meisten von uns verkaufen ihre Seele wohl für weniger an den Teufel. Hätten die Katholiken seinerzeit statt der Inquisition zu diesem Mittel gegriffen, wären sie sicherlich viel erfolgreicher gewesen. So nahm die Mehrheit der Albaner schließlich den sunnitischen Glauben des Eroberers an, obwohl gleichzeitig bei einer kleinen Minderheit der Bektaschi-Orden Anklang fand.

Diese tolerante, mystische Variante des Islam, die auch heidnische und christliche Elemente umfaßt, wurde im sechzehnten Jahrhundert von dem Derwisch Haddschi Baktasch Weli aus dem persischen Khurasan ins Leben gerufen. Seine Anhänger glauben (denn es gibt sie noch immer, vor allem in Anatolien) an die Heilige Dreifaltigkeit und die zwölf Apostel; daneben kennen sie die Beichte als Mittel zur Vergebung. An festlichen Ritualen nehmen sowohl die Männer als auch ihre unverschleierten Frauen teil. Es wird Wein oder Raki getrunken und gemischt zu religiöser Musik getanzt, alles sehr feierlich und über jede Kritik erhaben, obwohl unter orthodoxeren Muslimen Gerüchte über Orgien die Runde machten und viele Bektaschi deshalb verfolgt und umgebracht wurden. Die Bewegung praktizierte offenbar eine Art Ökumene *avant la lettre*; sie nahm auch Andersgläubige in ihre Reihen auf, ohne von ihnen zu verlangen, daß sie ihren ursprünglichen Glauben aufgaben. Große Anziehungskraft muß von ihr ausgegangen sein, denn sogar Ali Pascha trat um 1800 heimlich dieser Bewegung bei.

Bevor die Kommunisten Kirche und Religion verboten, waren die Albaner zu siebzig Prozent Muslime, zu zwanzig Prozent griechisch-orthodox und zu zehn Prozent römisch-katholisch. Die Griechisch-Orthodoxen lebten hauptsächlich im Süden, in und um die Städte Gjirokastra und Korça. Im Osmanischen Reich wurden die Albaner nie als eigenständiges Volk angesehen. Die Muslime waren für die Herrscher Türken, die Orthodoxen Griechen und die Katholiken Italiener. Die Nationalität wurde durch den Glauben definiert - eine schlaue Politik des *divide et impera*? Auf jeden Fall wurden Gefühle nationaler Einheit dadurch jahrhundertelang erschwert.

Hodscha rechnete nicht auf einen Schlag mit der Kirche ab; er ging in Etappen vor. Zuerst wurden religiöse Versammlungen nicht verboten, sondern nur behindert. Von 1967 an startete er nach dem Vorbild der chinesischen Revolution eine Reihe von antireligiösen Kampagnen, »um die wissenschaftlich-materialistische Weltanschauung in den Menschen zu verankern«. Den Jugendlichen wurde dabei eine aktive Rolle zugewiesen. Kirchen und Moscheen erhielten, sofern sie nicht abgerissen wurden, eine neue Bestimmung: Sporthalle, Museum oder Kulturzentrum, symbolisiert durch einen roten Stern auf Turmspitze oder Minarett. Imame und Pfarrer mußten sich einer Umerziehung zum normalen Bürger unterziehen. Die katholische Kirche in Shkodra, einst der Vatikan Albaniens, wurde ein atheistisches Museum mit einer Dauerausstellung von Fotos und Dokumenten, auf denen der Erfolg der Kampagne gezeigt wurde. Wie die ersten Christen ihre Kirchen bevorzugt an den heiligen Stätten der Heiden errichteten, so versetzten die jungen Atheisten die Kirche in ihren ehemaligen heidnischen Zustand zurück. *Panta rhei* – alles fließt, und manchmal fließt alles wieder zurück.

Es war sogar verboten, Neugeborenen einen christlichen Namen zu geben – wer Karriere machen wollte, tat gut daran, für seine Kinder einen illyrischen Namen zu wählen.

Ob das religiöse Leben durch all diese Maßnahmen wirklich verbannt wurde, wird sich in den kommenden Jahren zeigen. Werden sich all die neuerrichteten, noch nach Zement riechenden Gotteshäuser mit Gläubigen füllen? Der Professor machte eine sehr angewiderte Miene, als ich ihn nach seiner Meinung fragte. Direkt bei seinem Haus in Tirana rief seit einiger Zeit der Muezzin wieder zum Gebet – alles Unsinn, fand er, und Lärmbelästigung. »Wenn die Albaner unbedingt gläubig sein wollen, dann sollen sie katholisch werden: Wir sind von jeher Christen, keine Mohammedaner.«

Wir verabschiedeten uns von dem munteren Missionar. »Good luck!« Er lachte unbekümmert und ging elastischen Schritts weiter. Für ihn war alles *easy* und selbstverständlich. Ich beneidete ihn. Woher nahm er dieses Selbstvertrauen, in einem so desperaten Land wie Albanien? Es gab nur eine Erklärung: Er war vollkommen »im Herrn«. Ich fragte mich, wie viele arglose Albaner er unter dem Vorwand der sozialen Unterstützung in sein frisch renoviertes Tempelklubhaus locken würde.

Inzwischen hatte Karagjozi das Hotel gefunden, außerdem einen Mann, der das Gelände bewachte. Nachdem der Professor ihm die ganze Geschichte erzählt hatte, hatten sie zusammen ein Schloß aufgebrochen. Das Hotel war ein Musterbeispiel kommunistischer Megalomanie. Alles war überproportioniert – das Foyer, das Treppenhaus, die Schlafzimmer und die Betten, das Badezimmer und das Eßzimmer, mit Hussen über den Stühlen und einer gigantischen Schrankwand, in deren Holz der zweiköpfige Adler geschnitzt war. Ringsum herrschten das Braun und das Beige der fünfziger und sechziger Jahre, und das Ganze hätte einer Generalüberholung bedurft. So abstoßend die Geschmacklosigkeit und die Strenge waren, so lächerlich war die imitierte Vornehmheit...

In seiner unverbesserlichen Höflichkeit hatte mir der Professor das Zimmer zugedacht, in dem sonst der Bezirksleiter der demokratischen Partei schlief, wenn er sich in Tepelena aufhalten mußte. Ein Blick in dieses auserkorene Nachtquartier reichte, um erschrocken zurückzuweichen. Ich wußte genau, daß ich in diesem riesigen, gepolsterten Sarg mit den vielen schwarzledernen Sesseln kein Auge zutun könnte. Eine bedrückende Düsterkeit, die vermutlich geschmackvoll wirken sollte, erfüllte den Raum. Statt dessen entschloß ich mich in aller Eile für ein etwas freundlicheres Parteibonzenzimmer mit einem Dreipersonenbett und Ausblick auf die schäbigen Mietskasernen von Tepelena, aber auch auf die Berge dahinter.

Ich wusch ein paar Hemden und Socken und verteilte sie zum Trocknen im ganzen Raum. Mit der Wäsche auf Stuhllehnen und Heizkörpern erhielt das Zimmer gleich ein menschenfreundlicheres Aussehen. Dann ließ ich mich rücklings auf das riesige Bett fallen und blieb eine Weile mit ausgebreiteten Armen und Beinen liegen. Mich überkam ein Gefühl großer Befremdung. Warum war ich hier und nicht irgendwo anders? Nichts deutete darauf hin, daß ich nun dicht bei Ali Paschas Serail war. Ich lag hier in diesem uneigentlichen Haus – draußen dämmerte es, und ich mußte meine Ungeduld bis zum nächsten Tag bezwingen. Du könntest Dir auch nicht im entferntesten vorstellen, in welchen Verhältnissen ich mich hier, im heutigen Albanien, befand. Als Du starbst, mußte *Das Kapital* noch geschrieben werden, ein Buch, das die Welt sehr viel drastischer verändert hat als Dein *Childe Harold.* Wie könnte ich Dir das erklären? Zerstreut schnupperte ich an einem Büschel Bergtee. Ah, der Duft der Landschaft, durch die wir geritten waren.

Die anderen saßen in der Halle beisammen. Sie plauderten noch ein wenig und rechneten mit dem Fahrer ab. Ich steckte Hadji und Roberto einen Beweis meiner Dankbarkeit zu, was sie immer abgelehnt hatten, nun aber heimlich doch gern annahmen. Es war, als würden wir uns seit Jahren kennen, und so verabschiedeten wir uns auch voneinander. Ein »Mirupafshim!«, das nie eingelöst werden würde, dann gingen unsere Dragomanen und ließen uns mit dem Aufseher zurück, der mit bedrückter Miene still durch das Haus schlich.

Es war Essenszeit. Afrim Karagjozi nahm eine Taschenlampe von stattlicher Größe mit, da es keine Straßenbeleuchtung gab. Wir gingen bergab und gelangten wieder zu den Mietskasernen. Obwohl noch immer viele Leute auf der Straße waren, war die Atmosphäre auf eine ungreifbare Art bedrohlich. Vier Männer, von denen hinter den Fensterscheiben vor allem halblange Mähnen und Lederjacken mit großen Reißverschlüssen zu sehen waren, rasten in einem Mercedes vorbei. »Mafiosi«, konstatierte der Professor düster, »in Tirana heißen sie ›The Powerful‹.«

Es dauerte einen Moment, bis mir klarwurde, daß wir vor Alis Festungsmauern standen, die aus grauen, hier und da schwarz angelaufenen Steinblöcken errichtet worden waren. »Hier war doch irgendwo ein Restaurant«, murmelte Karagjozi und schaute sich mit gerunzelter Stirn um. Hoffnung flammte auf – würden wir heute doch noch die wenigen magischen Schritte gehen und durch das Tor in eine andere Welt eintreten? Der Professor fand das Restaurant, bekam jedoch zu hören, daß nur Fleisch serviert würde, keine Kartoffeln, kein Gemüse, nichts. Er schüttelte den Kopf. Wohin sollte das noch führen, wenn in den Restaurants dieses Landes kein Gemüse zu bekommen war. Man mochte von Hodscha sagen, was man wollte, aber zu seiner Zeit behielt Albanien sogar Gemüse für den Export über. Mit einem nagenden Hungergefühl gingen wir an der Mauer entlang weiter.

Im Vorübergehen beschien der Professor mit seiner Taschenlampe eine Bronzeplakette mit Deinem Bildnis – Du trägst Deinen albanischen Kopfschmuck, und in Höhe Deines linken Arms schwebt ein Olivenzweig. Die vorige Plakette sei zerstört worden, sagte Karagjozi, er habe sich dafür eingesetzt, daß eine neue angebracht wurde. Ein Freund von ihm hatte sie gegossen; der Text stammte, neben einem Zitat aus *Childe Harold*, von dem Professor. Ich glaube – Ehre, wem Ehre gebührt –, er ist in Albanien der einzige, der dafür sorgt, daß Dein Name nicht in Vergessenheit gerät.

Wir suchten weiter. Nirgends ein Restaurant, nicht einmal ein einfaches Eßlokal. Dabei parkten überall Lastwagen; offenbar war Tepelena der letzte Halt vor der griechischen Grenze. Wo aßen all die Fahrer? Mit Befremden und weiter zunehmendem Unbehagen streiften wir durch die dunkle Innenstadt.

In einem Lokal, dessen Tür offenstand, sah ich an einem leeren Tisch einen alten, bärtigen Mann mit Hut, der schräg nach vorn gesunken war und döste. Seine Krücke, die ihm das Gehen erleichtern sollte, war ebenfalls hinabgerutscht und versperrte den Durchgang. Jemand würde darüber stolpern, sagte ich mir, sich das Bein brechen und während der Rehabilitation eine Krücke brauchen, über die dann eines Tages wieder ein anderer stürzen würde. Dies war auch das, was mit Albanien geschah, so kam es mir vor, schon seit Jahrhunderten – das sich selbst perpetuierende Elend, ohne daß man jemandem dafür die Schuld geben konnte. Vor dem Mann, der ein T-Shirt mit der Aufschrift »American Tennis Good« trug, lagen ein aufgeschlagenes Heft und ein Bleistift; seine rechte Hand ruhte auf dem Papier. Was hatte er schreiben wollen? Verlangte es so viel von seinem ermatteten Gehirn, daß er sich in den Schlaf geflüchtet hatte? Wenn er nun die Reinkarnation Homers war und sich vorgenommen hatte, diesmal die Geschichte des Balkans zu schreiben? Dann sollte er wohl besser rasch wach werden und es bleiben. Das alles dachte ich in einer Sekunde, und es verdüsterte meine Stimmung noch mehr. In irgendeiner Weise schien der schlafende Mann mehr zu offenbaren als alles, was ich bisher gesehen und gehört hatte.

Ein paar Leute gingen an uns vorbei, für die das Epitheton »nouveau riche« sogar noch ein Euphemismus war. Männer in grellfarbenen Trainingsanzügen mit protzigen, goldfarbenen Armbanduhren, Ringen und Ketten, in Begleitung ähnlich ausstaffierter Frauen. Warum wird vom Westen vor allem die Häßlichkeit übernommen? Die kleine Gruppe kontrastierte karikaturhaft und abstoßend mit den anderen, die in ihren abgetragenen Jacketts über tausendmal gewaschenen, fusseligen Pullovern weitaus in der Mehrheit waren.

Wir hatten schon fast den Mut sinken lassen, als wir am Rand der Innenstadt ein kleines Restaurant entdeckten, das erst kürzlich eröffnet worden war. Eine stämmige Frau mit kantigem Kiefer und mürrischer Miene stand uns mit dem Charme eines Nilpferdes Rede und Antwort. Ja, hier würden Kartoffeln und Salat zum Fleisch serviert, gab sie widerwillig zu. Wir wußten gar nicht, wie schnell wir uns setzen sollten. Der Professor entspannte sich; mit einer ausladenden Geste bestellte er eine große Schüssel gebratener Lammkeule.

Als das Gericht gebracht wurde, fiel ich wenig ladylike darüber her. Aber nichts schien an diesem Abend zu klappen – eine Lammkeule ist ein Stück von einem toten Tier, mit diesem Wissen muß man sich abfinden, doch dieses Lamm war wirklich sehr tot. So unauffällig wie möglich spuckte ich den verdorbenen Bissen aus und nahm schnell eine Kartoffel, um den Geschmack zu vertreiben. Aber der Professor hatte es bereits bemerkt. »Verdorben«, sagte ich leise und ließ reumütig darauf folgen, »aber es macht nichts, ich esse einfach mehr von den Kartoffeln.«

Wie ich bereits befürchtet hatte, nahm er es sich persönlich zu Herzen. Entnervt steckte er seine Gabel in das Fleisch auf seinem Teller und kostete. Seins war in Ordnung, wollte ich tauschen? Nein, nein, wehrte ich ab, eigentlich war es für meinen Magen ohnehin besser, kein Fleisch zu essen. Daniël pflichtete mir bei: Sein Fleisch war zwar noch nicht so sehr verdorben, aber dafür viel zu roh. Mit starrer Miene aß der Professor weiter. Ich bestellte mir eine zusätzliche Portion Kartoffeln.

Die Rechnung war absurd hoch. Obwohl Daniël und ich ihn eingeladen hatten, war Karagjozi wieder fassungslos. »I feel very bad«, seufzte er, den Kopf in den Händen. Wir versuchten ihn zu trösten: Es machte nichts, wir waren auf alles gefaßt.

Die Taschenlampe war kein überflüssiger Luxus, als es galt, das Hotel wiederzufinden. Dort erwartete uns der Hausmeister, eine verloren wirkende Gestalt, die mit gesenktem Blick in dem riesigen Foyer stand – die Suggestion eines großen Dramas in Vergangenheit oder Zukunft ging von ihm aus.

»Warum sieht er eigentlich so traurig aus?« flüsterte ich.

»Weil er langsam blind wird. Er ist noch jung, sechsunddreißig, aber seit einigen Jahren werden seine Augen mit beängstigender Geschwindigkeit schlechter. Farben kann er schon nicht mehr unterscheiden, und seine Reaktion auf Licht und Dunkel läßt immer mehr nach. Er war Offizier in der Armee, als die Krankheit anfing, er hat eine Frau und zwei Kinder.«

Ich fragte, ob eine Operation möglich sei. In Albanien? Der Professor antwortete mit einem kurzen, trockenen Lachen. Nein, die einzige Heilungschance läge in den Händen einer Gruppe italienischer Jäger – Anwälte, Ärzte, Lehrer –, die einmal im Jahr eine Woche in diesem Hotel wohnten, um von hier aus in den Bergen zu jagen. Sie hätten angeboten, ihn auf ihre Kosten in Italien behandeln zu lassen. Dabei sei jedoch ein merkwürdiges Problem aufgetaucht. Die italienische Botschaft verweigere ihm das Visum. Er versuche es seit Jahren, aber vergeblich. Vielleicht hätte in der Vergangenheit ein Verbrecher unter demselben Namen operiert, oder sein Porträt glich jemandem, der in Italien nicht willkommen war. Der Grund war nicht herauszufinden. Während er tagaus, tagein über dieses Rätsel nachgrübelte, schwand sein Sehvermögen immer mehr und rückte der Tag, an dem er auch diesen Posten würde aufgeben müssen, immer näher.

»Aber ich habe einen Bekannten, der bei der Botschaft arbeitet«, sagte Afrim, »vielleicht kann der etwas für ihn tun.«

Ich ging einen Schritt in Richtung des Hausmeisters, um etwas Aufmunterndes zu sagen, doch womit konnte ich jemandem Hoffnung machen, dessen Zukunft durch ein Versehen in der italienischen Bürokratie bestimmt wurde, die bekanntermaßen auf der Grundlage von Irrtümern und Unregelmäßigkeiten funktionierte – oder auch nicht funktionierte, wer wußte das schon? Langsam erfaßte auch mich große Ratlosigkeit gegenüber den Unmöglichkeiten, die Albanien beherrschten – ohne Hilfe von außen würde sich das Land am eigenen Schopf aus dem Sumpf ziehen müssen.

Um das Gefühl des Katzenjammers abzuwaschen, nahm ich in dem Makrobadezimmer ein Bad. Die Wanne war schmuddelig, wie alles in dem Hotel, aber aus dem Hahn kam ein kräftiger Strahl warmen Wassers. Am Rand festgeklammert, um nicht in der Wanne, in der drei Parteibonzen gleichzeitig hätten Platz nehmen können, zu ertrinken, dachte ich darüber nach, wie sich die Zeiten geändert hatten. Ihr wurdet damals gastfreundlich im Palast eines zu Amt und Würden gelangten Wegelagerers empfangen, der willkürlich über das Schicksal seiner Untertanen bestimmte. Neun Jahre später wurde Karl Marx geboren, eine der Ursachen, warum ich nun in einer Parteibonzenwanne lag. Zwischen damals und heute hatte sich die Welt in atemberaubendem Maß verändert. Zum Guten oder zum Schlechten? Das war die Frage, die sich mir die ganze Zeit aufdrängte, weil mich mein unablässiger, vielleicht ja auch krankhafter Hang zur Vergangenheit mit Skepsis erfüllte. Die fragwürdige Sehnsucht nach einer Zeit, in der, nüchtern betrachtet, Männer bei lebendigem Leibe geröstet und Frauen in Jutesäcken eingenäht ertränkt wurden, konnte nur existieren dank der großen Zeitspanne zwischen 1809 und 1996, wodurch sich sogar über Ali Paschas Grausamkeit ein bronzener Glanz gelegt hatte, wie der des antiken Lichts, das hier jeden Nachmittag über die Landschaft strich. So erhielt seine Grausamkeit eine eigene Schönheit, die Teil der exotischen Atmosphäre wurde, die ihn umgab und Euch in Begeisterung versetzte.

Im Bett, *kingsize* auf albanisch, hatte ich die ganze Zeit das Gefühl, zwischen Dulla und Sorra zu liegen. Die Geister der jüngsten albanischen Vergangenheit schwebten noch im Raum, frustriert über ihren Gesichtsverlust.

Der Kontrast zwischen dieser Unterkunft und Eurem Nachtquartier war kraß. »Bei unserer Ankunft sagte man uns, daß wir im Palast schlafen würden. Nachdem wir abgesessen waren, erstiegen wir mehrere Holztreppen und gingen in eine lange Galerie mit zwei Flügeln, die (wie in einer großen englischen Herberge) zu Türen verschiedener Appartements führten. Man geleitete uns in einen Raum mit großen, seidenbezogenen Sofas und darüber einer Kammer zum Schlafen – ein Komfort, der im türkischen Reich sonst fast nie vorkommt. Seine Hoheit (denn so wurden die Paschas, die drei Erbgüter besitzen, von ihren griechischen Dienstboten angeredet) sandte uns einen Willkommensgruß und wies seine Diener an, uns alles Benötigte aus seinem eigenen Haushalt zur Verfügung zu stellen. Gleichzeitig ließ er uns mitteilen, wie sehr er es bedauere, daß der Ramadan ihn davon abhalte, uns zu einer seiner Mahlzeiten einzuladen. Aber er ließ uns Sorbets, Näschereien und Obst aus seinem Harem bringen.«

15

»Er sagte mir, ich solle ihn, während ich in der Türkei sei, als meinen Vater ansehen & erklärte, er wolle mich als seinen Sohn betrachten. – Und wirklich behandelte er mich wie ein Kind, indem er mir Mandeln & gezuckertes Sorbet, Obst & Konfekt wohl 20 Mal am Tag sandte.«

Ali Pascha sorgte in der Tat sehr gut für Lord Byron. Warum? Doch nicht allein, weil er so »kleine Ohren, gelocktes Haar & kleine weiße Hände« hatte? In was für eine Konstellation war Byron geraten, als er durch das Tor in das Fort einritt?

Der Pascha war ein gewiefter Politiker. Als ihm zu Ohren kam, daß ein junger Engländer, noch dazu von Adel, durch sein Territorium reiste, muß er sich über den weißen Bart gestrichen und überlegt haben, so jemand könne ihm in diplomatischer Hinsicht vielleicht irgendwann nützlich sein. Während der Napoleonischen Kriege hielt er sich die Regierungen Englands, Frankreichs und Rußlands warm. Sowohl der englische Heerführer Admiral Nelson als auch der russische Zar und Napoleon sahen in dem nach Unabhängigkeit strebenden Pascha ein Werkzeug, das sieche Osmanische Reich, den »kranken Mann am Bosporus«, weiter zu schwächen.

»Napoleon hat ihm zweimal angeboten, ihn zum König von Epirus zu machen«, schreibt Byron an seine Mutter,

»doch er zieht die englischen Interessen vor & verabscheut die Franzosen, wie er mir selber sagte; er hat so großen Einfluß, daß ihm beide Seiten den Hof machen, denn die Albanier sind die kriegerischsten Untertanen des Sultans, und Ali untersteht der Hohen Pforte ohnedies nur dem Namen nach.... Buonaparte schickte ihm eine Schnupftabakdose mit seinem Konterfei; er sagte, die Dose sei ja sehr hübsch, aber das Bild könne er entbehren, denn er schätze weder *es* noch das *Original.*«

Hobhouse gibt noch ein anderes Beispiel von Napoleons Werbegeschenken. Eines Abends, während einer der Audienzen, zeigte Ali ihnen mehrere Pistolen und einen Säbel. Den Clou hob er sich bis zuletzt auf: ein Geschenk des Kaisers der Franzosen. Es war ein Gewehr, dessen Schaft mit Silber eingelegt und mit Diamanten und Brillanten besetzt war. Die Freunde waren beeindruckt, doch später kam die Ernüchterung – der Sekretär erzählte ihnen, daß das Gewehr, »als es von Napoleon kam, nur einen gewöhnlichen Schaft hatte und daß alle Ornamente von Seiner Hoheit hinzugefügt worden waren, damit es mehr wie ein kaiserliches Geschenk aussah«.

Hobhouse, der stets mit großem Eifer seine Hausaufgaben machte, hat die Herkunft und das Sündenregister seines Gastgebers ausführlich kommentiert. So hält er fest, daß Ali nur ein einfacher Junge war, als er um 1750 in Tepelena geboren wurde. Sein Vater war ein unbedeutender Pascha mit zwei Erbgütern. »Unser Diener Vascillie sagt, er kann sich daran erinnern, in seiner Kindheit Ali im Cottage seines Vaters gesehen zu haben; seine Ärmel waren am Ellbogen durchgescheuert. In jener Zeit kam er mit Trupps aus Tepellenië, nachts, um die Herden der Dörfer zu stehlen, mit denen er auf feindlichem Fuß stand.« Indem er ein Dorf nach dem anderen einnahm, gelang es Ali Pascha, Geld und Macht anzuhäufen. Seine Spießgesellen, eine Bande professioneller Räuber, bekamen ihre Bezahlung durch Plünderungen – in jener Zeit übrigens auch für Soldaten als Ergänzung zum Sold gang und gäbe. Schließlich besaß er genug Geld, um ein *Paschalik* zu erwerben, und führte seine Kriege von dort aus weiter. Es gelang ihm, Janina zu erobern, und er wurde vom Sultan in Konstantinopel offiziell zum Pascha von drei Erbtümern erklärt.

Alis einziger Gedanke war es offenbar, sein Territorium zu vergrößern: »Dann führte er Krieg mit den Paschas von Arta, von Delvino und Ocrida, die er zusammen mit denen von Triccala unterwarf, und er erlangte großen Einfluß auf die Agas von Thessalien.«

Kein Mittel war ihm zu abwegig. Giaffar, den Pascha von Vallona, ließ er in Sofia mit einer Tasse Kaffee im Bad vergiften, um anschließend seine eigenen Söhne Muchtar und Veli mit den Töchtern von Giaffars Bruder Ibrahim zu verheiraten. Letzteren bedrängte er wieder mit neuen Kriegen. Auf diese Weise konnte er seinen Besitz rings um Janina noch erweitern. Nun mußten noch *Paschaliks* für Muchtar und Veli erobert werden. Aber Veli hatte so brav gespart, daß er ohne Blutvergießen für fünfzehntausend Piaster das von Morea kaufen konnte, mit der damit verbundenen Würde des Wesirs. Muchtar, ein sehr kämpferischer Typ, hatte den Platz seines Vaters in den albanischen Einheiten der Armee des Sultans eingenommen und machte dort Karriere.

Der größte Widerstand gegen Alis Expansionsdrang kam nach Hobhouse nicht von seiten der Paschas, sondern von der viel ungreifbareren »Natur der Menschen und des Landes, dessen er sich bemächtigen wollte. Viele der Gebiete, die ihm heute gehören, wurden von Menschen bewohnt, die immer rebelliert hatten oder nie von den Türken wirklich erobert worden waren wie die Chimerioten, die Sulioten und die Völker aus den Bergen direkt an der ionischen Küste. Überdies waren die Wälder und Berge in jedem Teil seines Reichs im Besitz großer Räuberbanden, die aus den Dörfern rekrutiert wurden und sich von diesen geschützt wußten, in ganzen Landstrichen Steuern erhoben und Distrikte, die unter dem Schutz des Paschas standen, in Brand steckten und plünderten. Gegen sie trat er mit größter Strenge auf: Sie wurden verbrannt, gehenkt, enthauptet und gespießt, und so sind sie aus vielen Landesteilen verschwunden, vor allem aus Oberalbanien, das zuvor diesen Banditen immer wieder zum Opfer fiel.«

Ob er wollte oder nicht, Hobhouse war tief beeindruckt von der Blitzkarriere des Jungen aus den Bergen, der es zum Pascha eines selbstgeschaffenen Imperiums gebracht hatte und noch lange nicht auf seinen Lorbeeren ausruhte: »... und wenn seine Pläne zur Erweiterung seines Besitzes gelingen, dann werden die Länder, die früher den südlichen Teil von Illyricum bildeten, das Königreich Epirus, ein Teil Makedoniens, das ganze Gebiet Thessalien, Euböa und alle griechischen Staaten unter der Herrschaft eines Barbaren stehen, der weder lesen noch schreiben kann.«

Es gab zwei Beurteilungen Ali Paschas, die in diametralem Gegensatz zueinander standen, und beide hatten einen wahren Kern. Die Griechen sahen in ihm das abschreckendste Ungeheuer, das jemals geboren worden war, die Albaner waren voller Bewunderung und Stolz – kein anderer Fürst weit und breit konnte ihm das Wasser reichen.

Er hatte auch vieles zuwege gebracht. Gebiete, in denen zuvor Räuberbanden ihr Unwesen getrieben hatten, waren nun ausgefegt und zugänglich. Davon profitierten auch die Kaufleute, die ihre Waren gefahrlos transportieren konnten – und das kam dem allgemeinen Wohlstand zugute. Wie alle Despoten, die etwas auf sich halten, baute er Brücken, legte Straßen an und Sümpfe trocken und breitete die Städte aus – »vielleicht ohne ein anderes Motiv als sich selbst zu verherrlichen«, suggeriert Hobhouse. Außerdem symbolisierte Ali Pascha für die Albaner die Hoffnung auf nationale Einheit und Unabhängigkeit von den Türken, denen er nur der Form halber noch unterstellt war. Noch immer wurde ein Teil der Steuern, die Ali eintrieb, an Konstantinopel abgeführt, und noch immer stellte er dem Sultan feste Truppenkontingente, aber auf Einladungen, bei Hofe zu erscheinen, ging er nie ein – er blieb lieber im Besitz seines Hauptes.

Es ging die Fama, er sei unermeßlich reich. Mit körperlicher Arbeit brauchte er sich längst nicht mehr abzugeben – die Zeit des Plünderns war vorbei. Abgesehen von einem kleinen Krieg hier und da, um in Form zu bleiben, kam der größte Teil seiner Territorialerweiterung »durch die kluge Verwaltung seiner Schätze« zustande, so Hobhouse, der eine ausgezeichnete Übersicht über Alis Einnahmequellen gibt: »Von einem zehnten Teil aller Produkte, die für die Hohe

Pforte gesammelt werden, erhält er mindestens ein Viertel. Er hat auch fast vierhundert Dörfer in seinem Besitz. Außerdem kassiert er [wie alt die Mafia schon ist!] in allen Städten und Dörfern willkürliche Schutzgelder. ... Ich habe eine Aufstellung gesehen, die seine Einnahmen auf sechs Millionen Piaster bezifferte, unabhängig von zufälligen Abgaben und den Geschenken, die er von seinen christlichen Untertanen erhält. Hinzu kommt, daß ohne Entlohnung für ihn gearbeitet wird und seine Küchen und Ställe von den Städten gefüllt werden, in denen er sich gerade aufhält.

Nicht nur, daß er und sein Gefolge auf den vielen Expeditionen durch seine Besitztümer überall umsonst Quartier beziehen können, die Soldaten, denen er nur 12 Piaster Sold im Monat zahlt, bekommen außerdem, wo immer sie sich befinden, von den Bewohnern der Städte und Dörfer Brot und Fleisch. Dadurch spart er viel Geld für andere notwendige Zwecke, um Minister der Hohen Pforte zu bestechen und das Land seines Nachbarn zu erwerben. Es kostet ihn nicht viel, männliche und weibliche Sklaven für seinen Haushalt zu finden; was das betrifft, versorgt er sich reichlich aus den Familien der Banditen, die er hinrichtet oder zur Flucht zwingt. So trafen wir unterwegs auf einen Mann, der einen Jungen und ein Mädchen nach Tepellenië brachte; er hatte die beiden gerade im Haus eines Banditen gefunden.«

Noch nie habe ich eine so detaillierte Beschreibung gelesen, wie das Feudalsystem funktionierte, wie es seine Tentakel in alle Richtungen ausstreckte, noch bis in den kleinsten Weiler. Nicht Ali hatte es erfunden. In verschiedenen Varianten war es über Millennien die vorherrschende gesellschaftliche Struktur – von Nebukadnezar über die Pharaonen bis zu Karl dem Großen und den russischen Zaren, unter denen es vielleicht sogar seinen Höhe- oder eigentlich Tiefpunkt erreichte, weil dort die Leibeigenen auch noch nach ihrem Tod dem Großgrundbesitzer gehörten, zumindest, wenn wir Gogol in *Die toten Seelen* Glauben schenken können.

Hobhouse enthält sich beflissen jedes moralischen Urteils über Ali Pascha. Ihn mit den in England gebräuchlichen ethischen Maßstäben zu messen, wäre weder fair noch realistisch, findet er. Die Methoden, derer sich Ali Pascha bediente, um dieses Volk von Räubern zu bändigen, seien, so nimmt er an, notwendig, um Respekt und Achtung zu erzwingen und Frieden und Sicherheit auf seinem Territorium zu garantieren.

»Wie stehen die Albaner heute zu Ali Pascha?« fragte ich Karagjozi in der Annahme, er sei inzwischen zusammen mit Enver Hodscha in der Galerie von Despoten beigesetzt worden.

»Wir haben drei große Gestalten in Albanien«, antwortete der Professor und erhob die Stimme wie immer, wenn seine Brust von Stolz erfüllt war: »Skanderbeg, den Freiheitskämpfer aus dem fünfzehnten Jahrhundert, Ali Pascha und Mutter Teresa. Ali Pascha Tepelena war ein echter Albaner. Er hat viel für das Zustandekommen Albaniens getan und das Gefühl der nationalen Einheit gefördert. Sein Traum war es, den *Paschalik* von Shkodra mit dem *Paschalik* von Janina zu vereinigen – ein Großalbanien daraus zu machen, in dem die *Gegen* aus dem Norden mit den *Tosken* aus dem Süden vereint wären. Er sorgte in seinem

Teil Albaniens für Entwicklung, baute Brücken und Forts, gründete Schulen. Er war ein großer Feldherr, ein schlauer Politiker und Diplomat. Nicht ohne Grund trug er die Beinamen ›mohammedanischer Bonaparte‹ und ›Löwe von Janina‹. Als die Albaner in den von ihm eroberten Gebieten über die Griechen herrschten, unterstützte er den griechischen Freiheitskampf und bildete Anführer aus. Wenn es den Griechen gelingen sollte, ihre Unabhängigkeit zu erringen, so sein Kalkül, würden auch die Albaner automatisch von der türkischen Fremdherrschaft befreit sein.«

»Und seine Grausamkeit?« fragte ich.

»Es waren andere Zeiten.«

Während das Feudalsystem unter Ali Pascha noch vor Gesundheit strotzte, hatte in England sein Untergang eingesetzt wie in einer Shakespeareschen Tragödie. Der italienische Schriftsteller Giuseppe Tomasi di Lampedusa skizziert in einem Aufsatz über Byron, Shelley und Keats, den er mit pädagogischen Absichten für seinen Neffen schrieb, die Krisensituation, in der sich das Königreich befand, als Byron 1809 von einem Postschiff aus die heimatliche Küste zu seiner Freude immer mehr verblassen sah. Good Old England litt unter einer wirtschaftlichen, politischen und religiösen Krise, die das Land nachhaltig verändern sollte.

Während ein Großgrundbesitzer zu Beginn des achtzehnten Jahrhunderts noch absoluter Herr und Meister seines Landguts war, dessen Ertrag nicht nur seine eigene Börse, sondern auch die Staatskasse füllte, war es am Ende des Jahrhunderts weitaus lukrativer, Aktien eines Unternehmens oder der British East India Company zu besitzen.

Der Besitz eines Landguts war inzwischen eher Ballast als eine Einnahmequelle. Das galt auch für die Ländereien, die Lord Byron erbte. Rochdale war bankrott, Newstead Abbey im Verfall begriffen. Byron überließ alles einem Verwalter und machte sich davon. So entkam er den Problemen – als er dann in Italien lebte, war er nur noch am Verkauf interessiert.

Der Adel, der im Parlament immer das Sagen gehabt hatte, mußte die Macht zunehmend mit den neuen Klassen der Industriellen und der Arbeiter teilen.

Hinzu kam, daß König Georg III. dem Wahnsinn verfallen war und seine acht Söhne einen schlechten Ruf hatten. Der König, der Gras und Kräuter aß und auf seinem Klavier Händel spielte, wurde auf Schloß Windsor unter Arrest gehalten; sein ältester Sohn, der Prinz von Wales, hatte als Regent die Regierung übernommen. Das Ansehen des Königshauses hatte sich jedoch inzwischen drastisch verschlechtert. Unter den Prinzen war nicht einer, der etwas taugte, die schrecklichsten Geschichten waren über sie in Umlauf. Alle lebten in Bigamie und waren hoch verschuldet. Einer von ihnen hatte angeblich seinen Diener ermordet, ein anderer verhielt sich gegenüber seinen Soldaten so sadistisch, daß er nicht länger als Befehlshaber eingesetzt werden konnte, ein dritter hatte sich auf Vergewaltigungen verlegt, ein vierter schlief mit seiner Schwester. Überdies waren sie alle untereinander verfeindet.

Während sich das Volk von dem verlotterten Königshaus abwandte, fand im Parlament ein Machtkampf statt. Die Liberalen forderten ein neues Wahlsystem, politische Gleichberechtigung für die Katholiken und die Abschaffung der

Besteuerung von Weizen, was zum Nachteil für die Großgrundbesitzer war.

Wieder in England, nach seiner »Grand Tour«, schloß sich Byron der Partei der gemäßigten, aristokratischen Whigs an, in deren Gesellschaft er sich gern aufhielt. Mit seinen politischen Ansichten hätte er eigentlich mehr zu den Radikalen gehört – nach Leslie Marchand hielt aristokratischer Stolz ihn davon ab, sich öffentlich auf die Seite ihrer Anführer zu stellen. Während seiner Kindheit, als er mit seiner Mutter in Schottland in ärmlichen Verhältnissen lebte und mit Kindern von einfacher Herkunft spielte, hatte sich in ihm eine lebenslange Sympathie für »das Volk« festgesetzt.

Er nahm seinen Sitz im Oberhaus wieder ein, im Hinterkopf die Möglichkeit einer politischen Laufbahn, und bereitete eine Rede vor. Darin wollte er sich für die Strumpfweber in der Grafschaft Nottingham einsetzen, die gegen die neuen Maschinen rebellierten. Die Tories ließen Plakate mit der Warnung aufhängen, daß auf der Zerstörung von Webstühlen die Todesstrafe stand. Obwohl er auf seine Überzeugungskraft und sein rhetorisches Talent vertraute, war er im entscheidenden Augenblick sehr angespannt. Wahrscheinlich wußte er intuitiv, daß er mit seinem Plädoyer für eine Verbesserung der Lage der Weber eine Chance auf eine politische Karriere von vornherein verspielte. Marchand nennt es eine »fatalistische Antizipation des Scheiterns seiner Karriere im Parlament, teils aus Mangel an Selbstvertrauen, teils aus realistischer Einsicht in die unvermeidliche Korrumpierung, die das politische Leben mit sich bringen würde«.

Der Inhalt seiner Rede war unmißverständlich. Mit seinem direkten Angriff auf die ungerechten Maßnahmen der Tories überzeugte er nur die Radikalen, die enthusiastisch von der besten Rede eines Lords »since the Lord knows when« sprachen.

Dennoch siegten zuweilen seine Neugier und seine Eitelkeit – von einem Herrscher eingeladen zu sein! – über seine jakobinischen Sympathien. Diese Eigenschaften waren seine wichtigsten Triebfedern gewesen, als er Ali Pascha besuchte, und als sich in England die Gelegenheit ergab, dem Prinzregenten vorgestellt zu werden, obwohl er zum Lager von dessen Gegnern gehörte, sagte er nicht nein. Der Prinz wiederum fand es interessant, den Autor von *Childe Harold* kennenzulernen. Sie hatten ein vergnügliches Tête-à-tête über Literatur und fanden sich in ihrer gemeinsamen Bewunderung für Walter Scott.

Auch Byron sah die Notwendigkeit einer Parlamentsreform ein. Ein waschechter Radikaler, Major John Cartwright, hatte für eine Petition in dieser Sache Unterschriften gesammelt, bis ihm dies von der Armee unmöglich gemacht wurde. Dieses Ereignis wurde zum Anlaß für Byrons letzte Rede, diesmal, um Cartwrights »Petition für das Recht auf das Sammeln von Petitionen« zu verteidigen. Der einzige, der sich auf seine Seite stellte, war Earl Stanhope, ein ausgesprochener Jakobiner. Byron war sich darüber im klaren, daß er nun sein politisches Todesurteil selbst unterschrieben hatte.

Trotzdem fesselte ihn die Politik zeitlebens, vor allem der Gedanke der Freiheit, wie Rousseau ihn ausgearbeitet hatte. Ein nach Unabhängigkeit strebendes, unterdrücktes

Volk konnte immer auf ihn zählen. Als die italienischen Carbonari ihn um Unterstützung in ihrem Widerstand gegen die österreichische Regierung baten, zögerte er keine Sekunde – und ein paar Jahre später setzte er sich für die griechische Sache ein.

Gleichzeitig war er von Heldentum fasziniert. Für Napoleon hegte er große Bewunderung, und er war auch nicht abgeneigt, irgendwann noch einmal eine große Tat in der Politik zu vollbringen. So schrieb er 1821 an seinen Freund Moore: »Weißt Du, was es ist, mein lieber Moore, Du lebst so dicht am *Ofen* der beau monde, daß Du unvermeidlich durch seine Hitze und Dämpfe beeinflußt wirst. ... Es gibt nur *eines*, was mich wieder hineinbringen könnte, und das ist, zu versuchen, etwas Gutes zu verrichten in der *Politik*; aber nicht in der kleingeistigen Politik, die heute in unserem elenden Land herrscht.«

In diesem »elenden« Land herrschte auch eine religiöse Krise. Immer mehr Pfarrer kehrten der anglikanischen Staatskirche den Rücken, aus Protest gegen Verwässerung und Korruption. Die lukrativen Posten wurden unter der Elite aufgeteilt, ohne daß dabei auf spirituelle Qualitäten geachtet wurde; viele dieser Pseudogeistlichen gingen auf die Jagd und heuerten zur Erfüllung ihrer seelsorgerischen Pflichten einen Stellvertreter an. Die abtrünnigen Pfarrer traten für eine Kirchenreform und eine Erweckung des rechten Glaubens ein. Ihr Protest und ihre Änderungsvorschläge stießen auf großen Anklang im Volk – die Bewegung mündete in die Gründung der methodistischen Kirche, die vor allem unter Arbeitern in den neuen Industriegebieten viele Anhänger fand. Die Gebildeteren neigten eher zu einem radikalen Bruch mit dem Glauben. Lange vor Nietzsche schrieben sie bereits antireligiöse Pamphlete und versammelten sich im »Club der Atheisten«.

Shelley, als Anarchist und Atheist, war also in gewissem Sinne ein Kind seiner Zeit. Byrons Einstellung zur Religion war zwiespältiger. Obwohl er sich bei zahlreichen Gelegenheiten voller Kritik und Spott über das Christentum ausläßt, schimmert durch seine Äußerungen auch der Zweifel. Er war eher Agnostiker als Atheist. Zudem hatte er eine Schwäche für das äußere Gepränge, den Pomp und den Mystizismus der katholischen Kirche – das paßte auch besser zu seinem Temperament als der No-Nonsense des Atheismus.

In einem anderen Brief an Moore, vier Tage später, wird Byrons Haltung zum Christentum als sonderbare Mischung aus Skepsis, Sehnsucht und Humor deutlich erkennbar: »Wie ich früher schon einmal sagte, bin ich ein großer Bewunderer von greifbarer Religion; und lasse eine meiner Töchter katholisch erziehen, so daß sie ihre Hände voll haben wird. Es ist die weitaus anmutigste Form der Gottesverehrung und sticht die griechische Mythologie fast aus. Mit dem Weihrauch, den Gemälden, den Skulpturen, Altären, Schreinen, Reliquien und der greifbaren Anwesenheit, der Beichte, der Absolution – kann man sich an etwas Vernünftigem festhalten. Überdies bleibt kein Raum für Zweifel; denn die, die ihre Gottheit wahrhaftig und tatsächlich, durch Transsubstantiation, hinunterschlucken, können sich kaum etwas anderes vorstellen, das leichter zu verdauen ist.

Ich fürchte, daß dies ziemlich leichtsinnig klingt, aber das ist nicht meine Absicht, in meinem Gedankengang bin ich so sehr geneigt, dem Absurden das größte Wort einzuräumen, daß es ab und zu ungewollt auch nach außen bricht. Dennoch versichere ich Dir, daß ich ein sehr guter Christ bin. Ob Du mir in diesem Punkt glaubst, weiß ich nicht...«

Während in diesem Brief noch der Spott vorherrscht, hat Byron in seinem Tagebuch aus jener Zeit – zwei Jahre vor seinem Tod – ernsthaftere Betrachtungen über den Glauben formuliert. Er ist davon überzeugt, daß der Geist ewig existiert, glaubt jedoch nicht an eine körperliche Auferstehung oder einen Ort ewiger Qualen wie die Hölle: »Ich kann nicht umhin zu denken, daß das *Drohen* mit der Hölle so viele Teufel macht, wie die strengen Strafgesetze der unmenschlichen Menschlichkeit Schurken machen.«

Zuweilen schimmert der Einfluß Rousseaus durch: »Der Mensch wird zwar *leidenschaftlich* am Körper geboren – aber mit einem angeborenen, wenn auch geheimen Streben nach dem Guten in der Triebfeder seines Geistes.« Dann gewinnt sein Realitätssinn die Oberhand: »Aber Gott stehe uns allen bei! Gegenwärtig ist es ein kläglicher Widerstreit von Atomen.«

Wenn man aus heutiger Zeit auf seine Argumentationsweise zurückblickt, könnte man sagen, daß er, balancierend zwischen Plato und Quantenphysik, schließlich bei Einsteins »Gott würfelt nicht« ankommt. »Die Dinge müssen einen Anfang gehabt haben, und was kommt darauf an, *wann* oder *wie*? – Ich denke manchmal, daß der *Mensch* der Überrest eines höheren körperlichen Wesens sein könnte, das in einer früheren Welt gescheitert und von Mühen und Kämpfen durch das Chaos in die Konformität degeneriert ist... Aber auch dann muß diese höhere, prä-adamitische, vermutete Schöpfung einen Ursprung und einen *Schöpfer* gehabt haben; denn ein *Schöpfer* ist eine natürlichere Vorstellung als ein zufälliges Zusammenfließen der Atome. Alle Dinge gehen auf eine Quelle zurück, wenn sie auch in einen Ozean fließen.«

Die absurdeste, witzigste und vielleicht auch tiefsinnigste Äußerung: »An einem sonnigen Tag bin ich stets religiöser...«

Das Land, aus dem Byron 1809 floh, befand sich in großer Konfusion. Auch wenn mit dem raschen Aufschwung der Industrie, dem Niedergang des Adels und dem Beginn der Säkularisierung ein neues Zeitalter anbrach, blieb England in sittlicher Hinsicht noch lange Zeit im Griff von Puritanismus und Hypokrisie – das viktorianische Zeitalter stand noch bevor. Auf Homosexualität stand seit 1533 die Todesstrafe, obgleich in der Praxis selten jemand auf dem Schafott landete.

Dies alles hatte Rückwirkungen auf Byron. Auf der einen Seite seiner aristokratischen Herkunft verbunden und stolz darauf, fühlte er sich auf der anderen Seite stark zum »einfachen Mann« – und nicht zu vergessen dessen weiblichem Pendant – hingezogen, und er sympathisierte mit der Arbeiterklasse. Freidenker in religiöser Hinsicht, hatte er, wie bereits erwähnt, eine verschwommene religiöse Einstellung mit einer Vorliebe für den Katholizismus. Obwohl er, was die Sexualmoral betraf, seiner Zeit voraus war und bedenkenlos das praktizierte, was wir heute als freie Liebe bezeichnen – homosexuell wie heterosexuell –, mußte er dennoch in sich selbst hartnäckige Reste der herrschenden Moral bekämpfen. Daß seine Ehe mit Annabella Milbanke nach einem Jahr scheiterte, nahm er sich außerordentlich zu Herzen, und die Knabenlieben aus seiner Schulzeit erfüllten ihn trotz allem mit dem Gefühl, etwas getan zu haben, »über das er nicht sprechen konnte«, und das ein weiterer Grund dafür war, daß er sein Land verließ.

Seine Haltung gegenüber Frauen entsprach nicht im geringsten seinen ansonsten progressiven Neigungen. Intellektuelle Frauen erfüllten ihn mit Widerwillen, es sei denn, sie waren berühmt und über jeden Zweifel erhaben, wie Madame de Staël. Daß die mathematisch begabte Annabella Milbanke ihren Mann während dieses einen Ehejahrs gründlich analysierte, brachte ihr den Vorwurf ein, kühl und rational zu sein. Er bevorzugte Liebhaberinnen, die dicht bei ihrer »weiblichen Natur« blieben, kapriziöse und emotionale Frauen, die er »wilde Tiere« nennen und derer er sich aus denselben Gründen mühelos entledigen konnte, wenn sie ihren Zauber für ihn verloren hatten. Eigentlich lief seine Einstellung zu Frauen, obwohl er zu spontaner Bewunderung imstande war, hauptsächlich darauf hinaus: »Soit belle et tais toi.«

Dieser junge, eigensinnige Lord, der den Keim einer neuen Zeit in sich trug, reiste vergnügt und ein wenig naiv durch ein vollkommen feudales Land mit einer Moral aus der Steinzeit und ließ sich von dem Prunk und Glanz geraubter Schätze verzaubern, die eher an das Mittelalter denken ließen als an das aufkommende Industriezeitalter. Die Anziehungskraft solcher Gebiete hat Evelyn Waugh in seinem Reisebericht »Ninety-two days« treffend formuliert: »Mit dem Reisen ist es so wie mit dem Verliebtsein. Man reist nicht, um Material zu sammeln. Das Reisen ist einfach ein Teil des Lebens. Auf mich und manch einen, der besser ist als ich, üben weit abgelegene und barbarische Orte eine Faszination aus, vor allem im Grenzgebiet aufeinanderstoßender Kulturen und Entwicklungsstadien, wo sich Ideen, ihrer Tradition entwachsen, durch die Verpflanzung merkwürdig verändern. Dort finde ich Erfahrungen, die lebendig genug sind, eine Umsetzung in die literarische Form zu verlangen.«

Nur wenige ausländische Reisende waren Lord Byron in Ali Paschas Territorium vorangegangen. Einer dieser seltenen Besucher war François de Pouqueville, der als Arzt an Napoleons Expedition nach Ägypten teilnahm. Wegen seiner angegriffenen Gesundheit mußte er 1798 vorzeitig nach Frankreich zurückkehren, aber sein Schiff wurde von Piraten aus Tripolis überfallen. Als Gefangener des Beis von Navarina erhielt er jedoch ausreichend Gelegenheit, frei umherzureisen. Offenbar war er aus lauter Schreck spontan von seiner Krankheit genesen, denn als ausgezeichneter Beobachter beschrieb er später in mehreren Bänden die Sitten und Gebräuche der Griechen und Türken. Von 1805 an war er zehn Jahre lang allgemeiner Konsul am Hof von Ali Pascha in Janina. Daß ihn die beiden Freunde mit keinem Wort erwähnten, läßt vermuten, daß sie ihm nicht begegnet sind. Hobhouse kannte das Werk de Pouquevilles – in seinem Tagebuch erwähnt er ihn des öfteren als eine Autorität, deren Urteil er einer kritischen Prüfung unterzieht.

Dagegen begegnete Byron in Janina William Leake, damals englischer Resident am Hof Ali Paschas. Leake war in militärischen Diensten nach Konstantinopel entsandt worden und hatte genügend Muße, den Peloponnes, Nordgriechenland und Kleinasien zu bereisen. Wieder zurück in England schrieb er darüber eine Reihe topographischer Bücher. Heute sind sie nur noch in historischer Hinsicht interessant, in ihrer exakten Beschreibung der ursprünglichen Landschaft, noch unberührt von modernen Straßennetzen, Urbanisierung, Industrie oder Tourismus. Byron hatte schon Hobhouse in seinem Drang, alles bis ins Detail zu beschreiben, für einen Kleinigkeitskrämer gehalten; Leake aber war ein absoluter Monomane, der ständig mit Sextant und Theodolit unterwegs war und zu jeder seiner Handlungen auch die Uhrzeit notierte. In seinem Buch *Travellers to an Antique Land* macht Robert Eisner den Leser darauf aufmerksam, daß Leake, hoch zu Roß, die Landschaft aus einer Höhe von »acht bis neun Fuß« sah, im Gegensatz zu den »fünf oder sechs Fuß« Augenhöhe eines Wanderers und den »viereinhalb Fuß« eines Autofahrers.

Daß diese acht bis neun Fuß eine sehr glückliche, ja vielleicht die ideale Höhe sind, hatte ich zu meiner Verwunderung auch entdeckt.

16

Mein lieber George, es regnete in Tepelena. Die Stadt sah noch trübseliger und ärmlicher aus als am Vortag. Das Regenwasser rann in Streifen über den fahlen Putz der Mietshäuser.

Wir verließen das Hotel und spannten unsere Schirme auf. Über schlammige Straßen gingen wir ins Zentrum hinab. Ich näherte mich dem Ort, mit dem alles angefangen hatte, seit ich damals den Brief an Deine Mutter las. Ein Satz daraus hämmerte in meinem Kopf: »Nie werde ich den einzigartigen Anblick vergessen, als wir um fünf Uhr nachmittags in Tepalena ankamen, während gerade die Sonne unterging, er rief mir Scotts Beschreibung von Branksome Castle in Erinnerung...«

Aber es war Morgen, und Tepelena, unter einem Regenschleier, sah aus, als würde dort die Sonne nie mehr scheinen. Mit jedem Schritt näherte ich mich dem Palast von Ali Pascha, das Traumbild Eurer Ankunft damals vor Augen. Geh weg, zwanzigstes Jahrhundert, murmelte ich wie ein Gebet vor mich hin – verschwindet, neun Jahrzehnte des neunzehnten Jahrhunderts. Laßt mich in den Herbst des Jahres 1809 eintreten.

Wir fanden eines der alten Eingangstore, hoch und gewölbt, das sicherlich drei Reitern nebeneinander Einlaß hätte gewähren können. Es war unpassend, daß wir zu Fuß gingen, mit so einem banalen Gegenstand wie einem Regenschirm in der Hand. Unser Entree ließ jede Grandeur vermissen.

Hobhouse beschreibt seine Eindrücke von der Ankunft so: »Dieser Platz war an zwei Seiten vom Palast und an den anderen beiden Seiten von einer hohen Mauer umschlossen, wie vor ungefähr hundert Jahren der Innenplatz auf dem Anwesen eines feudalen Lords. Soldaten, deren Gewehre in Reihen an der Mauer direkt hinter ihnen lehnten, standen in Gruppen an verschiedenen Stellen des Platzes beisammen, manche gingen langsam auf und ab, andere saßen auf dem Boden. Mehrere Pferde, vollständig aufgezäumt, wurden umhergeführt, während andere unter den Händen ihrer Pfleger wieherten. In dem vom Palast am weitesten entfernten Bereich wurden Vorbereitungen für das Festmahl dieses Abends getroffen; junge Ziegen und Schafe wurden von Köchen zubereitet, die ebenfalls bewaffnet waren. Das Ganze wirkte sehr kriegerisch, wenn auch in einem anderen Stil als das Hauptquartier eines christlichen Generals. Viele Soldaten waren sehr einfach gekleidet und in ihrer äußeren Erscheinung und ihrem Benehmen wüster als die Albaner, die wir bisher gesehen hatten.«

»Du bist von Staub gemacht und sollst zu Staub werden.« Ich weiß es, aber es ist ein großes Unrecht. Ja, die hohe Festungsmauer, die Ali Paschas Besitz umgeben hatte, existierte noch, aber wo einst der Palast mit einer Galerie davor gestanden hatte, wälzte sich nun ein braungrau geflecktes Schwein im Schlamm. Zwischen hohen Büscheln Unkraut, Müllhaufen und ungeschickten Versuchen, Gemüsebeete anzulegen, standen ein paar armselige Bauernkaten, inzwischen auch schon wieder alt und kurz davor, zu Staub zu zerfallen. Nirgends die Düfte eines Festmahls für diesen Abend, nirgends das Plätschern eines Springbrunnens. Wir streiften umher, über eigenwillige Pfade aus losen Steinen, durch Regenpfützen, jeder für sich in trübsinnige Gedanken über die Gewalttätigkeit der Geschichte und die Endlichkeit allen Seins versunken. »Alles wird immer nur schlechter«, pflegte mein Nachbar in Groningen zu sagen.

Wir gingen nun an der Innenseite der Festungsmauern entlang, in der Hoffnung, an der Flußseite auf das Eingangstor zu stoßen, durch das damals Dein Entree erfolgte und über dem Karagjozi zufolge Ali Paschas Name in den Stein gehauen war. In den Mauern waren noch Reste von Pferdeställen, Soldatenunterkünften und Lagerräumen zu erkennen. Überreste byzantinischer Mauern zeigten, daß Ali seinen Palast damals am Ort eines viel älteren Forts errichtet hatte.

Bis auf das Schwein und ein paar unterernährte Hunde sahen wir kein Lebenszeichen. Im *Blue Guide* steht, im Jahr 1991 sei innerhalb dieser Festungsmauern ein deutsches Ehepaar fast ermordet worden. Über den genaueren Hergang wußte ich nichts – jemand hatte mir die Nachricht direkt vor meiner Abreise nach Albanien als gutgemeinte Warnung mitgegeben. Nun, hier am Ort, fragte ich mich, warum der Anschlag mißlungen war – es war die ideale Umgebung für einen Raubmord, nur ein paar Tiere wären Zeuge gewesen. Es paßte auch in die Tradition des Blutvergießens, die mit dieser Stätte verbunden war.

Wo waren sie geblieben, die Albaner in ihrem »*weißen Kilt*, goldgesticktem Umhang, goldbetreßter, karmesinroter Samtjacke & Weste, silberbeschlagenen Pistolen & Dolchen«, wo waren die »Tartaren mit ihren hohen Mützen«, die Türken mit ihren »Pelissen & Turbanen«, die »Soldaten & schwarzen Sklaven«, die »Kuriere, Depeschen hineinbringend oder heraustragend«, die »Knaben, die vom Minarett der Moschee die Stunde ausriefen«?

Das rauhe, aber auch verfeinerte Leben in orientalischer Pracht hatte sich verflüchtigt, war in Rauch aufgegangen, vom Erdboden getilgt, als hätte es nie existiert. Und noch nie warst Du so nah und so unerreichbar.

Aus einer der Katen trat ein junger Mann. Wie ist es, an einem Ort zu leben, wo einst... diese Frage brannte mir auf den Lippen. Aber er kam mit dem gleichen unverwüstlich frohen Gesichtsausdruck auf uns zu wie der Kanadier, dem wir tags zuvor begegnet waren. Und tatsächlich stellte sich heraus, daß er - ein Engländer - derselben dubiosen Religionsgemeinschaft angehörte. Er war überrascht, uns durch den Regen stolpernd in dem *slum* anzutreffen, in dem er als Sozialarbeiter tätig war. Wir erklärten ihm, was uns hergeführt hatte: die Gralssuche nach einem Landsmann von ihm, der vor zwei Jahrhunderten zu Gast bei Ali Pascha war.

»Ui, das war mir einer...!« rief der Mann aus, und seine Augen leuchteten. Ich dachte, er meinte Dich, aber ihm ging es um Ali Pascha, den er als einen »echten Pornographen« bezeichnete.

Pornograph? Das war neu für uns. Ein Mann ohne Erbarmen - gut. Ein Sadist vielleicht - schon möglich. Aber ein Pornograph?

Schmunzelnd erzählte der Missionar, Ali Pascha habe alle pornographischen Erzählungen, die in seiner Zeit zu bekommen waren, gesammelt und außerdem Leute angestellt, neue für ihn zu schreiben. Er hätte auch die schönsten Mädchen aus seiner Umgebung für sich beansprucht.

Ich war nicht beeindruckt. Verglichen mit dem Rösten gefangener Gegner schien mir das Interesse an pornographischen Geschichten eine harmlose Neigung. Daß wir diese Information ungefragt erhielten, als wir uns gleichsam auf heiligem Boden befanden, sagte mehr über den Missionar und seine Kirche aus als über Ali Pascha. Die Predigten in ihrem improvisierten Tempel waren zweifellos mit Anspielungen auf Sodom und Gomorrha gespickt – mir taten die nichtsahnenden Albaner leid, die sich dort hineinwagten und den ganzen Sermon über sich ergehen lassen mußten.

Statt auf seine Verdächtigungen einzugehen, fragten wir ihn, ob er wisse, wo das Eingangstor an der Flußseite sei. Selbstverständlich, er kannte die Festung wie seine Westentasche. Federnden Schrittes ging er voran. Woher nahmen diese Jungs nur ihre Unbekümmertheit? Was für eine Ironie, daß ein Landsmann von Dir uns das Tor zeigen mußte, durch das Du in die Festung geritten warst. Auch dieses Tor erwies sich als ein Tunnel, so dick waren die Mauern, die, als es darauf ankam, überhaupt nichts genutzt hatten.

Vor diesem Tor offenbarte sich eine weite Aussicht auf den Aöos, der tatsächlich so breit wie die Themse war, die Sandbänke mitgerechnet – Hobhouse hatte nicht übertrieben. Eine lange Hängebrücke aus Holz, nur für Fußgänger, verband auf steinernen Pfeilern ruhend die beiden Ufer miteinander. Karagjozi erzählte von Ali Paschas fruchtlosen Bemühungen, die Brücke mit steinernen Bögen, die hier einst gestanden hatte, zu erhalten – bei Hochwasser und

Sturm hatten die auf Treibsand gebauten Pfeiler dem wild strömenden Fluß nicht standhalten können. Dem Pascha mochte es vielleicht gelungen sein, talentierte Pornoschriftsteller zu engagieren, aber einen Ingenieur, der dieses Problem für ihn hätte lösen können, hatte er nicht gefunden.

»Schauen Sie!« Der Engländer deutete auf einen Weiler, der an einem Berghang jenseits des Flusses lag: »Dort wurde Ali Pascha geboren.« Wir starrten alle auf den kaum sichtbaren Punkt, ohne daraus klüger zu werden. Es wehte ein harter, kalter Wind. Der Ausblick auf den Fluß war schön und deprimierend – es regnete, und wir wußten zuviel über die Vergangenheit.

Der Missionar verabschiedete sich familiär und verschwand wieder in der Festung. Kaum war er fort, ereiferte sich der Professor über seine Beleidigungen an die Adresse von Ali Pascha. »Kein Wort davon ist wahr«, sagte er entrüstet, »ich habe alles gelesen, was über Ali Pascha geschrieben wurde, auch die vielen Gerüchte und Mythen, die über ihn im Umlauf sind, weil er nun einmal ein Mann war, der die Phantasie beschäftigt, aber was dieser hirnrissige Engländer behauptet, habe ich noch nie gehört, und ich will es auch nicht glauben.«

Daniël und ich sahen uns lächelnd an. Uns war völlig gleichgültig, ob Ali Pascha nun tatsächlich Gefallen an Pornographie gefunden hatte; für den Professor aber schien die Jungfräulichkeit Albaniens auf dem Spiel zu stehen. Daniël drehte sich um und betrachtete den Bogen an der oberen Kante des Tors. Der Stein mit Alis Namen war verschwunden, offenbar hatte ihn jemand sauber herausgeschlagen. Alles, was an den Pascha erinnerte, war gründlich beseitigt worden. Dennoch hatte niemand verhindern können, daß die lebhafte Erinnerung an die drei Abende, als er sich in Gesellschaft von ein paar jungen englischen Reisenden amüsiert hatte, für immer in den Briefen und Tagebüchern festgehalten war, die die beiden hinterlassen hatten. Dadurch war es noch immer möglich, Ali Pascha einen Augenblick lang so zu sehen, wie er gewesen war, und Fetzen der Gespräche aufzuschnappen, die an dem Ort geführt worden waren, wo nun ein Schwein residierte.

Man braucht nur Hobhouses Bericht aufzuschlagen, und schon sieht man Alis sympathisches rundes Gesicht mit den »hellen blauen Augen« und dem langen weißen Bart vor sich; im Gegensatz zu den meisten seiner Landsleute strich er sich weder ständig über den Bart, noch schnüffelte er daran. Er war einfach gekleidet bis auf seinen Turban, der aus Rollen von feinem Goldmusselin bestand, und seinen mit Brillanten besetzten Dolch. Er war auch ein infantiler Aufschneider, denkt man heute, denn warum mußte er unbedingt mit den Waffen angeben, die er besaß? Er prahlte mit seinen Pistolen, einem Säbel und einer Berghaubitze und erzählte, er verfüge über mehrere große Kanonen. Ein Geschenk Napoleons war ihm so, wie es war, nicht gut genug, sondern mußte verziert werden. Am ersten Abend der Audienz spähte er zwischendurch immer wieder durch sein Fernrohr, und in einem gut gewählten Moment, als sich gerade ein paar Türken zu Pferde der Stadt näherten, forderte er Euch auf, auch hindurchzuschauen: »Der Mann, den du dort siehst, ist der wichtigste Minister meines Feindes, Ibrahim Pascha – er begibt sich nun zu mir, weil er seinen Herrn verlassen hat, um sich für den Stärkeren zu entscheiden.«

Fast konnte man den Duft der Pfeifen und des Kaffees riechen, fast wurde einem ein wenig übel von dem Überfluß an Süßigkeiten, die Ihr vorgesetzt bekamt. Durch das Geplätscher des Springbrunnens hörte man Ali lauthals lachen – dann sah man Hobhouses Erstaunen, denn so etwas war »sehr ungewöhnlich für einen so bedeutenden Mann; ich sah nie ein anderes Beispiel in der Türkei«. Wie wirst Du es genossen haben, ständig von jungen Männern in albanischer Tracht umringt zu sein, mit Haaren bis zur Mitte des Rückens, die dreimal die Pfeifen neu stopften.

Worüber habt Ihr geredet? »Zwischen einem türkischen Wesir und einem Reisenden gibt es keine normalen Gesprächsthemen, durch die man die Talente des anderen erkunden könnte, vor allem, weil diese Gespräche immer die Form von Frage und Antwort haben«, sagt Hobhouse. Darum habt Ihr weniger auf Alis Worte geachtet als vielmehr auf sein Verhalten, das lebhaft und entspannt war. Trotzdem wurde Wissenswertes ausgetauscht, und der Sekretär hatte viel damit zu tun, alles zu übersetzen. Krieg war natürlich das Thema Nummer eins für Männer unter sich. Vierzehn Tage zuvor hatten die Engländer Zante (Zakynthos), Kephallonia, Ithaka und Cerigo erobert, und Ali beglückwünschte seine Gäste zu dieser Großtat: »Er sagte, er sei froh, die Engländer als Nachbarn zu haben, & er sei sich sicher, daß sie ihn nicht behandeln würden, wie die Russen und Franzosen es getan hatten, indem sie die vor ihm geflohenen Diebe beschützten; daß er immer ein Freund unserer Nation gewesen sei, sogar während des Krieges mit der Türkei, und daß er an dem Friedensprozeß mitgewirkt habe.«

Ihr spieltet das Spiel der gegenseitigen höflichen Komplimente mit. Als Ali Euch nach dem eigentlichen Grund Eurer Reise durch Albanien fragte, habt Ihr ihm Honig um den Bart geschmiert: »Um einem großen Mann wie Ihnen zu begegnen.«

Hobhouse berichtet: »›Ah‹, erwiderte er, ›habt ihr denn von mir in England gehört?‹ Natürlich versicherten wir ihm, daß er ein übliches Gesprächsthema in unserem Land sei; Schmeicheleien schien er durchaus nicht unzugänglich.«

En passant kam auch die Belagerung von Berat zur Sprache. Eine Bote mit einem Brief eilte herbei, und kurz darauf wurde ein Jagdgewehr gebracht. Auf Eure Frage, ob es in der Gegend viele Vögel gebe, stellte sich heraus, daß die Waffe dazu bestimmt war, die Geschütze vor Berat zu verstärken. Ihr konntet es Euch nicht verkneifen, über diesen »Miniaturkrieg« zu lächeln.

Am letzten Abend machte sich Ali Gedanken über Eure Heimreise. Er erzählte bis in die kleinsten Details, welche Wege sicher seien und welche nicht, und er versprach, Euch Anweisungen für seine Militärposten mitzugeben, damit sie Euch vor jedem riskanten Abschnitt Bewacher zur Seite stellten. Außerdem wollte er seinen Gouverneur in Prevesa beauftragen, Euch eine seiner bewaffneten Galeonen zur Verfügung zu stellen. Mit dieser Galeone gerietet Ihr in einen schrecklichen Sturm, aber das konntet Ihr noch nicht ahnen, als Ihr so ruhig am Springbrunnen saßet: »Fletcher schrie nach seiner Frau, die Griechen riefen alle Heiligen an, die Muselmanen Allah, der Kapitän brach in Tränen aus ...«

Ali gab Euch auch einen Empfehlungsbrief für seinen

Sohn Veli Pascha mit, und schließlich durftet Ihr Euch noch etwas wünschen: »Wir baten nur darum, unseren Albaner Vascillie mitnehmen zu dürfen, damit er uns in der Türkei diente, was er sofort erlaubte, und er fragte, wo der Mann sei. Als er hörte, daß dieser vor der Tür wartete, ließ er ihn holen, und Vascillie kam herein. Obwohl er nicht verlegen war, war er voller Respekt und beantwortete mit der Hand auf der Brust die Fragen des Wesirs forsch und flüssig. Ali nannte ihn bei seinem Namen und fragte, warum er nicht hereingekommen sei, um ihn zu begrüßen. ›Du weißt doch, Vascillie‹, fügte er hinzu, ›daß ich froh gewesen wäre, dich zu sehen!‹ Dann sagte er ihm, daß er uns bedienen müsse und aufpassen, ob wir etwas brauchten, er sprach eine Weile mit ihm über die verschiedenen Rastplätze auf unserer Route, nannte sie dabei alle und warnte ihn zugleich auf scherzhafte Weise, falls uns etwas zustoße, ließe er ihm den Kopf abschlagen. Und wir sollten ihm schreiben und berichten, wie er sich betrug. Kurz darauf, nachdem wir zugestimmt hatten, Seine Hoheit durch Briefe über unsere Reisen auf dem laufenden zu halten, zogen wir uns zurück und verabschiedeten uns zum letztenmal von diesem besonderen Mann.«

»Und wer sind Sie, wenn ich fragen darf?« fragte Ali Pascha. Ich hatte mich als Mann verkleidet, weil ich sonst niemals bei Eurem Besuch hätte zugegen sein können.

»Ich bin eine Gesandte aus dem Königreich Holland«, sagte ich mit einer tiefen Verbeugung, »und ich bin aus dem Ende des zwanzigsten Jahrhunderts hierhergereist, um, mit Ihrer Erlaubnis, Ihren sehr verehrten Gast Lord Byron von nahem zu sehen und seine Stimme zu hören. Ich bin ihm durch Epirus und das Lunxhëria-Gebirge gefolgt, aber er war mir immer eine Tagesreise voraus. Nun, da ich ihn endlich eingeholt habe, bitte ich um nichts anderes, als ihn von einer Zimmerecke aus beobachten zu dürfen. Mein zweites Ziel war es, Sie zu sehen. Ich habe eine Schwäche für liebenswürdige Scheusale – vielleicht leide ich an einem Blaubartsyndrom. Nach Ihnen hat die Welt noch viele kommen und gehen sehen, man könnte ein Raritätenkabinett mit ihnen füllen, eine lange Klagemauer voller Schandkästen. Um einige zu nennen: Väterchen Stalin, der auf dem Foto, unter seinem Schnurrbart lächelnd, so vertrauenerweckend aussieht; Adolf Hitler, nett zu Kindern und Hunden; Idi Amin, der stets Witze riß; der tiefreligiöse Ayatollah Khomeini, der Kinder in die Minenfelder schickte ... Und nicht zu vergessen Ihr Nachfolger, gut ein Jahrhundert später, Enver Hodscha, über den eine niederländische Zeitung schrieb: ›Auf der einen Seite ein lupenreiner Stalinist, der sein Land rigoros von der Außenwelt isolierte, auf der anderen Seite kultiviert, charmant im Umgang, intelligent, ein Intellektueller, ein Kenner von Theater, Philosophie und Literatur.‹«

Auf meine Worte folgte eine unangenehme Stille. Man hörte das Wasser des Springbrunnens in das Bassin zurückfallen. Du zogst die Augenbrauen hoch, verwundert, gleichgültig – für Dich war ich eine der vielen Raritäten hier am Hof.

»Ich kann mich nicht entsinnen, Sie eingeladen zu haben«, sagte der Wesir kühl, »hier stimmt etwas nicht. Wissen Sie, was wir mit ungebetenen Gästen machen?« Er zog genüßlich an seiner Pfeife. Ich schüttelte den Kopf. »Wir schälen sie aus ihrer Haut, mit den schärfsten Muscheln, die an unseren Küsten zu finden sind.«

»Machen Sie sich keine Mühe«, sagte ich und verbeugte mich hastig, »ich löse mich in Luft und Äther auf, ehe Sie sich's versehen, und es wird so sein, als wäre ich nie hiergewesen.«

Ich setzte meine Worte in die Tat um. Vermutlich habt Ihr verblüfft auf den Platz geschaut, an dem ich kurz zuvor noch das Wort geführt hatte, dann aber – den Vorfall sofort vergessend – Euer Gespräch wieder aufgenommen.

Wir gingen in Richtung Fluß hinab und ließen Euch bei Ali Pascha zurück. Ich lief fort aus Deinem Brief und aus Hobhouses Tagebuch. Alles, was innerhalb der Festungsmauern an Ali Pascha hätte erinnern können, war zerstört, es gab nichts, was es mir ermöglicht hätte, mich am Jahr 1809 festzuklammern.

Was blieb, war nur das, was ansonsten noch geschrieben stand. Du bist an einem fatalen Zusammenspiel von Sumpffieber, Aderlässen und gutem Willen gestorben; Dein Körper wurde in Newstead Abbey begraben, Dein Herz in Missolunghi. Ali Pascha ging an einer Kugel zugrunde, die den Fußboden durchschlug und in seinen Rücken drang. Sein Körper wurde in der Festung von Janina beerdigt und von dort vor langer Zeit wieder geraubt – ein passendes Schicksal, wie mir scheint, für einen toten Wegelagerer. Sein Kopf wurde eine Zeitlang in Konstantinopel zur Schau gestellt (Körperteile und Organe pflegte man in jener Zeit recht oft durch die Gegend zu schleppen): »Seit zwei Stunden lag Ali Paschas Kopf im Schandkasten. Blasser als sonst, wegen des neuen, dunklen Anzugs, den er sich für seine Hochzeit hatte schneidern lassen, stand Abdullah an seinem üblichen Platz, die Hände hinter dem Rücken verschränkt, und beobachtete die Menschenströme, die sich über den Platz ergossen. Nach all den Tagen, an denen der Kasten leer gewesen war (Bugrachans Kopf hatte man vor fünf Tagen daraus entfernt), war auf dem Platz wieder das gewohnte Treiben eingekehrt. An seinen kopflosen Tagen wirkte der Platz anormal, verwirrt und aufgelöst zugleich. Die Menge stolperte blind über das Pflaster, tappte ziellos hierhin und dorthin. Der Platz war aus dem Gleichgewicht gewesen. Nun, da er sein neues Haupt hatte, war der normale Zustand wiederhergestellt. Der Strom der Menschen war einer gewissen Regelhaftigkeit unterworfen, die Abdullah an die Gezeiten der Meere unter dem Einfluß des Mondes erinnerte. Der Kopf am Rand des Platzes übernahm in diesem Fall die Rolle des Himmelstrabanten.«

Mit diesen Worten beschreibt Ismail Kadaré in dem Buch *Der Schandkasten* die Geschichte von Alis Kopf. Vorausgegangen waren zahlreiche vergebliche Versuche des Sultans, Ali zur Verantwortung zu ziehen. »Vor ein paar Monaten, am Vorabend seiner Abreise (der Wind hatte ebenso geheult wie heute), war er in das Staatsarchiv mit seinen hohen, kalten Sälen gegangen, um die Dokumentation über Ali Pascha zu studieren. Stundenlang hatte er sich mit dem Briefwechsel zwischen dem Sultan und dem Wesir von Albanien beschäftigt. Die Briefe, das war offensichtlich, wurden immer seltener. Die letzten schienen sich überhaupt nur unter dem gräßlichen Tosen des Windes lesen zu lassen, der die hohen Fenster des Staatsarchivs immer wieder zum Beben brachte.

›Ein letztes Mal wende ich mich an Dich‹, schrieb der Sultan. ›So Du mir auch dieses Mal den schuldigen Gehorsam verweigerst, so wisse, daß ich Dich verbrennen werde. Zu Asche, Asche, Asche sollst Du werden.‹ Und wirklich war dies der letzte Brief. Eine Antwort von Ali gab es nicht. Mit unglaublicher Geschwindigkeit hatten die Kuriere den weiten Raum zwischen den beiden Kontinenten durchquert, nichts als absolute Leere in den Taschen. Der Winter nahte. Der Briefwechsel war abgebrochen. Nun, nach den Briefen, war mit den Raben und dem Gewölk des Krieges zu rechnen.«

Bevor sie Alis Paläste verwüsteten, suchten die Soldaten des Sultans vergebens nach seinem legendären Schatz, der sich angeblich im Palast von Tepelena befand. Auch Hobhouse erwähnt ihn: »In diesem Palast, so wird behauptet, bewahrte Ali den größten Teil seines Schatzes auf, und manche Räume im Innern sind, falls man den Albanern Glauben schenken darf, bis zur Decke mit Juwelen und Goldstücken gefüllt.«

Ich fühlte mich von der Geschichte ausgeschlossen. Plötzlich hatte sich die Vergangenheit zurückgezogen, ich war auf das Ende des zweiten Millenniums, das auch bald vorbei sein würde, zurückverwiesen. Alles ging vorbei. Sogar der Augenblick, als wir auf unserer vergeblichen Suche nach den Resten des Palastes zwischen den Festungsmauern umherliefen, war schon wieder Vergangenheit. Daß die Gegenwart bereits eine Sekunde später wieder zur Vergangenheit gehört, gab mir ein Gefühl von Eile – es galt, so viel wie möglich festzuhalten, alles verweht einem unter den Händen im Wirbelsturm der Zeit. Es auf dem Papier zu fixieren, ist einer der verzweifelten Versuche, die Zeit für einen Augenblick zum Stillstand zu zwingen, aber es bleibt ein Behelf. Der Bericht über die Reise würde nie das gleiche sein wie die Reise selbst.

Mitten auf dem Weg beugten sich die anderen über drei neugeborene Hundewelpen, die jemand lebendig über die Festungsmauer geworfen hatte – in Albanien der Weg allen Mülls. Sie fiepten und wanden sich, Daniël erlöste sie mit einem Stein von ihren Leiden. Wir stiegen über die kleinen Leichen hinweg und gingen weiter bergab. Ein rauher Wind wehte uns vom Fluß her ins Gesicht.

Nun, da ich Euch nicht mehr als für alles entschädigende Perspektive hatte, war ich der Trostlosigkeit Tepelenas schutzlos ausgesetzt. Es lag etwas Bedrohliches in der Luft; ich konnte es nicht benennen, aber es gab mir das beklemmende Gefühl, daß noch kein Ende der Heimsuchungen in Sicht war, die die Albaner im Laufe der Jahrhunderte durchgestanden hatten. Ein leises Brummen war zu hören – es schien, als käme es tief aus den Kehlen der Bewohner. Ich war privilegiert, ich konnte wieder weg. Wie ein Zugvogel war ich über einen entlegenen Winkel des Landes gestrichen, hatte die Luft dort eingeatmet und würde nun mit flatternden Fittichen zu meinem Nistplatz zurückfliegen.

Wir gingen an einer Wiese vorbei, wo gerade ein Schaf geschlachtet worden war. Das Tier hing kopfüber an einem Pfahl, und zwei Männer zogen ihm das Fell ab. Ausgemergelte Hunde standen auf der Lauer. Ringsum war das Gras mit Schafsknochen übersät – eine Walstatt am Fuß von Alis Festung.

Ohne Dich war der Zauber zerstört, die Magie dahin. Ich

konnte nur noch meiner eigenen Spur folgen – dahin zurück, wo ich hergekommen war. Wenn ich mich hier noch länger aufhielte, würde ich irgendwann Ali Paschas Esel gleichen, über den man sich folgende Geschichte erzählte: Er hatte die Aufgabe, jeden Tag zusammen mit einem Begleiter in dem Dorf Valare Wasser für Ali zu holen. Nach all den Jahren hatte er sich so daran gewöhnt, daß er nach Alis Tod einfach damit fortfuhr, allein. Man sagte zu ihm: »Dummer Esel, vergiß Valare, Ali Pascha ist tot.« Diese Aufforderung ist zu einer Redewendung geworden; man benutzt sie, wenn sich jemand zu sehr der Nostalgie hingibt und sich wider besseres Wissen weiterhin nach einer Zeit sehnt, in der er glücklich war, oder nach etwas Schönem, das er einfach nicht vergessen kann.

Während ich diesen Reisebericht schrieb, glich ich dennoch in hohem Maß Alis Esel. Die ganze Zeit ging ich weiter Wasser holen, taub für alles, was man mir zu bedenken gab: Wer um Himmels willen interessiert sich für Lord Byron? Warum ausgerechnet nach Albanien, *of all places*? Erst nachträglich wurde mir bewußt, daß nicht Du das Ziel meiner Reise warst und daß es auch nicht der Palast von Ali Pascha war, sondern das Unterwegssein nach Tepelena – mit Deinem Schemen in angemessenem Abstand vor Augen. Mich zusammen mit Dir (was für eine Eitelkeit) in einer einzigen Vergangenheit unterbringen zu können, auch wenn es eine Vergangenheit war, die nur acht Tage dauerte – eine gestohlene, voyeuristische Vertraulichkeit, die einseitig war und von der Du nie erfahren hättest, wenn ich mich in diesen Briefen nicht direkt an Dich gewendet hätte.

Epilog

»Dennoch gingen in seiner ausgelassensten, fröhlichsten
Stimmung,
Childe Harold oft seltsame Ängste durch den Kopf.
Als ob die Erinnerung an eine tödliche Feindschaft
Oder enttäuschte Leidenschaft sich dort verbarg:
Aber das wußte niemand, und vielleicht wollte es
niemand wissen,
Denn er hatte weder eine so offene, naive Seele
die Erleichterung erfährt, wenn sie den Kummer frei
strömen läßt,
Noch suchte er bei einem Freund Rat oder Trost,
Welcher Kummer mochte das nur sein, gegen den er
nichts tun konnte?«

Zurück in Janina, eine Woche nach dem Besuch bei Ali Pascha, begann Byron mit dem großen, epischen Gedicht *Childe Harold's Pilgrimage.* Zwei Jahre später, bei seiner Rückkehr in London, waren die ersten beiden Cantos fertig. Zusammen mit anderen Manuskripten, in die er viel höhere Hoffnungen setzte, übergab er sie einem Freund für eine eventuelle Veröffentlichung. Über die beiden Cantos sagte er: »Es ist nicht wert, daß Sie sich damit beschäftigen, aber Sie können es mitnehmen, wenn Sie wollen.« Sein Freund las das Gedicht und war perplex: »Sie haben eines der köstlichsten Gedichte geschrieben, die ich je gelesen habe.« Er flehte Byron an, es zu veröffentlichen, und dieser gab schließlich nach, jedoch erst, nachdem er noch einige Änderungen vorgenommen hatte.

Hatte Hobhouse ihre gemeinsamen Erlebnisse während der »Grand Tour« eher mit wissenschaftlichem als mit literarischem Anspruch in seinem Tagebuch festgehalten, so schuf Byron, der bis dahin noch keine Lyrik von Bedeutung verfaßt hatte, spontan seine eigene, neue Form für ein langes, autobiographisches Gedicht in Spenser-Stanzen, dessen melancholischer Held die gleiche Reise unternimmt, nicht nur zu den traditionell besuchten Zentren klassischer Kulturen, sondern auch durch bis dahin unbekannte, aber darum die Phantasie nicht weniger anregende Länder wie Portugal, Spanien, Epirus und Albanien.

Als das Gedicht erschien, wurde es sofort ein Erfolg. Das englische Lesepublikum war reif für den poetischen Bericht über eine Reise durch rauhe, barbarische Landschaften mit bizarren Gebräuchen und die mit Grausamkeit vermischte Sinnlichkeit des Orients, die in den Versen verewigte Schönheit von Ruinen und Palästen, von arkadischen, atemberaubenden und düsteren Landschaften. Es ließ sich auch gern durch den Charme des von seltsamen Qualen verzehrten, umherschweifenden Junkers bezaubern, der nicht nur unter einer aussichtslosen Liebe litt (»Er liebte nur eine Person, und diese eine, leider! konnte nie die seine werden«), sondern mehr noch unter seiner eigenen Unzulänglichkeit und einer »mit törichten Flausen vergeudeten Jugend«. Eine zusätzliche Dimension erhielt das Gedicht durch historische Ereignisse wie die Napoleonischen Kriege, die im Hintergrund eine Rolle spielen und zu der heroischen Atmosphäre beitragen.

Und das Aufregendste war: Durch das alles schimmerte die Person des Dichters hindurch, der mit seinem vom Zwang zur Innenschau gequälten und von niemandem geliebten Helden austauschbar schien. Zudem wurde der Leser durch das schleppende Gleichmaß des Metrums hypnotisiert, aber auch durch Zurufe wie »Lo« und »Hurl« am Anfang eines Satzes plötzlich aktiviert und emotional sofort in die Handlung hineingezogen. Lampedusa nennt es »eine maliziöse Musik, in der dem Leser eine Mischung aus Ironie, Zärtlichkeit und Sinn für Leben und Tod dargeboten wird«.

Der Leser identifizierte sich gern mit dem Leiden dieses englischen Werthers, das sowohl eine poetische Pose als auch die literarische Gestaltung des Gefühls der Schwermut war, das Byron selbst regelmäßig überkam. Bereits Goethe sah, daß Byron da, wo es um die Qualen des Daseins ging, in seinem Element war, »er war ein ewiger Selbstquäler«. Byron hatte eine kalvinistische Neigung zu Schuldgefühlen und Selbstbestrafung. »Ein Fluch schwebt über mir und den meinen...«, pflegte er zu sagen, und er war davon überzeugt, daß er jedem, der mit ihm eine engere Beziehung einging, Unglück brachte.

Daß dieses Schuldgefühl in seiner Lyrik nicht in Selbstmitleid und Pathos ausartet, verdankt sich dem Umstand, daß Childe Harolds Melancholie im allgemeinen Leiden der Menschheit an einer Welt, die alles andere als vollkommen ist, aufgeht. Der Weltüberdruß von Byrons Held gewinnt eine andere Dimension, wenn man ihn im Kontext anderer Gestalten in Geschichte und Literatur betrachtet, die ebenfalls Opfer ihrer jeweiligen Umstände waren. Sein Klagen ist von einem indirekten Mitleid erfüllt. Francis Berry nennt es in *Byron's Poetry*: »... dieses überindividuelle Zeigen von Schmerz oder Melancholie macht Byrons Klage nobel«, oder, wie Francis Jeffrey es 1818 in seiner Revision von Canto LV ausdrückte, »majestätisch« und »sublim«.

Dank der dichterischen Umsetzung der Reise in *Childe Harold* wurde Byrons Leben zu einem Kunstwerk und beeinflußte das Kunstwerk sein Leben. Nach der Sensation, die das Erscheinen von *Childe Harold* bedeutete, empfing England seinen verlorenen Sohn mit offenen Armen. Es regnete Einladungen, Damen der besten Gesellschaft warfen sich in seine Arme, und er leerte den Becher bis zur Neige, bis es ihn anwiderte. In dieser Zeit entstand sein Image eines Misanthropen, *homme fatale*, skandalumwitterten Liebhabers.

Übersetzungen von *Childe Harold* eroberten nicht lange danach das europäische Festland, wo sich Byrons Ruhm, auch aufgrund seines späteren Werks und seines Todes für die griechische Sache, viel länger hielt als in seinem Vaterland; in England wurde seine Bedeutung als Dichter bald durch jene seiner Zeitgenossen Shelley und Keats überschattet.

Ein und ein halbes Jahrhundert lang sah man ihn in seinem eigenen Land als »minor poet«, dessen Ruhm auf »der Liebe, den Orgien und dem Tod« beruhte, wie Mario Praz in seinem Buch *Il patto col serpente* meint. Goethe war sich noch mit Eckermann darüber einig gewesen, daß Byrons Lyrik »vortrefflich« sei: »Jedes Wort ist stark, bedeutend und zum Ziele führend, so wie ich überhaupt bis jetzt in Byron noch keine matte Zeile gefunden habe!« Aber mehr als ein Jahrhundert später war T. S. Eliot als Dichter und maßgebender Kritiker der Ansicht: »Man bewundert Byron für seine sehr ambitiösen Versuche, poetisch zu sein: und diese Versuche erweisen sich bei näherer Prüfung als ›fake‹; nichts als laut tönende Gemeinplätze.« Für Eliot mußte Poesie etwas sehr Konzentriertes, etwas Destilliertes sein – etwas, wozu Byron in seinen Augen nicht imstande war: ». . . hätte Byron seine Verse destilliert, wäre von ihnen nichts übriggeblieben.«

Dennoch gab es inzwischen zahlreiche Versuche einer Neubewertung. Francis Berry, in der Tradition von T. S. Eliot ausgebildet, relativiert in seinem Essay »The poet of Childe Harold« die strengen Auffassungen seines Lehrmeisters. Er sieht in dessen strikter Ablehnung des Dichters Byron eine notwendige Stellungnahme innerhalb der poetischen Entwicklung, die Eliot selbst durchlebte und die durch ein poetisches Ideal gekennzeichnet war, das dem Byrons diametral entgegengesetzt war. Berry bewies im Jahr 1974 den Mut, sich von Eliots Dominanz zu befreien und Byron unbefangen aufs neue zu lesen: »Ich habe, und das keinen Augenblick zu früh, angefangen, Byrons Lyrik zu schätzen, mit außerordentlichem Vergnügen und großer Bewunderung, und ich empfinde, wenn ich ihn lese, eine stets intensivere Aufregung, Kraft und Sicherheit, die sonst nirgends in der Lyrik des neunzehnten Jahrhunderts anzutreffen ist. Und mit welcher Konsequenz? Folgendes: Nur er schien ein vorandrängendes, revolutionäres Feuer, sich ständig erweiternde Sympathien, mit einem ebenso starken Feuer – oder einer Passion – für eine metrische und ›stanzische‹, weitreichende strukturelle Ordnung zu vereinen. In der heutigen Zeit von zur Anarchie tendierender Leidenschaft im Leben und in der Literatur ist Byron das heilsame Modell für Dichter der Gegenwart und Zukunft. Er bewunderte Dryden, er bewunderte Pope. Trotzdem war er ein Freidenker; mehr als das, ein Befreier; und er begriff sich selbst.«

Lampedusa unternahm es in seinem Essay, die Spreu vom Weizen zu trennen – Byron war auch als Theaterdichter, Polemiker und Übersetzer aktiv. Viel Raum widmet Lampedusa Byrons letztem langen, epischen Gedicht *Don Juan*, das er als vollkommen bezeichnet. In diesem Gedicht hat Byron schließlich seine endgültige Form gefunden, die Oktave: acht Verse, von denen die ersten sechs auf einen Höhepunkt oder Kommentar in den letzten beiden vorbereiten. Weil dies die Versform für Komödie und Satire schlechthin war, fand sein Humor endlich genügend Raum. In *Don Juan* wich das Klagende, zum Theatralischen Neigende von *Childe Harold* einem abwechselnd spöttischen und melancholischen Ton, leicht, aber doch eindringlich. Der Dichter hatte die Distanz erreicht, von der aus er mit allem und mit jedem, sich selbst eingeschlossen, Spott treiben konnte – wie er es immer schon in seinen Briefen und Tagebüchern gemacht hatte. Endlich, könnte man sagen, war er auch in seiner Lyrik er selbst geworden.

Um *Childe Harold* zu lesen, ist die Bereitschaft notwendig, hinter der archaischen Sprache und Versform das zu entdecken, was für den zeitgenössischen Leser neu und aufregend war. Länder wie Spanien, Griechenland und die Türkei, die für uns nichts Exotisches mehr haben, seit sie auf den Umschlägen der Reiseprospekte prangen, waren damals für diejenigen, die sich keine »Grand Tour« leisten konnten, arkadische und orientalische Phantasiewelten. Wir sehen einen Junker, der einsam durch unvorstellbare, wüste Landstriche zieht, die damals noch authentisch und einer Beschreibung wert waren. Eine solche Gestalt war vollkommen in Mode – ein Hauch Aristokratie und Melancholie, eine Prise Heldentum, ein Hang zu Abenteuer, Gefahr und notfalls Selbstdestruktion, und dann noch der faszinierende Fluch, der über ihm hing und sich anscheinend auf alles erstreckte, auf das sein Blick zu fallen vermochte.

Obwohl *Childe Harolds* seelische Verfassung uns heute exzentrisch anmutet, existiert noch immer die Anziehungskraft verschwundener Welten und damals unbekannter Völker, die sich vielleicht nicht so sehr verändert haben, wie wir aufgrund unseres oberflächlichen Eindrucks annehmen. In einer eigenen Übersetzung gebe ich im folgenden einige Strophen aus Canto II von *Childe Harold's Pilgrimage* wieder, um einen Eindruck von seinem Besuch bei Ali Pascha zu vermitteln.

Childe Harold CANTO II

LV
Die Sonne war hinter dem gewaltigen Tomerit versunken,
Und der breite, wüste Laos floß tosend vorbei;
Die Schatten des Abends wurden immer länger,

Als, am Fuß der steilen Ufer, die sich behutsam hinabschlängelten,
Childe Harold, wie Meteore am Himmel,
Die glitzernden Minarette von Tepelena sah,
Deren Mauern den Strom überblicken, und als er sich näherte,
Hörte er das emsige Summen von Soldatenstimmen,
Das die Brise, die durch das ausgedehnte Tal seufzte, anschwellen ließ.

LVI

Er passierte den stillen Turm des heiligen Haram,
Und musterte unter dem breiten, gewölbten Tor
Das Domizil des mächtigen Führers,
Wo alles von dessen hohem Status kündete.
Der Despot saß inmitten außergewöhnlicher Pracht,
Während emsige Vorbereitungen den Hof in Aufruhr versetzten,
Sklaven, Eunuchen, Soldaten, Gäste und Priester warteten;
Innen ein Palast, außen ein Fort:
Hier suchen Männer aus allerlei Gegenden Zuflucht.

LVII

Ein Zug gepanzerter Pferde, reich geschirrt und zum Aufbruch bereit,
Und mehrere Lagerstätten voller Kriegsgerät;
Umgaben den großen Innenplatz unten;
Darüber schmückten bizarre Gruppen die Galerie;
Und oft gab durch die ein Echo zurückwerfende Tür dieser Abteilung

Ein Tartar mit hoher Mütze seinem Roß die Sporen:
Der Türke, der Grieche, der Albaner und der Maure
Kamen hier in ihrem vielfarbenen Aufputz zusammen,
Während das tiefe Geräusch von Kriegstrommeln das Ende
des Tages ankündigte.

LVIII

Der wüste Albaner in einem Rock bis zu den Knien,
Mit einem Schal um den Kopf und einem verzierten Gewehr
Und mit Gold besticktem Gewand, schön anzusehen;
Die Männer aus Mazedonien mit karmesinroten
Halstüchern,
Der Delhi mit seiner furchterregenden Kappe,
Und dem Krummschwert; der lebhafte, geschmeidige
Grieche;
Und der dunkle, verstümmelte Sohn Nubiens;
Der bärtige Türke, der sich selten herabläßt zu sprechen,
Herr und Meister aller, die ihn umgeben, zu mächtig,
um milde zu sein,

LIX

Mischen sich auffallend: manche ziehen sich in Gruppen
zurück,
Und betrachten mit kritischem Blick die bunte, sich stets
verändernde Szene ringsum;
Dort verneigt sich ein ernster Muslim zum Gebet,
Und manche rauchen, andere spielen ein Spiel,
Hier betritt ein Albaner stolz das Gebiet,
Dort hört man den Griechen halb flüsternd schwatzen;

Horch! Von der Moschee der feierliche nächtliche
Klang,
Der Ruf des Muezzin läßt das Minarett erzittern,
»Es gibt keinen Gott außer Gott! – zum Gebet – seht! Gott
ist groß!«

LX

Just zu dieser Zeit war das Fasten des Ramadan
die Buße hielt den ganzen Tag lang an,
Aber wenn die zaudernde Dämmerstunde vorbei war,
gewannen Prassen und Feiern wieder die Oberhand;
Nun herrschte große Geschäftigkeit, und der dienstbare
Troß
Bereitete und verteilte drinnen das opulente Mahl;
Die leere Galerie schien nun umsonst gemacht,
Aber aus den Zimmern kam Stimmengewirr,
Wo Page und Sklave ein und aus gingen.

LXI

Hier hört man niemals eine Frauenstimme: abgesondert,
bewacht und verschleiert, darf sie sich kaum bewegen,
Sich und ihr Herz gibt sie nur einem hin,
Gezähmt in ihrem Käfig, ohne den Wunsch, frei umherzu-
streifen,
Denn, nicht unglücklich mit der Liebe ihres Herrn und Mei-
sters,
Und sich der zärtlichen mütterlichen Fürsorge erfreuend,
Gesegnete Fürsorge! Über alle anderen Gefühle weit
erhaben!
Erhebt sie das Baby, das sie trägt,

Das nie die Brust verläßt, noch bei niederen Trieben
anwesend ist.

LXII
In einem mit Marmor ausgelegten Pavillon, wo eine Quelle
mit plätscherndem Wasser in der Mitte entsprang,
deren Tropfen mit wohltuender Frische hinabsprühen,
wo große weiche Sofas Ruhe ausstrahlen,
Dort ruhte Ali sich aus, ein Mann des Krieges und des
Leides:
Dennoch konnte man in seinen Gesichtszügen nichts
entdecken,
Weil Freundlichkeit ihren milderen Glanz
über dieses alte, ehrwürdige Gesicht wirft,
von den Taten, die sich darunter verbergen und ihn mit
Schande besudeln.

LXIII
Es ist nicht dieser weiße lange Bart
Der schlecht zu den Leidenschaften der Jugend paßt;
Liebe besiegt das Alter – das versichert Hafis,
Das singt der Teian, und er singt die Wahrheit –
Aber Verbrechen, die der zarten Stimme des Mitleids
spotten,
Geziemen sich für keinen Mann, vor allem nicht für den
im höheren Alter, sie haben ihn gebrandmarkt mit des
Tigers
Zahn, Blut folgt auf Blut, und, ihr ganzes Leben lang,
Schlagen sie mit noch blutigeren Wunden jene, die das
Blutvergießen begannen.

LXIV
Inmitten vieler Dinge, die neu waren für Ohr und Auge
Ließ der Pilgrim hier seine schweren Füße ruhen,
Und starrte auf den Luxus des Muslims ringsum,
Schon bald ermüdet von dieser weiten Stätte
Von Reichtum und Verschwendung, dem auserlesenen
  Zufluchtsort
des übersättigten Grandeurs aus dem Lärm der Stadt:
Und, wäre sie bescheidener, wäre sie wirklich schön
  gewesen;
Aber Friede verabscheut künstliche Freude,
Und mit Prunk verbundene Freude vernichtet die Lust
  zu beidem.

LXV
Wild sind Albaniens Kinder, doch würde es ihnen nicht
an Tugenden mangeln, wenn diese Tugenden reifer wären.
Wo ist der Feind, der jemals ihren Rücken sah?
Wer kann die Mühsal des Kriegs so gut ertragen?
Ihre Bindung an das Vaterland ist nicht größer
als für sie nötig ist in unsicheren Zeiten der Unruhe.
Wie tödlich ist ihr Zorn! Aber ihre Freundschaft ist echt,
Wenn Dankbarkeit oder Tapferkeit ihnen befiehlt zu bluten,
Stürmen sie unerschütterlich, wohin ihr Anführer sie leitet.

Am liebsten lese ich Byrons Briefe und Tagebücher. Wer glaubt, der manchmal larmoyante Junker Harold sei mit Lord Byron identisch, wird schon durch einen einzigen Brief eines Besseren belehrt. Der Verfasser ist ein überraschend nüchterner, skeptischer Mann und verfügt über eine heilsame Dosis Selbstironie, manchmal bis ins Alberne.

Ein Satz reicht aus, sich auf seinen Ton einzustellen: »Was habe ich gesehen? Den gleichen Mann in der ganzen Welt – ja, und auch die gleiche Frau.«

Die Briefe und Tagebuchfragmente vermitteln ein scharfes Bild eines vitalen, aber ruhelosen Mannes, anscheinend ewig auf der Suche nach einer Synthese zwischen den unversöhnlichen Kontrasten in sich und der ihn umgebenden Welt. »Dieses Tagebuch ist ein Trost. Wenn ich müde bin – was ich im allgemeinen bin –, kommt es heraus und dies alles hinein. Aber ich kann es nicht alles wieder durchlesen; – und Gott weiß, welche Widersprüche es enthalten mag. Wenn ich ehrlich mit mir selber bin (aber ich fürchte, man belügt sich selber mehr als alle anderen), müßte jede Seite ihre vorausgegangene widerlegen, entkräften und ganz und gar abschwören.«

Der Wunsch, »ehrlich« zu sein, führt zu offenherzigen Bekenntnissen, bei denen er niemanden, auch nicht sich selbst, schont. Gern greift er zu allen Registern, um – aus der Fremde – gegen das politische und literarische Establishment in seinem Vaterland vom Leder zu ziehen. Sich selbst sieht er als einen Outsider, jemand, der nicht mitmachen konnte und wollte bei dem, was wir heute als *ratrace* bezeichnen würden: »Ich habe wirklich keine Freunde auf der ganzen Welt, obschon alle meine alten Schulgefährten hinaus in die Welt gegangen sind und dort in gräßlichen Verkleidungen, in den Trachten von Gardisten, Anwälten, Pfaffen, vornehmen Herren und allerlei sonstigen Maskeraden umherziehen.«

Nichts ist ihm heilig. Nicht einmal sein eigenes Dichtertum und das literarische Schaffen im allgemeinen schätzt er hoch ein: »Auf der Skala des Intellekts stehen bei mir Poesie und Dichter nicht hoch notiert.... Ich bevorzuge die Gaben der *Tat* – Krieg – oder der Senat – oder sogar Wissenschaft – ...«

Obwohl er sich regelmäßig mit vollkommener Hingabe in »die tumultuösen Schichten des Daseins begibt«, wird er mit mindestens ebenso großer Regelmäßigkeit von Lebensüberdruß überfallen: »Ich bin *ennuyé* in einer Zeit, die viel vollendeter ist als die Endung, die ich diesem einschläfernden Verb, das ich ständig konjugiere, für gewöhnlich gebe; und ich finde nicht, daß der Umgang mit Menschen viel hilft. Ich bin zu faul, um mir eine Kugel in den Kopf zu jagen – ...« Diese Todessehnsucht hat weniger mit einem, damals modernen, dichterischen »Leiden am Dasein« zu tun als vielmehr mit dem Lebensgefühl unserer Zeit, das Sartre »La Nausée« nannte – in diesem Sinn ist Byron eher ein »moderner« Mensch als der Inbegriff des Romantikers, den man meist in ihm sieht.

Ein Teil der Briefe, den Verzückungen, Qualen und Kümmernissen der Liebe gewidmet, vermittelt ein deutliches Bild seiner widersprüchlichen Gefühle gegenüber Frauen. Hätte ich mit sechzehn statt einer Sammlung seiner berühmtesten Gedichte diese Briefe gelesen, wäre der »Mythos Byron«, an den ich so gern glaubte, bitter zerronnen.

»Es liegt für mich etwas sehr Besänftigendes in der Gegenwart einer Frau – ein seltsamer Einfluß, auch wenn man nicht in sie verliebt ist –, den ich mir überhaupt nicht erklären kann, da ich keine hohe Meinung von dem anderen Geschlecht habe. Und doch – ich bin immer in besserer Laune mit mir selbst und allen anderen Dingen, wenn eine Frau in Sichtweite ist.«

An Lady Melbourne, eine von ihm hochgeschätzte, ältere Dame, mit der ihn eine platonische Freundschaft verband, schrieb er: »Ich habe keine sehr hohe Meinung von Ihrem Geschlecht, aber wenn ich eine Frau sehe, die nicht nur allen in ihrem, sondern auch den meisten in unserem überlegen ist, verehre ich sie in dem Maß, in dem ich den Rest verachte.«

Wir könnten heute noch seine Memoiren lesen, die er bei seinem Freund Thomas Moore gut bewahrt glaubte, hätten nicht seine Witwe, Annabella Milbanke, und seine Halbschwester Augusta, mit der er eine inzestuöse Beziehung unterhalten hatte, sie an einem regnerischen Abend im Juli 1824 in den Kamin geworfen. Dem Anschein nach, um Byrons Angedenken von jedem Makel zu befreien, im Grunde jedoch, um selbst unbesudelt in die Geschichte einzugehen.

Mit detaillierten Beschreibungen von Landschaften, Architektur, Menschen hat es Byron nie übertrieben. Der blumige Brief an seine Mutter über den Besuch bei Ali Pascha ist in dieser Hinsicht eine Ausnahme. Die Buchführung ihrer Reise überließ er gern Hobhouse: »Er [Hobhouse] hantierte meist mit Landkarte und Kompaß am Fuß des Pindus, Parnes und Parnassus, um die Lage irgendeines alten Tempels oder einer Stadt zu bestimmen. Ich ritt auf meinem Maultier dorthin. Seit meinen Jungenjahren waren sie durch meine Träume gegeistert; die Tannen, Adler, Geier und Eulen stammten von denjenigen ab, die Themistokles und Alexander gesehen hatten und nicht degeneriert waren wie die Menschen; für die Felsen und Bergbäche gilt das gleiche. John Cams zähes Beharren auf seinem Steckenpferd ist etwas, auf das man eifersüchtig sein könnte; ich habe kein Steckenpferd und beharre auf nichts. Ich blicke zu den Sternen empor und denke nach; mache keine Aufzeichnungen, stelle keine Fragen.«

Nachdem sie zusammen umhergereist waren, kehrte Hobhouse mit vollgeschriebenen Heften nach England zurück. Byron setzte die Reise allein fort, erleichtert: »Außerdem fühle ich mich glücklicher, fühle ich mich frei.« Die ständige Gesellschaft Hobhouses, mit dem er auch sein weiteres Leben befreundet blieb, war ihm oft sehr auf die Nerven gegangen: »Ich beschloß nach einem Jahr Fegefeuer, mich von dieser liebenswerten Seele zu trennen, denn obgleich ich ihn mag und immer mögen werde, obgleich ich ihm fast soviel Kredit für seine guten Seiten gebe, wie er sich selber, gibt es etwas in seinem Verhalten &c., kurz gesagt, er wird niemals etwas anderes sein als der ›*kahle Frosch*‹.«

Nach einem weiteren Jahr beendete auch Byron seine »Grand Tour«. Auf der Heimreise zog er Bilanz: »Mit dreiundzwanzig ist das Beste im Leben vorbei und seine Bitterkeit verdoppelt.« Das war ein wenig voreilig, denn das Leben hatte noch vieles für ihn in petto, aber es zeugte auch von einem prophetischen Blick. Ihn erwartete noch viel Elend: Zusammenstöße mit der Gesellschaft, öffentliche Schmähungen, Ehescheidung, zahlreiche Todesfälle im Familien- und Freundeskreis. Unmittelbar nach seiner Ankunft in England starb seine Mutter, ohne daß er Gelegenheit gehabt hatte, sie zu besuchen, und kurze Zeit später ertrank sein teurer Freund Charles Matthews. Später sollte er noch seine Tochter Allegra verlieren und den Tod seines Freundes Shelley aus nächster Nähe miterleben.

Aber in der gleichen Bilanz charakterisiert er sich auch so: »Ich werde selbstsüchtig & misanthropisch, ähnlich wie der ›lustige Müller‹. Ich kümmere mich um niemand, nein, und niemand kümmert sich um mich.« Es war diese Einstellung, die ihn zum Survivor machte. Was auch geschah, am nächsten Tag saß er wieder auf seinem Pferd, schwamm ein Stück oder schrieb ein Gedicht. Childe Harold mußte Don Juan werden, so war es vorbestimmt.

Literaturverzeichnis

Byron, George Gordon, Lord, *The Poetical Works*, London 1961

Eisner, R., *Travelers to an Antique Land: The History and Literature of Travel to Greece*, Ann Arbor 1991

Gigon, Cordula, *Byron in seinen Briefen und Tagebüchern*, Zürich 1963

Hobhouse, John Cam, *Journey through Albania and other Provinces of Turkye in Europe and Asia*, London 1813

Kadaré, Ismail, *Der Schandkasten*, Salzburg & Wien 1990

Kadaré, Ismail, *Chronik in Stein*, Salzburg & Wien 1988

Koster, Daniël, *Griekenland*, Den Haag 1991

Lampedusa, Guiseppe Tomsasi di, »Ich sucht' ein Glück, das es nicht gibt«, Berlin 1999

Marchand, Leslie A. (Hg.), *Lord Byron. Briefe und Tagebücher*, Frankfurt am Main 1985

Marchand, Leslie A., *Byron: A Portrait*, New York 1970

Matzneff, Gabriel, *La diétetique de Lord Byron*, Paris 1984

Maurois, André, *Lord Byron*, München 1979

McConnell, F. D. (Hg.), *Byron's Poetry*, New York 1978

Müller, Hartmut, *Lord Byron*, Reinbek 1997

Mulder, Gerda und Ordeman, Piet, *Reisgids Albanie*, Rotterdam 1988

Praz, Mario, *Het verdrag met de slang (Patto col serpente)*, Amsterdam 1986

Ueding, Gert (Hg.), *Lord Byron. Ein Lesebuch mit Texten, Bildern und Dokumenten*, Frankfurt am Main 1988

Quellennachweis

Einige der im Text verwendeten Stellen aus Lord Byrons Briefen und Tagebüchern wurden zitiert nach:

Gigon, Cordula, *Byron in seinen Briefen und Tagebüchern*, © 1963 Artemis & Winkler Verlag, Düsseldorf/Zürich. Mit freundlicher Genehmigung des Verlags.

Lord Byron. Briefe und Tagebücher. Neu herausgegeben von Leslie A. Marchand. Aus dem Englischen von Tommy Jacobson. © S. Fischer Verlag GmbH, Frankfurt am Main, 1985. Mit freundlicher Genehmigung des Verlags.

Die im Text verwendeten Passagen aus Werken von Ismail Kadaré wurden zitiert nach:

Kadaré, Ismail, *Chronik aus Stein*, © 1988 Residenz Verlag, Salzburg und Wien. Mit freundlicher Genehmigung des Verlags.

Kadaré, Ismail, *Der Schandkasten*, © 1990 Residenz Verlag, Salzburg und Wien. Mit freundlicher Genehmigung des Verlags.

Weitere Informationen zu
Tessa de Loos »Traumpalast«
finden sich im Internet unter
www.bertelsmann-verlag.de

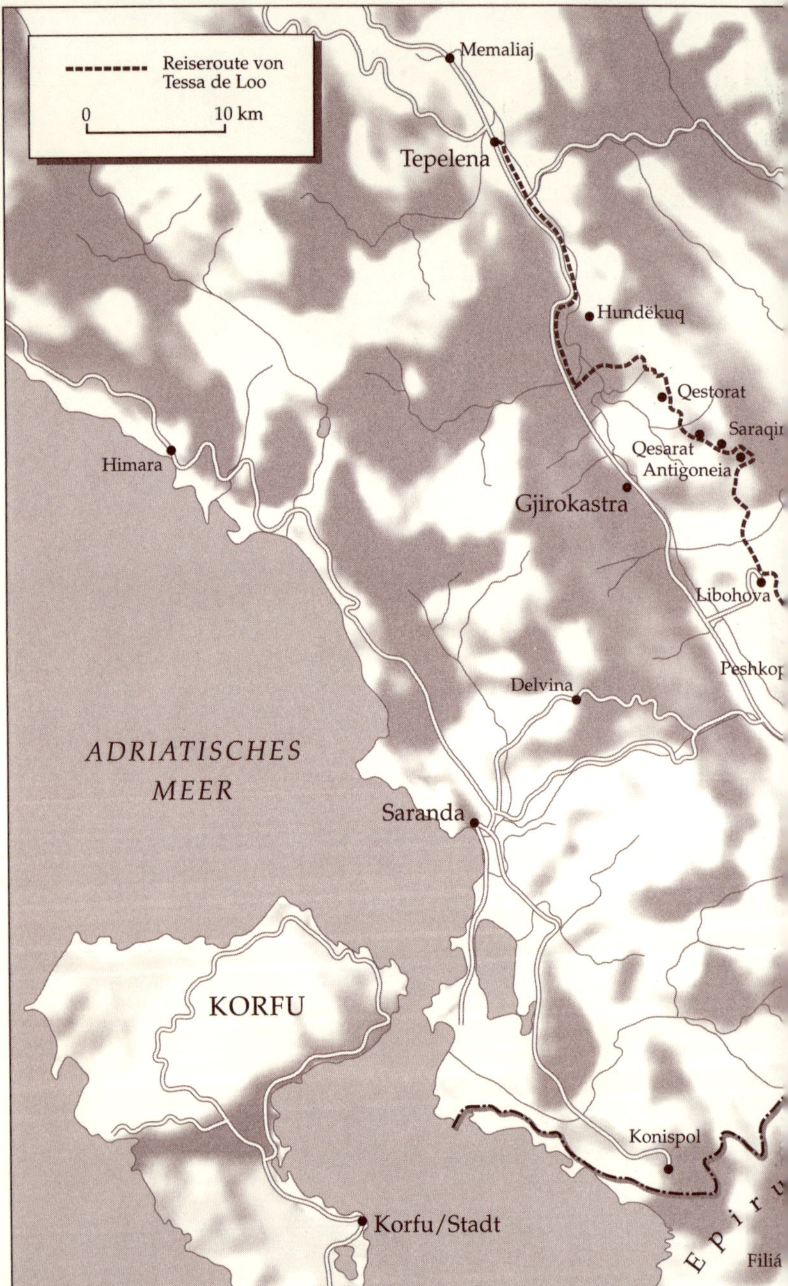

Reiseroute von Tessa de Loo
0
10 km
Memaliaj
Tepelena
Hundëkuq
Qestorat
Saraqi
Qesarat
Antigoneia
Gjirokastra
Himara
Libohova
Peshko
Delvina
ADRIATISCHES MEER
Saranda
KORFU
Konispol
Korfu/Stadt
Epiru
Filiá